2019

中国统计摘要

CHINA STATISTICAL ABSTRACT

国 家 统 计 局 编

National Bureau of Statistics of China

图书在版编目(CIP)数据

中国统计摘要 = China Statistical Abstract. 2019 / 国家统计局编. -- 北京 : 中国统计出版社, 2019.5

ISBN 978-7-5037-8808-6

Ⅰ. ①中… Ⅱ. ①国… Ⅲ. ①经济统计－统计资料－中国－2019－年刊 Ⅳ. ①C832-54

中国版本图书馆 CIP 数据核字(2019)第 068473 号

中国统计摘要—2019

作　　者 / 国家统计局
责任编辑 / 郭　栋
封面设计 / 黄　晨
出版发行 / 中国统计出版社
通信地址 / 北京市丰台区西三环南路甲 6 号　邮政编码 / 100073
电　　话 / 邮购 (010) 63376907　书店 (010) 68783172
网　　址 / http://www.zgtjcbs.com
印　　刷 / 河北鑫兆源印刷有限公司
经　　销 / 新华书店
开　　本 / 710×1000 mm　1/16
字　　数 / 190 千字
印　　张 / 14
版　　别 / 2019 年 5 月第 1 版
版　　次 / 2019 年 5 月第 1 次印刷
定　　价 / 58.00 元

《中国统计摘要—2019》

编委会和编辑工作人员

编者说明

一、《中国统计摘要》是为及时反映我国国民经济与社会发展情况而编辑的一本综合性简明统计资料年刊。《中国统计摘要–2019》收录了2018年社会经济主要指标数据，同时简要列示了1978年以来的历史资料。内容包括：综合、人口、国民经济核算、就业和工资、价格、人民生活、财政、资源环境和能源、固定资产投资、对外贸易和利用外资、农业、工业、建筑业、消费品零售和旅游、运输和邮电、金融、科技和教育、卫生、社会服务、文化和体育、香港和澳门特别行政区主要社会经济指标、台湾省主要社会经济指标、国际主要社会经济指标及主要统计指标解释。

二、为确保本书的出版时效，书中2018年部分数据为初步统计数，正式数据以日后出版的《中国统计年鉴–2019》为准。

三、根据第三次农业普查结果，对书中2007年及以后国内生产总值、农业等相关数据进行了修订。

四、书中所涉及的全国性统计指标，除特殊注明外，均未包括香港、澳门特别行政区和台湾省数据。

五、香港特别行政区和澳门特别行政区的统计是构成国家统计总体的一部分。但根据中华人民共和国“香港特别行政区基本法”和“澳门特别行政区基本法”的有关原则，香港、澳门与内地是相对独立的统计区域，根据各自不同的统计制度和法律规定，独立进行统计工作。本书中香港和澳门特别行政区统计资料分别由香港特别行政区政府统计处、澳门特别行政区政府统计暨普查局提供，国家统计局进行编辑。

六、本书中部分数据合计数或相对数由于单位取舍不同而产生的计算误差，均未作机械调整。

七、本书有关符号使用说明：摘要各表中的“空格”表示该项统计指标数据不足本表最小单位数、不详或无该项数据；“#”表示其中主要项；“*”或“①”表示本表下有注解。

目　录

一、综合

二、人口

三、国民经济核算

四、就业和工资

五、价格

六、人民生活

七、财政

八、资源环境和能源

九、固定资产投资

十、对外贸易和利用外资

十一、农业

十二、工业

十三、建筑业

十四、消费品零售和旅游

十五、运输和邮电

十六、金融

十七、科技和教育

十八、卫生、社会服务、文化和体育

十九、香港和澳门特别行政区主要社会经济指标

二十、台湾省主要社会经济指标

二十一、国际主要社会经济指标

附录一

附录二

附录三

附录四

分地区行政区划(一)

(2018年底)　　单位：个

区划名称	地级	#地级市	县级	#市辖区	#县级市	#县	#自治县
全国	**333**	**293**	**2851**	**970**	**375**	**1335**	**117**
北京市			16	16			
天津市			16	16			
河北省	11	11	168	47	21	94	6
山西省	11	11	117	25	11	81	
内蒙古自治区	12	9	103	23	11	17	
辽宁省	14	14	100	59	16	17	8
吉林省	9	8	60	21	20	16	3
黑龙江省	13	12	128	65	20	42	1
上海市			16	16			
江苏省	13	13	96	55	22	19	
浙江省	11	11	89	37	19	32	1
安徽省	16	16	105	44	7	54	
福建省	9	9	85	29	12	44	
江西省	11	11	100	26	11	63	
山东省	16	16	137	56	27	54	
河南省	17	17	158	52	21	85	
湖北省	13	12	103	39	25	36	2
湖南省	14	13	122	36	17	62	7
广东省	21	21	122	65	20	34	3
广西壮族自治区	14	14	111	40	8	51	12
海南省	4	4	23	8	5	4	6
重庆市			38	26		8	4
四川省	21	18	183	54	17	108	4
贵州省	9	6	88	15	9	52	11
云南省	16	8	129	17	16	67	29
西藏自治区	7	6	74	8		66	
陕西省	10	10	107	30	5	72	
甘肃省	14	12	86	17	5	57	7
青海省	8	2	44	6	4	27	7
宁夏回族自治区	5	5	22	9	2	11	
新疆维吾尔自治区	14	4	105	13	24	62	6
香港特别行政区							
澳门特别行政区							
台湾省							

分地区行政区划(二)

(2018年底)　　　　单位：个

区划名称	乡镇级	#镇数	#乡数	#民族乡	#街道办事处
全国	**39945**	**21297**	**10253**	**981**	**8393**
北京市	333	143	38	5	152
天津市	249	126	3	1	120
河北省	2255	1156	790	46	308
山西省	1398	564	632		202
内蒙古自治区	1024	508	270	17	246
辽宁省	1531	640	201	54	690
吉林省	933	426	182	28	325
黑龙江省	1196	541	347	52	308
上海市	214	107	2		105
江苏省	1258	723	44	1	491
浙江省	1375	639	269	14	467
安徽省	1488	968	271	9	249
福建省	1106	651	272	19	183
江西省	1567	827	578	8	162
山东省	1824	1092	68		664
河南省	2451	1173	618	12	660
湖北省	1235	762	163	10	310
湖南省	1933	1138	392	83	403
广东省	1601	1123	11	7	467
广西壮族自治区	1251	806	312	59	133
海南省	218	175	21		22
重庆市	1030	627	177	14	226
四川省	4612	2232	2027	98	353
贵州省	1381	837	317	193	227
云南省	1400	682	543	140	175
西藏自治区	697	138	539	9	20
陕西省	1311	975	21		315
甘肃省	1355	886	343	32	126
青海省	403	143	223	28	37
宁夏回族自治区	240	103	90		47
新疆维吾尔自治区	1076	386	489	42	200
香港特别行政区					
澳门特别行政区					
台湾省					

注：乡镇级总数包含河北省、新疆维吾尔自治区的各一个区公所。

按行业分法人单位数

单位：个

行业门类	2013年	2014年	2015年	2016年	2017年
全国总计	**10825611**	**13701440**	**15729199**	**18191382**	**22009092**
农、林、牧、渔业	161824	951045	1204724	1481473	1926771
采矿业	89112	101673	103426	104074	108900
制造业	2252225	2616671	2801143	3019269	3483617
电力、热力、燃气及水生产和供应业	70409	79679	87486	99469	120736
建筑业	347519	464975	574128	754512	1045232
批发和零售业	2810531	3513338	4199026	5041698	6252424
交通运输、仓储和邮政业	262048	323044	378705	443325	540994
住宿和餐饮业	199592	235337	274283	317619	378974
信息传输、软件和信息技术服务业	226107	289162	387842	507674	719150
金融业		91583	109711	122516	135068
房地产业	343924	419618	466100	533557	642893
租赁和商务服务业	916953	1161947	1440572	1768005	2242096
科学研究和技术服务业	455778	544309	661022	813251	1035170
水利、环境和公共设施管理业	84803	97522	108069	122367	146295
居民服务、修理和其他服务业	190692	242251	298958	359932	420667
教育	413908	444038	461451	486026	517739
卫生和社会工作	249567	265537	271571	275554	286858
文化、体育和娱乐业	230544	263384	297274	341182	414973
公共管理、社会保障和社会组织	1520075	1596327	1603708	1599879	1590535

注：1.2013年为经济普查年份，农、林、牧、渔业统计口径与其他年份不同，法人单位数为农、林、牧、渔服务业和兼营第二、第三产业活动的农、林、牧、渔业法人单位。
2.2013年数据不包括金融业、铁路运输业和无分组标识的部分数据。
3.统计范围不包括国际组织(下表同)。

分地区按三次产业分法人单位数

(2017年)

单位：个

地 区	法 人 单位数	第一产业	第二产业	第三产业
全国总计	**22009092**	**1670774**	**4731349**	**15606969**
北 京	719624	9008	55793	654823
天 津	444546	12322	84250	347974
河 北	1147414	89801	290623	766990
山 西	600802	99121	77335	424346
内蒙古	328901	53418	45915	229568
辽 宁	655309	30723	144177	480409
吉 林	209045	19420	40508	149117
黑龙江	335310	47322	53021	234967
上 海	484495	6375	101788	376332
江 苏	2356034	49738	702204	1604092
浙 江	1792465	65778	536493	1190194
安 徽	872865	93247	185151	594467
福 建	870050	50706	198812	620532
江 西	573013	60700	123257	389056
山 东	2015001	114194	471201	1429606
河 南	964944	76844	174154	713946
湖 北	943502	85154	170969	687379
湖 南	685025	60149	118652	506224
广 东	1955087	37645	566416	1351026
广 西	539342	77842	64913	396587
海 南	100398	11912	13063	75423
重 庆	598575	105628	87381	405566
四 川	629919	71812	97894	460213
贵 州	447650	97661	79790	270199
云 南	579001	103864	70301	404836
西 藏	26600	589	4023	21988
陕 西	462710	50032	82057	330621
甘 肃	222361	36953	28440	156968
青 海	108773	21704	15415	71654
宁 夏	90563	13909	13422	63232
新 疆	249768	17203	33931	198634

分地区按行业分法人单位数(一)

(2017年) 单位：个

地区	法人单位数	农、林、牧、渔业	采矿业	制造业	电力、热力、燃气及水生产和供应业	建筑业	批发和零售业
全国总计	**22009092**	**1926771**	**108900**	**3483617**	**120736**	**1045232**	**6252424**
北京	719624	9494	127	34406	729	21058	210061
天津	444546	13200	134	58413	919	25704	128601
河北	1147414	105372	6865	211132	5544	68466	337751
山西	600802	106983	7499	37197	4955	28426	178727
内蒙古	328901	63495	5935	22835	3320	14341	82851
辽宁	655309	44088	5913	102403	3209	34252	191012
吉林	209045	27786	1594	28130	1917	9124	47558
黑龙江	335310	60981	2826	34449	2403	13883	80414
上海	484495	6755	2	83847	210	18642	165868
江苏	2356034	69105	796	553654	5821	144859	723353
浙江	1792465	71386	1308	473283	6483	57301	536211
安徽	872865	113629	2716	124605	5449	53227	230282
福建	870050	55999	3024	152699	7465	36498	274120
江西	573013	69269	4354	79759	7228	32400	134553
山东	2015001	140418	3780	342582	8468	118990	661406
河南	964944	90759	4746	124077	3753	42315	257404
湖北	943502	98049	4771	100481	5910	60677	248575
湖南	685025	76768	7413	75769	7490	28509	161068
广东	1955087	47531	4116	490284	11150	63397	607193
广西	539342	85439	3854	38027	3328	20038	153421
海南	100398	12992	414	4279	514	7961	21265
重庆	598575	111669	2655	64767	2616	17869	166014
四川	629919	78902	4893	62199	6233	25065	116118
贵州	447650	100143	8003	50398	2610	19090	94259
云南	579001	109423	7568	32978	3521	26555	166569
西藏	26600	643	251	1305	208	2287	2373
陕西	462710	55119	5653	45492	3600	29585	117082
甘肃	222361	40473	2329	17750	1927	6721	43777
青海	108773	22588	1088	7018	919	6492	24311
宁夏	90563	15556	855	7971	692	4012	24055
新疆	249768	22757	3418	21428	2145	7488	66172

分地区按行业分法人单位数(二)

(2017年)

单位：个

地 区	交通运输、仓储和邮政业	住宿和餐饮业	信息传输、软件和信息技术服务业	金融业	房地产业	租赁和商务服务业
全国总计	**540994**	**378974**	**719150**	**135068**	**642893**	**2242096**
北 京	14913	17215	36601	5138	19622	152084
天 津	19379	6330	17862	4912	12729	56982
河 北	27657	12923	30159	5516	40644	95365
山 西	14827	9121	18806	3221	15980	49596
内蒙古	9938	4619	7178	3134	9448	26513
辽 宁	20100	9528	23389	4439	21985	63283
吉 林	5938	2463	4316	1790	6616	14688
黑龙江	9726	3492	9530	2254	10349	28045
上 海	17210	14306	18695	2802	18050	66973
江 苏	63567	25098	87155	8306	60782	246030
浙 江	31988	24856	76660	10786	41415	206460
安 徽	23453	15319	30019	5452	24983	90744
福 建	19128	13252	31233	5360	19921	90980
江 西	17798	7560	18582	3509	14987	59671
山 东	52752	29390	53407	12053	49233	177737
河 南	18979	15029	25564	4921	31673	71012
湖 北	25551	17027	40205	4944	31630	109524
湖 南	13482	12954	22548	3570	19686	62762
广 东	49662	32729	63781	12751	70369	221659
广 西	12514	7266	13404	2703	18677	56993
海 南	2070	2536	2957	695	9511	12811
重 庆	11134	29331	19167	2976	15666	54829
四 川	13760	13068	16198	3550	17947	52470
贵 州	7698	16341	8080	2535	11711	34597
云 南	11046	14873	17568	4385	14489	54745
西 藏	351	579	174	107	251	1154
陕 西	10723	10830	11613	3348	15847	31430
甘 肃	3916	4453	2565	2322	5590	12155
青 海	1952	2770	2232	504	2798	11170
宁 夏	2320	1444	1796	1874	2086	7266
新 疆	7462	2272	7706	5211	8218	22368

分地区按行业分法人单位数(三)

(2017年) 单位：个

地　区	科学研究和技术服务业	水利、环境和公共设施管理业	居民服务、修理和其他服务业	教　育	卫生和社会工作	文化、体育和娱乐业	公共管理、社会保障和社会组织
全国总计	**1035170**	**146295**	**420667**	**517739**	**286858**	**414973**	**1590535**
北　京	111740	4179	19464	11418	4128	29908	17339
天　津	57506	2265	11602	4540	2161	10716	10591
河　北	44124	8254	20702	22699	7973	16678	79590
山　西	18000	5237	11101	12875	7050	12183	59018
内蒙古	9404	3605	7496	8639	5404	5531	35215
辽　宁	29623	4889	12487	15352	13511	11215	44631
吉　林	7933	1932	4129	6464	4095	3516	29056
黑龙江	14699	2494	4997	8495	6280	6301	33692
上　海	25077	2210	13114	6101	3407	8172	13054
江　苏	142157	11929	41767	29119	23266	37550	81720
浙　江	67948	9869	23451	27584	11551	30861	83064
安　徽	32816	6811	19115	18901	10105	18125	47114
福　建	34023	5574	15312	18066	8546	16348	62502
江　西	15488	4145	10760	16699	10627	9369	56255
山　东	96850	9900	37021	35311	21775	27862	136066
河　南	47284	7865	15432	46326	36494	18163	103148
湖　北	43452	7940	19963	23317	13545	16360	71581
湖　南	28849	6036	14930	23726	16501	19582	83382
广　东	75646	8941	32250	45292	12472	25782	80082
广　西	21935	4344	8590	23151	5059	9168	51431
海　南	3471	854	1930	4158	1372	2426	8182
重　庆	15457	3728	16103	14573	6915	13588	29518
四　川	25808	5200	11354	28633	17699	17780	113042
贵　州	9234	3123	12186	13557	5522	8782	39781
云　南	18964	4194	14686	12641	5956	12425	46415
西　藏	538	88	205	1012	463	513	14098
陕　西	15126	5103	9151	16430	14622	8848	53108
甘　肃	5386	1731	3413	10799	4311	5959	46784
青　海	3509	1151	2043	2106	1309	1992	12821
宁　夏	2104	708	1687	2154	1047	1606	11330
新　疆	11019	1996	4226	7601	3692	7664	36925

国民经济与社会发展总量指标(一)

指　　标	单　位	1978年	1990年	2000年	2017年	2018年
人口						
年末总人口	万人	96259	114333	126743	139008	139538
城镇人口	万人	17245	30195	45906	81347	83137
乡村人口	万人	79014	84138	80837	57661	56401
就业和失业						
就业人员	万人	40152	64749	72085	77640	77586
#城镇就业人员	万人	9514	17041	23151	42462	43419
城镇登记失业人员	万人	530	383	595	972	974
国民经济核算						
国内生产总值	亿元	3678.7	18872.9	100280.1	820754.3	900309.5
第一产业	亿元	1018.5	5017.2	14717.4	62099.5	64734.0
第二产业	亿元	1755.2	7744.3	45664.8	332742.7	366000.9
第三产业	亿元	905.1	6111.4	39897.9	425912.1	469574.6
人均国内生产总值	元	385	1663	7942	59201	64644
居民收入						
全国居民人均可支配收入	元				25974	28228
城镇居民人均可支配收入	元	343	1510	6280	36396	39251
农村居民人均可支配收入	元	134	686	2253	13432	14617
财政						
一般公共预算收入	亿元	1132.3	2937.1	13395.2	172592.8	183351.8
一般公共预算支出	亿元	1122.1	3083.6	15886.5	203085.5	220906.1
能源						
能源生产总量	万吨标准煤	62770	103922	138570	358500	377000
能源消费总量	万吨标准煤	57144	98703	146964	448529	464000
固定资产投资						
全社会固定资产投资总额	亿元		4517.0	32917.7	641238.4	645675.0
#房地产开发	亿元		253.3	4984.1	109798.5	120263.5
对外贸易和实际利用外资						
货物进出口总额	亿元	355.0	5560.1	39273.3	278099.2	305050.4
出口额	亿元	167.6	2985.8	20634.4	153309.4	164176.7
进口额	亿元	187.4	2574.3	18638.8	124789.8	140873.7
外商直接投资	亿美元		34.9	407.2	1310.4	1349.7
主要农业、工业产品产量						
粮食	万吨	30476.5	44624.3	46217.5	66160.7	65789.2
棉花	万吨	216.7	450.8	441.7	565.3	610.3
油料	万吨	521.8	1613.2	2954.8	3475.2	3433.4
肉类	万吨		2857.0	6013.9	8654.4	8624.6
原煤	亿吨	6.18	10.80	13.84	35.24	36.83
原油	万吨	10405	13831	16300	19151	18911
水泥	万吨	6524	20971	59700	233084	220771
粗钢	万吨	3178	6635	12850	87074	92801
发电量	亿千瓦小时	2566	6212	13556	66044	71118

国民经济与社会发展总量指标(二)

指　　标	单　位	1978年	1990年	2000年	2017年	2018年
建筑业						
建筑业总产值	亿元		1345	12498	213944	235086
消费品零售和旅游						
社会消费品零售总额	亿元	1559	8300	39106	366262	380987
入境游客	万人次	180.9	2746.2	8344.4	13948.0	14119.8
国际旅游收入	亿美元	2.6	22.2	162.2	1234.0	1271.0
运输和邮电						
沿海主要港口货物吞吐量	万吨	19834	48321	125603	865464	922392
邮政业务总量	亿元	14.9	46.0	232.8	9763.7	12345.2
电信业务总量	亿元	19.2	109.6	4559.9	27596.7	65555.7
移动电话用户	万户		1.8	8453.3	141748.7	156609.8
固定电话用户	万户	192.5	685.0	14482.9	19375.7	18224.8
金融						
金融机构人民币各项存款余额	亿元	1155	13943	123804	1641044	1775226
金融机构人民币各项贷款余额	亿元	1890	17511	99371	1201321	1362967
科技、教育、卫生、文化						
研究与试验发展经费支出	亿元			895.7	17606	19657
技术市场成交额	亿元			651	13424	17697
在校学生数						
#普通本、专科	万人	85.6	206.3	556.1	2753.6	2831.0
普通高中	万人	1553.1	717.3	1201.3	2374.5	2375.4
初中	万人	4995.2	3916.6	6256.3	4442.1	4652.6
普通小学	万人	14624.0	12241.4	13013.3	10093.7	10339.3
医院数	个	9293	14377	16318	31056	33009
医院床位数	万张	110.0	186.9	216.7	612.0	652.0
执业(助理)医师	万人	97.8	176.3	207.6	339.0	360.7
社会保障						
参加基本养老保险人数	万人		6166	13617	91548	94240
参加基本医疗保险人数	万人			3787	117681	134452
参加失业保险人数	万人			10408	18784	19643
参加工伤保险人数	万人			4350	22724	23868
参加生育保险人数	万人			3002	19300	20435
社会保险基金收入	亿元		187	2645	67154	77850

注：1.由于计算误差的影响，按支出法计算的国内生产总值不等于按生产法计算的国内生产总值。
2.本表2014、2015年居民人均可支配收入为城乡一体化住户收支与生活状况调查数据，与此前分城镇和农村住户调查的统计口径有所不同。
3.因与农业普查数据衔接工作尚未完成，油料数据暂无法提供。
4.本表价值量指标中，邮电业务总量2000年及以前按1990年不变价格计算，2001-2010年按2000年不变价格计算，2011年起按2010年不变价格计算。其余指标按当年价格计算。
5.2018年社会保障数据为快报数。2017年大部分省份参加新兴农村合作医疗的人员并入城乡居民基本医疗保险参保人数中；2016年及以前主要为城镇基本医疗保险参保人数。

国民经济与社会发展速度指标(一)

指　　标	2018年为下列各年%				平均每年增长%		
	1978年	1990年	2000年	2017年	1979-2018年	1991-2018年	2001-2018年
人口							
年末总人口	145.0	122.0	110.1	100.4	0.9	0.7	0.5
城镇人口	482.1	275.3	181.1	102.2	4.0	3.7	3.4
乡村人口	71.4	67.0	69.8	97.8	-0.8	-1.4	-2.0
就业和失业							
就业人员	193.2	119.8	107.6	99.9	1.7	0.6	0.4
#城镇就业人员	456.4	254.8	187.5	102.3	3.9	3.4	3.6
城镇登记失业人员	183.8	254.2	163.7	100.2	1.5	3.4	2.8
国民经济核算							
国内生产总值	3677.2	1304.2	483.7	106.6	9.4	9.6	9.2
第一产业	556.0	291.6	201.9	103.5	4.4	3.9	4.0
第二产业	5627.9	1858.9	524.7	105.8	10.6	11.0	9.6
第三产业	5201.7	1438.7	542.6	107.6	10.4	10.0	9.9
财政收支							
一般公共预算收入	16193.4	6242.6	1368.8	106.2	13.6	15.9	15.6
一般公共预算支出	19687.0	7163.9	1390.5	108.7	14.1	16.5	15.7
能源							
能源生产总量	600.6	362.8	272.1	105.0	4.6	4.7	5.7
能源消费总量	812.0	470.1	315.7	103.3	5.4	5.7	6.6
固定资产投资							
全社会固定资产投资总额		1961.5	14294.3	105.9		21.1	20.4
#房地产开发		47478.7	2412.9	109.5		27.1	21.9
对外贸易和实际利用外资							
货物进出口总额	85929.7	5486.4	776.7	109.7	18.4	15.4	12.1
出口额	97957.4	5498.5	795.6	107.1	18.8	15.4	12.2
进口额	75172.7	5472.4	755.8	112.9	18.0	15.4	11.9
外商直接投资		3870.5	331.5	103.0		13.9	6.9
主要农业、工业产品产量							
粮食	215.9	147.4	142.3	99.4	1.9	1.4	2.0
棉花	281.6	135.4	138.2	108.0	2.6	1.1	1.8
油料	658.0	212.8	116.2	98.8	4.8	2.7	0.8
肉类		301.9	143.4	99.7		4.0	2.0
原煤	596.0	341.0	266.1	104.5	4.6	4.5	5.6
原油	181.7	136.7	116.0	98.7	1.5	1.1	0.8
水泥	3384.0	1052.7	369.8	94.7	9.2	8.8	7.5
粗钢	2920.1	1398.7	722.2	106.6	8.8	9.9	11.6
发电量	2772.1	1144.8	524.6	107.7	8.7	9.1	9.6

国民经济与社会发展速度指标(二)

指　　标	2018年为下列各年%				平均每年增长%		
	1978年	1990年	2000年	2017年	1979－2018年	1991－2018年	2001－2018年
建筑业							
建筑业总产值		17478	1881.0	109.9		20.3	17.7
消费品零售和旅游							
社会消费品零售总额	24444.2	4590.1	974.2	109.0	14.7	14.6	13.5
入境游客	7804.4	514.2	169.2	101.2	11.5	6.0	3.0
国际旅游收入	48328.1	5730.5	783.4	103.0	16.7	15.6	12.1
运输和邮电							
沿海主要港口货物吞吐量	4650.6	1908.9	734.4	106.6	10.1	11.1	11.7
移动电话用户		8700543	1852.6	110.5		50.1	17.6
固定电话用户	9465.2	2660.4	125.8	94.1	12.0	12.4	1.3
科技、教育、卫生、文化							
研究与试验发展经费支出			2194.7	111.6			18.7
技术市场成交额			2719.5	131.8			20.1
在校学生数							
#普通本、专科	3307.3	1372.3	509.1	102.8	9.1	9.8	9.5
普通高中	152.9	331.2	197.7	100.0	1.1	4.4	3.9
初中	93.1	118.8	74.4	104.7	-0.2	0.6	-1.6
普通小学	70.7	84.5	79.5	102.4	-0.9	-0.6	-1.3
医院数	355.2	229.6	202.3	106.3	3.2	3.0	4.0
医院床位数	592.7	348.8	300.9	106.5	4.5	4.6	6.3
执业(助理)医师	368.8	204.6	173.8	106.4	3.3	2.6	3.1

注：1.国内生产总值按可比价格计算，固定资产投资总额平均每年增长速度按累计法计算，其他价值量指标按当年价格计算。

2.一般公共预算收支、固定资产投资、社会消费品零售总额2018年比上年速度按可比口径计算。

国民经济与社会发展结构指标

单位：%

指　　标	1978年	1990年	2000年	2017年	2018年
人口					
城镇	17.92	26.41	36.22	58.52	59.58
乡村	82.08	73.59	63.78	41.48	40.42
就业人员					
第一产业	70.5	60.1	50.0	27.0	26.1
第二产业	17.3	21.4	22.5	28.1	27.6
第三产业	12.2	18.5	27.5	44.9	46.3
国内生产总值					
第一产业	27.7	26.6	14.7	7.6	7.2
第二产业	47.7	41.0	45.5	40.5	40.7
第三产业	24.6	32.4	39.8	51.9	52.2
一般公共预算收入					
中央	15.5	33.8	52.2	47.0	46.6
地方	84.5	66.2	47.8	53.0	53.4
一般公共预算支出					
中央	47.4	32.6	34.7	14.7	14.8
地方	52.6	67.4	65.3	85.3	85.2
货物进出口总额					
出口总额	47.2	53.8	52.5	55.1	53.8
初级产品		25.6	10.2	5.2	5.4
工业制成品		74.4	89.8	94.8	94.6
进口总额	52.8	46.2	47.5	44.9	46.2
初级产品		18.5	20.8	31.5	32.9
工业制成品		81.5	79.2	68.5	67.1
一般公共预算收入与GDP之比	30.8	15.6	13.4	21.0	20.4
一般公共预算支出与GDP之比	30.5	16.3	15.8	24.7	24.5
R&D经费与GDP之比			0.89	2.15	2.18

“三新”经济综合情况

指　　标	2016年	2017年	2018年
“三新”经济增加值(亿元)	113587	129578	
按产业分			
第一产业	5830	5998	
第二产业	48497	54253	
第三产业	59260	69326	
工业战略性新兴产业增加值增速(%)	10.5	11.0	8.9
高技术制造业增加值增速(%)	10.8	13.4	11.7
经济发展新动能指数(2014年=100)	156.7	210.1	

文化、体育、旅游及相关产业增加值

单位：亿元

指　　标	2015年	2016年	2017年
文化及相关产业增加值	27235	30785	34722
文化制造业增加值	11053	11889	12094
文化批发零售业增加值	2542	2872	3328
文化服务业增加值	13640	16024	19300
体育及相关产业增加值	5494	6475	7811
#体育用品及相关产品制造	2756	2864	3265
体育用品及相关产品销售、贸易代理与出租	1562	2139	2616
旅游及相关产业增加值	30017	32979	37210
旅游产业	27561	30333	34290
旅游相关产业	2456	2646	2920

东部、中部、西部及东北地区主要经济指标(一)

(2018年)

指标	单位	东部地区	占全国比重(%)	中部地区	占全国比重(%)
国民经济核算					
国内(地区)生产总值	亿元	480995.8	52.6	192657.9	21.1
第一产业	亿元	22004.4	34.0	16176.5	25.0
第二产业	亿元	196449.5	52.2	84758.8	22.5
第三产业	亿元	262542.0	55.4	91722.6	19.4
对外贸易					
货物进出口总额	亿元	249266.2	81.7	20765.1	6.8
出口总额	亿元	133037.8	81.0	13280.1	8.1
进口总额	亿元	116228.5	82.5	7484.9	5.3
农业					
主要农产品产量					
粮食	万吨	15466.6	23.5	20089.6	30.5
棉花	万吨	50.3	8.2	43.7	7.2
油料	万吨	685.4	20.0	1462.3	42.6
工业					
规模以上工业企业利润总额	亿元	38089.1	57.4	13497.6	20.3
建筑业					
建筑业总产值	亿元	125646.9	53.4	55029.1	23.4
消费品零售					
社会消费品零售总额	亿元	193865.4	51.4	81571.6	21.6

注：东部10省(市)包括北京、天津、河北、上海、江苏、浙江、福建、山东、广东和海南；中部6省包括山西、安徽、江西、河南、湖北和湖南。

东部、中部、西部及东北地区主要经济指标(二)

(2018年)

指　　标	单位	西部地区	占全国比重(%)	东北地区	占全国比重(%)
国民经济核算					
国内(地区)生产总值	亿元	184302.1	20.1	56751.6	6.2
第一产业	亿元	20358.3	31.4	6195.0	9.6
第二产业	亿元	74645.5	19.8	20466.9	5.4
第三产业	亿元	89298.2	18.9	30089.7	6.4
对外贸易					
货物进出口总额	亿元	24362.6	8.0	10656.4	3.5
出口总额	亿元	14024.0	8.5	3834.7	2.3
进口总额	亿元	10338.6	7.3	6821.7	4.8
农业					
主要农产品产量					
粮食	万吨	16901.0	25.7	13332.0	20.3
棉花	万吨	516.2	84.6	0.0	0.0
油料	万吨	1108.8	32.3	176.9	5.2
工业					
规模以上工业企业利润总额	亿元	12000.3	18.1	2764.3	4.2
建筑业					
建筑业总产值	亿元	47503.1	20.2	6906.3	2.9
消费品零售					
社会消费品零售总额	亿元	70554.0	18.7	30980.6	8.2

注：1.西部12省(区、市)包括内蒙古、广西、重庆、四川、贵州、云南、西藏、陕西、甘肃、青海、宁夏和新疆；东北3省包括辽宁、吉林和黑龙江。
2.占全国比重以各地区合计数为100计算。

京津冀、长江经济带国民经济和社会发展主要指标

(2018年)

指　　标	单位	京津冀	占全国比重(%)	长江经济带	占全国比重(%)
国民经济核算					
国内(地区)生产总值	亿元	85139.9	9.3	402985.2	44.1
第一产业	亿元	3629.4	5.6	27822.9	43.0
第二产业	亿元	29297.5	7.8	166486.2	44.2
第三产业	亿元	52213.0	11.0	208676.1	44.1
对外贸易					
货物进出口总额	亿元	38811.1	12.7	133857.7	43.9
出口总额	亿元	10330.0	6.3	78312.5	47.7
进口总额	亿元	28481.2	20.2	55545.2	39.4
农业					
主要农产品产量					
粮食	万吨	3944.7	6.0	23916.8	36.4
棉花	万吨	25.8	4.2	42.9	7.0
油料	万吨	122.4	3.6	1531.8	44.6
工业					
规模以上工业企业利润总额	亿元	4942.4	7.4	31111.7	46.9
建筑业					
建筑业总产值	亿元	20471.1	8.7	135863.9	57.8
消费品零售					
社会消费品零售总额	亿元	33817.8	9.0	161574.1	42.9

注：长江经济带包括上海、江苏、浙江、安徽、江西、湖北、湖南、重庆、四川、贵州、云南等11省市。

人　口　数

(年末数)　　　　　　　　单位：万人

年　份	总人口	按性别分		按城乡分	
		男	女	城镇人口	乡村人口
1978	96259	49567	46692	17245	79014
1979	97542	50192	47350	18495	79047
1980	98705	50785	47920	19140	79565
1981	100072	51519	48553	20171	79901
1982	101654	52352	49302	21480	80174
1983	103008	53152	49856	22274	80734
1984	104357	53848	50509	24017	80340
1985	105851	54725	51126	25094	80757
1986	107507	55581	51926	26366	81141
1987	109300	56290	53010	27674	81626
1988	111026	57201	53825	28661	82365
1989	112704	58099	54605	29540	83164
1990	114333	58904	55429	30195	84138
1991	115823	59466	56357	31203	84620
1992	117171	59811	57360	32175	84996
1993	118517	60472	58045	33173	85344
1994	119850	61246	58604	34169	85681
1995	121121	61808	59313	35174	85947
1996	122389	62200	60189	37304	85085
1997	123626	63131	60495	39449	84177
1998	124761	63940	60821	41608	83153
1999	125786	64692	61094	43748	82038
2000	126743	65437	61306	45906	80837
2001	127627	65672	61955	48064	79563
2002	128453	66115	62338	50212	78241
2003	129227	66556	62671	52376	76851
2004	129988	66976	63012	54283	75705
2005	130756	67375	63381	56212	74544
2006	131448	67728	63720	58288	73160
2007	132129	68048	64081	60633	71496
2008	132802	68357	64445	62403	70399
2009	133450	68647	64803	64512	68938
2010	134091	68748	65343	66978	67113
2011	134735	69068	65667	69079	65656
2012	135404	69395	66009	71182	64222
2013	136072	69728	66344	73111	62961
2014	136782	70079	66703	74916	61866
2015	137462	70414	67048	77116	60346
2016	138271	70815	67456	79298	58973
2017	139008	71137	67871	81347	57661
2018	139538	71351	68187	83137	56401

注：1.本表1982年以前数据为户籍统计数，1990、2000和2010年数据为当年人口普查数据推算数，其余年份数据根据年度人口抽样调查推算。

2.1982年以前的城镇人口是指市辖区和建制镇内全部人口；乡村人口是指县人口，但不包括镇人口。1982年及以后的城乡人口是按国家统计局关于统计上划分城乡规定计算的。

人口出生率、死亡率、自然增长率、人口密度和城镇人口比重

年　份	出生率 (‰)	死亡率 (‰)	自然增长率 (‰)	人口密度 (人/平方公里)	城镇人口占总人口比重 (%)
1978	18.25	6.25	12.00	100	17.92
1979	17.82	6.21	11.61	102	18.96
1980	18.21	6.34	11.87	103	19.39
1981	20.91	6.36	14.55	104	20.16
1982	22.28	6.60	15.68	106	21.13
1983	20.19	6.90	13.29	107	21.62
1984	19.90	6.82	13.08	109	23.01
1985	21.04	6.78	14.26	110	23.71
1986	22.43	6.86	15.57	112	24.52
1987	23.33	6.72	16.61	114	25.32
1988	22.37	6.64	15.73	116	25.81
1989	21.58	6.54	15.04	117	26.21
1990	21.06	6.67	14.39	119	26.41
1991	19.68	6.70	12.98	121	26.94
1992	18.24	6.64	11.60	122	27.46
1993	18.09	6.64	11.45	123	27.99
1994	17.70	6.49	11.21	125	28.51
1995	17.12	6.57	10.55	126	29.04
1996	16.98	6.56	10.42	127	30.48
1997	16.57	6.51	10.06	129	31.91
1998	15.64	6.50	9.14	130	33.35
1999	14.64	6.46	8.18	131	34.78
2000	14.03	6.45	7.58	132	36.22
2001	13.38	6.43	6.95	133	37.66
2002	12.86	6.41	6.45	134	39.09
2003	12.41	6.40	6.01	135	40.53
2004	12.29	6.42	5.87	135	41.76
2005	12.40	6.51	5.89	136	42.99
2006	12.09	6.81	5.28	137	44.34
2007	12.10	6.93	5.17	138	45.89
2008	12.14	7.06	5.08	138	46.99
2009	11.95	7.08	4.87	139	48.34
2010	11.90	7.11	4.79	140	49.95
2011	11.93	7.14	4.79	140	51.27
2012	12.10	7.15	4.95	141	52.57
2013	12.08	7.16	4.92	142	53.73
2014	12.37	7.16	5.21	142	54.77
2015	12.07	7.11	4.96	143	56.10
2016	12.95	7.09	5.86	144	57.35
2017	12.43	7.11	5.32	145	58.52
2018	10.94	7.13	3.81	145	59.58

人口年龄结构和抚养比

年份	总人口(年末)(万人)	各年龄段人口比重(%)			总抚养比(%)	少儿抚养比	老年抚养比
		0-14岁	15-64岁	65岁及以上			
1982	101654	33.6	61.5	4.9	62.6	54.6	8.0
1987	109300	28.7	65.9	5.4	51.8	43.5	8.3
1990	114333	27.7	66.7	5.6	49.8	41.5	8.3
1991	115823	27.7	66.3	6.0	50.8	41.8	9.0
1992	117171	27.6	66.2	6.2	51.0	41.7	9.3
1993	118517	27.2	66.7	6.2	49.9	40.7	9.2
1994	119850	27.0	66.6	6.4	50.1	40.5	9.5
1995	121121	26.6	67.2	6.2	48.8	39.6	9.2
1996	122389	26.4	67.2	6.4	48.8	39.3	9.5
1997	123626	26.0	67.5	6.5	48.1	38.5	9.7
1998	124761	25.7	67.6	6.7	47.9	38.0	9.9
1999	125786	25.4	67.7	6.9	47.7	37.5	10.2
2000	126743	22.9	70.1	7.0	42.6	32.6	9.9
2001	127627	22.5	70.4	7.1	42.0	32.0	10.1
2002	128453	22.4	70.3	7.3	42.2	31.9	10.4
2003	129227	22.1	70.4	7.5	42.0	31.4	10.7
2004	129988	21.5	70.9	7.6	41.0	30.3	10.7
2005	130756	20.3	72.0	7.7	38.8	28.1	10.7
2006	131448	19.8	72.3	7.9	38.3	27.3	11.0
2007	132129	19.4	72.5	8.1	37.9	26.8	11.1
2008	132802	19.0	72.7	8.3	37.4	26.0	11.3
2009	133450	18.5	73.0	8.5	36.9	25.3	11.6
2010	134091	16.6	74.5	8.9	34.2	22.3	11.9
2011	134735	16.5	74.4	9.1	34.4	22.1	12.3
2012	135404	16.5	74.1	9.4	34.9	22.2	12.7
2013	136072	16.4	73.9	9.7	35.3	22.2	13.1
2014	136782	16.5	73.4	10.1	36.1	22.5	13.7
2015	137462	16.5	73.0	10.5	37.0	22.6	14.3
2016	138271	16.7	72.5	10.8	37.9	22.9	15.0
2017	139008	16.8	71.8	11.4	39.2	23.4	15.9
2018	139538	16.9	71.2	11.9	40.4	23.7	16.8

分地区年末常住人口

单位：万人

地　区	2012年	2013年	2014年	2015年	2016年	2017年	2018年
全　国	**135404**	**136072**	**136782**	**137462**	**138271**	**139008**	**139538**
北　京	2069	2115	2152	2171	2173	2171	2154
天　津	1413	1472	1517	1547	1562	1557	1560
河　北	7288	7333	7384	7425	7470	7520	7556
山　西	3611	3630	3648	3664	3682	3702	3718
内蒙古	2490	2498	2505	2511	2520	2529	2534
辽　宁	4389	4390	4391	4382	4378	4369	4359
吉　林	2750	2751	2752	2753	2733	2717	2704
黑龙江	3834	3835	3833	3812	3799	3789	3773
上　海	2380	2415	2426	2415	2420	2418	2424
江　苏	7920	7939	7960	7976	7999	8029	8051
浙　江	5477	5498	5508	5539	5590	5657	5737
安　徽	5988	6030	6083	6144	6196	6255	6324
福　建	3748	3774	3806	3839	3874	3911	3941
江　西	4504	4522	4542	4566	4592	4622	4648
山　东	9685	9733	9789	9847	9947	10006	10047
河　南	9406	9413	9436	9480	9532	9559	9605
湖　北	5779	5799	5816	5852	5885	5902	5917
湖　南	6639	6691	6737	6783	6822	6860	6899
广　东	10594	10644	10724	10849	10999	11169	11346
广　西	4682	4719	4754	4796	4838	4885	4926
海　南	887	895	903	911	917	926	934
重　庆	2945	2970	2991	3017	3048	3075	3102
四　川	8076	8107	8140	8204	8262	8302	8341
贵　州	3484	3502	3508	3530	3555	3580	3600
云　南	4659	4687	4714	4742	4771	4801	4830
西　藏	308	312	318	324	331	337	344
陕　西	3753	3764	3775	3793	3813	3835	3864
甘　肃	2578	2582	2591	2600	2610	2626	2637
青　海	573	578	583	588	593	598	603
宁　夏	647	654	662	668	675	682	688
新　疆	2233	2264	2298	2360	2398	2445	2487

注：本表数据根据年度人口抽样调查推算。全国数据包括中国人民解放军现役军人数，但不包括香港、澳门特别行政区和台湾地区数据；分省数据中未包括中国人民解放军现役军人数。

分地区年末城镇人口比重

单位：%

地　区	2012年	2013年	2014年	2015年	2016年	2017年	2018年
全　国	**52.57**	**53.73**	**54.77**	**56.10**	**57.35**	**58.52**	**59.58**
北　京	86.20	86.30	86.35	86.50	86.50	86.50	86.50
天　津	81.55	82.01	82.27	82.64	82.93	82.93	83.15
河　北	46.80	48.12	49.33	51.33	53.32	55.01	56.43
山　西	51.26	52.56	53.79	55.03	56.21	57.34	58.41
内蒙古	57.74	58.71	59.51	60.30	61.19	62.02	62.71
辽　宁	65.65	66.45	67.05	67.35	67.37	67.49	68.10
吉　林	53.70	54.20	54.81	55.31	55.97	56.65	57.53
黑龙江	56.90	57.40	58.01	58.80	59.20	59.40	60.10
上　海	89.30	89.60	89.60	87.60	87.90	87.70	88.10
江　苏	63.00	64.11	65.21	66.52	67.72	68.76	69.61
浙　江	63.20	64.00	64.87	65.80	67.00	68.00	68.90
安　徽	46.50	47.86	49.15	50.50	51.99	53.49	54.69
福　建	59.60	60.77	61.80	62.60	63.60	64.80	65.82
江　西	47.51	48.87	50.22	51.62	53.10	54.60	56.02
山　东	52.43	53.75	55.01	57.01	59.02	60.58	61.18
河　南	42.43	43.80	45.20	46.85	48.50	50.16	51.71
湖　北	53.50	54.51	55.67	56.85	58.10	59.30	60.30
湖　南	46.65	47.96	49.28	50.89	52.75	54.62	56.02
广　东	67.40	67.76	68.00	68.71	69.20	69.85	70.70
广　西	43.53	44.81	46.01	47.06	48.08	49.21	50.22
海　南	51.60	52.74	53.76	55.12	56.78	58.04	59.06
重　庆	56.98	58.34	59.60	60.94	62.60	64.08	65.50
四　川	43.53	44.90	46.30	47.69	49.21	50.79	52.29
贵　州	36.41	37.83	40.01	42.01	44.15	46.02	47.52
云　南	39.31	40.48	41.73	43.33	45.03	46.69	47.81
西　藏	22.75	23.71	25.75	27.74	29.56	30.89	31.14
陕　西	50.02	51.31	52.57	53.92	55.34	56.79	58.13
甘　肃	38.75	40.13	41.68	43.19	44.69	46.39	47.69
青　海	47.44	48.51	49.78	50.30	51.63	53.07	54.47
宁　夏	50.67	52.01	53.61	55.23	56.29	57.98	58.88
新　疆	43.98	44.47	46.07	47.23	48.35	49.38	50.91

注：本表数据根据年度人口抽样调查推算。

国民总收入和国内生产总值(一)

年份	国民总收入(亿元)	国内生产总值(亿元)	第一产业	第二产业	第三产业
1978	3678.7	3678.7	1018.5	1755.2	905.1
1979	4100.5	4100.5	1259.0	1925.4	916.1
1980	4587.6	4587.6	1359.5	2204.7	1023.4
“六五”时期	**32795.8**	**32707.6**	**10105.6**	**14341.1**	**8260.8**
1981	4933.7	4935.8	1545.7	2269.1	1121.1
1982	5380.5	5373.4	1761.7	2397.7	1214.0
1983	6043.8	6020.9	1960.9	2663.0	1397.0
1984	7314.2	7278.5	2295.6	3124.8	1858.1
1985	9123.6	9098.9	2541.7	3886.5	2670.7
“七五”时期	**73828.0**	**73783.7**	**19045.1**	**31441.8**	**23296.9**
1986	10375.4	10376.2	2764.1	4515.2	3096.9
1987	12166.6	12174.6	3204.5	5274.0	3696.2
1988	15174.4	15180.4	3831.2	6607.4	4741.8
1989	17188.4	17179.7	4228.2	7300.9	5650.6
1990	18923.3	18872.9	5017.2	7744.3	6111.4
“八五”时期	**193762.6**	**194850.7**	**39469.0**	**88458.8**	**66923.0**
1991	22050.3	22005.6	5288.8	9129.8	7587.0
1992	27208.2	27194.5	5800.3	11725.3	9668.9
1993	35599.2	35673.2	6887.6	16473.1	12312.6
1994	48548.2	48637.5	9471.8	22453.1	16712.5
1995	60356.6	61339.9	12020.5	28677.5	20641.9
“九五”时期	**421832.6**	**427568.7**	**72028.6**	**197138.4**	**158401.6**
1996	70779.6	71813.6	13878.3	33828.1	24107.2
1997	78802.9	79715.0	14265.2	37546.0	27903.8
1998	83817.6	85195.5	14618.7	39018.5	31558.3
1999	89366.5	90564.4	14549.0	41080.9	34934.5
2000	99066.1	100280.1	14717.4	45664.8	39897.9
“十五”时期	**713747.2**	**719161.6**	**91374.0**	**328834.8**	**298952.8**
2001	109276.2	110863.1	15502.5	49660.7	45700.0
2002	120480.4	121717.4	16190.2	54105.5	51421.7
2003	136576.3	137422.0	16970.2	62697.4	57754.4
2004	161415.4	161840.2	20904.3	74286.9	66648.9
2005	185998.9	187318.9	21806.7	88084.4	77427.8
“十一五”时期	**1569251.0**	**1569412.4**	**155469.9**	**732753.5**	**681189.0**
2006	219028.5	219438.5	23317.0	104361.8	91759.7
2007	270704.0	270092.3	27674.1	126633.6	115784.6
2008	321229.5	319244.6	32464.1	149956.6	136823.9
2009	347934.9	348517.7	33583.8	160171.7	154762.2
2010	410354.1	412119.3	38430.8	191629.8	182058.6
“十二五”时期	**2934351.1**	**2946756.9**	**260294.9**	**1293250.3**	**1393211.7**
2011	483392.8	487940.2	44781.4	227038.8	216120.0
2012	537329.0	538580.0	49084.5	244643.3	244852.2
2013	588141.2	592963.2	53028.1	261956.1	277979.1
2014	642097.6	641280.6	55626.3	277571.8	308082.5
2015	683390.5	685992.9	57774.6	282040.3	346178.0
“十三五”时期					
2016	737074.0	740060.8	60139.2	296547.7	383373.9
2017	820099.5	820754.3	62099.5	332742.7	425912.1
2018	896915.6	900309.5	64734.0	366000.9	469574.6

注：1.本表按当年价格计算。

2.三次产业分类依据国家统计局2012年制定的《三次产业划分规定》(以下相关表同)。

3.根据第三次全国农业普查结果对2007-2017年农林牧渔业、第一产业和第三产业增加值数据进行了修订(以下相关表同)。

国民总收入和国内生产总值(二)

年份	#工业	#建筑业	#批发和零售业	#交通运输、仓储和邮政业	人均国内生产总值(元)
1978	1621.5	138.9	242.3	182.0	385
1979	1786.5	144.6	200.9	193.7	423
1980	2014.9	196.3	193.8	213.4	468
“六五”时期	**12944.0**	**1438.5**	**1767.0**	**1503.2**	**637**
1981	2067.7	208.0	231.1	220.8	497
1982	2183.0	221.6	171.4	246.9	533
1983	2399.1	271.7	198.7	275.0	588
1984	2815.9	317.9	363.5	338.6	702
1985	3478.3	419.3	802.4	421.8	866
“七五”时期	**27866.3**	**3664.4**	**6200.7**	**3733.4**	**1334**
1986	4000.8	527.3	852.6	499.0	973
1987	4621.3	667.5	1059.6	568.5	1123
1988	5814.1	811.8	1483.4	685.9	1378
1989	6525.7	796.1	1536.2	812.9	1536
1990	6904.7	861.7	1268.9	1167.2	1663
“八五”时期	**77298.3**	**11408.1**	**15608.2**	**11316.9**	**3289**
1991	8138.2	1017.7	1834.6	1420.5	1912
1992	10340.5	1417.9	2405.0	1689.2	2334
1993	14248.8	2269.9	2816.6	2174.3	3027
1994	19546.9	2968.8	3773.4	2788.2	4081
1995	25023.9	3733.7	4778.6	3244.7	5091
“九五”时期	**172963.3**	**24729.1**	**34490.0**	**23930.9**	**6882**
1996	29529.8	4393.0	5599.7	3782.6	5898
1997	33023.5	4628.3	6327.4	4149.1	6481
1998	34134.9	4993.0	6913.2	4661.5	6860
1999	36015.4	5180.9	7491.1	5175.9	7229
2000	40259.7	5534.0	8158.6	6161.9	7942
“十五”时期	**290733.0**	**39059.3**	**56704.2**	**42255.6**	**11149**
2001	43855.6	5945.5	9119.4	6871.3	8717
2002	47776.3	6482.1	9995.4	7494.3	9506
2003	55363.8	7510.8	11169.5	7914.8	10666
2004	65776.8	8720.5	12453.8	9306.5	12487
2005	77960.5	10400.5	13966.2	10668.8	14368
“十一五”时期	**638881.8**	**96546.4**	**128556.8**	**78464.9**	**23664**
2006	92238.4	12450.1	16530.7	12186.3	16738
2007	111693.9	15348.0	20937.8	14605.1	20494
2008	131727.6	18807.6	26182.3	16367.6	24100
2009	138095.5	22681.5	29001.5	16522.4	26180
2010	165126.4	27259.3	35904.4	18783.6	30808
“十二五”时期	**1096748.7**	**202226.6**	**278455.9**	**130636.6**	**43379**
2011	195142.8	32926.5	43730.5	21842.0	36302
2012	208905.6	36896.1	49831.0	23763.2	39874
2013	222337.6	40896.8	56284.1	26042.7	43684
2014	233856.4	44880.5	62423.5	28500.9	47005
2015	236506.3	46626.7	66186.7	30487.8	50028
“十三五”时期					
2016	247877.7	49702.9	71290.7	33058.8	53680
2017	278328.2	55313.8	77658.2	37172.6	59201
2018	305160.2	61808.0	84200.8	40550.2	64644

注：1.行业分类采用《国民经济行业分类(GB/T 4754－2011)》，其中工业包括采矿业，制造业，电力、热力、燃气及水生产和供应业(以下相关表同)。

2.各时期人均国内生产总值为该时期各年的平均数。

国内生产总值构成

(国内生产总值=100)

年　份	第一产业	第二产业	第三产业	#工　业	#建筑业	#批发和零售业	#交通运输、仓储和邮政业
1978	27.7	47.7	24.6	44.1	3.8	6.6	4.9
1979	30.7	47.0	22.3	43.6	3.5	4.9	4.7
1980	29.6	48.1	22.3	43.9	4.3	4.2	4.7
1981	31.3	46.0	22.7	41.9	4.2	4.7	4.5
1982	32.8	44.6	22.6	40.6	4.1	3.2	4.6
1983	32.6	44.2	23.2	39.8	4.5	3.3	4.6
1984	31.5	42.9	25.5	38.7	4.4	5.0	4.7
1985	27.9	42.7	29.4	38.2	4.6	8.8	4.6
1986	26.6	43.5	29.8	38.6	5.1	8.2	4.8
1987	26.3	43.3	30.4	38.0	5.5	8.7	4.7
1988	25.2	43.5	31.2	38.3	5.3	9.8	4.5
1989	24.6	42.5	32.9	38.0	4.6	8.9	4.7
1990	26.6	41.0	32.4	36.6	4.6	6.7	6.2
1991	24.0	41.5	34.5	37.0	4.6	8.3	6.5
1992	21.3	43.1	35.6	38.0	5.2	8.8	6.2
1993	19.3	46.2	34.5	39.9	6.4	7.9	6.1
1994	19.5	46.2	34.4	40.2	6.1	7.8	5.7
1995	19.6	46.8	33.7	40.8	6.1	7.8	5.3
1996	19.3	47.1	33.6	41.1	6.1	7.8	5.3
1997	17.9	47.1	35.0	41.4	5.8	7.9	5.2
1998	17.2	45.8	37.0	40.1	5.9	8.1	5.5
1999	16.1	45.4	38.6	39.8	5.7	8.3	5.7
2000	14.7	45.5	39.8	40.1	5.5	8.1	6.1
2001	14.0	44.8	41.2	39.6	5.4	8.2	6.2
2002	13.3	44.5	42.2	39.3	5.3	8.2	6.2
2003	12.3	45.6	42.0	40.3	5.5	8.1	5.8
2004	12.9	45.9	41.2	40.6	5.4	7.7	5.8
2005	11.6	47.0	41.3	41.6	5.6	7.5	5.7
2006	10.6	47.6	41.8	42.0	5.7	7.5	5.6
2007	10.2	46.9	42.9	41.4	5.7	7.8	5.4
2008	10.2	47.0	42.9	41.3	5.9	8.2	5.1
2009	9.6	46.0	44.4	39.6	6.5	8.3	4.7
2010	9.3	46.5	44.2	40.1	6.6	8.7	4.6
2011	9.2	46.5	44.3	40.0	6.7	9.0	4.5
2012	9.1	45.4	45.5	38.8	6.9	9.3	4.4
2013	8.9	44.2	46.9	37.5	6.9	9.5	4.4
2014	8.7	43.3	48.0	36.5	7.0	9.7	4.4
2015	8.4	41.1	50.5	34.5	6.8	9.6	4.4
2016	8.1	40.1	51.8	33.5	6.7	9.6	4.5
2017	7.6	40.5	51.9	33.9	6.7	9.5	4.5
2018	7.2	40.7	52.2	33.9	6.9	9.4	4.5

注：本表按当年价格计算。

国内生产总值指数(一)

(上年=100)

年 份	国 民 总收入	国 内 生产总值	第一产业	第二产业	第三产业
1978	111.7	111.7	104.1	115.0	113.6
1979	107.6	107.6	106.1	108.2	107.8
1980	107.8	107.8	98.5	113.5	106.1
1981	105.1	105.1	107.0	101.9	109.6
1982	109.2	109.0	111.5	105.6	112.7
1983	111.0	110.8	108.3	110.4	114.6
1984	115.3	115.2	112.9	114.4	119.4
1985	113.2	113.4	101.8	118.4	118.1
1986	108.6	108.9	103.3	110.2	112.3
1987	111.6	111.7	104.7	113.6	114.7
1988	111.3	111.2	102.5	114.3	113.2
1989	104.3	104.2	103.1	103.7	105.8
1990	104.1	103.9	107.3	103.2	102.7
1991	109.2	109.3	102.4	113.8	109.2
1992	114.1	114.2	104.7	121.0	112.6
1993	113.6	113.9	104.6	119.7	112.2
1994	113.1	113.0	103.9	118.1	111.4
1995	109.4	111.0	104.9	113.8	110.1
1996	110.1	109.9	105.0	112.1	109.2
1997	109.6	109.2	103.4	110.5	110.4
1998	107.3	107.8	103.4	108.9	108.4
1999	108.0	107.7	102.7	108.2	109.2
2000	108.6	108.5	102.3	109.5	109.8
2001	108.1	108.3	102.6	108.5	110.3
2002	109.6	109.1	102.7	109.9	110.5
2003	110.5	110.0	102.4	112.7	109.5
2004	110.5	110.1	106.1	111.1	110.1
2005	110.9	111.4	105.1	112.1	112.4
2006	113.3	112.7	104.8	113.5	114.1
2007	114.7	114.2	103.5	115.1	116.1
2008	110.1	109.7	105.2	109.8	110.5
2009	108.5	109.4	104.0	110.3	109.6
2010	110.3	110.6	104.3	112.7	109.7
2011	109.0	109.6	104.2	110.7	109.5
2012	108.6	107.9	104.5	108.4	108.0
2013	107.1	107.8	103.8	108.0	108.3
2014	108.3	107.3	104.1	107.4	107.8
2015	106.4	106.9	103.9	106.2	108.2
2016	106.7	106.7	103.3	106.3	107.7
2017	107.1	106.8	104.0	105.9	107.9
2018	106.3	106.6	103.5	105.8	107.6

注：本表按不变价格计算。

国内生产总值指数(二)

(上年=100)

年 份	#工业	#建筑业	#批发和零售业	#交通运输、仓储和邮政业	人均国内生产总值
1978	116.4	99.5	123.1	108.9	110.2
1979	108.7	102.0	108.7	108.3	106.2
1980	112.6	126.6	98.1	104.3	106.5
1981	101.7	103.2	129.5	101.9	103.8
1982	105.8	103.4	99.3	111.4	107.4
1983	109.7	117.0	121.2	109.5	109.2
1984	114.8	110.8	124.7	114.9	113.7
1985	118.0	122.1	133.5	113.8	111.9
1986	109.6	115.8	109.4	113.9	107.3
1987	113.1	117.8	114.7	109.6	109.9
1988	115.1	108.0	111.8	112.5	109.4
1989	105.0	91.6	89.3	104.2	102.6
1990	103.4	101.2	94.7	108.3	102.4
1991	114.3	109.6	105.2	110.6	107.8
1992	121.0	121.0	110.5	110.1	112.8
1993	120.0	118.0	108.6	112.5	112.6
1994	118.8	113.6	108.2	108.5	111.8
1995	114.0	112.4	108.2	111.0	109.8
1996	112.5	108.5	107.6	111.0	108.8
1997	111.3	102.6	108.8	109.2	108.1
1998	108.9	109.0	106.5	110.6	106.8
1999	108.6	104.3	108.7	112.2	106.7
2000	109.9	105.7	109.4	108.6	107.6
2001	108.7	106.8	109.1	108.8	107.6
2002	110.0	108.8	108.8	107.1	108.4
2003	112.8	112.1	109.9	106.1	109.4
2004	111.6	108.2	106.6	114.5	109.5
2005	111.6	116.0	113.0	111.2	110.7
2006	112.9	117.2	119.5	110.0	112.1
2007	114.9	116.2	120.2	111.8	113.6
2008	110.0	109.5	115.9	107.3	109.1
2009	109.1	118.9	111.9	103.4	108.9
2010	112.6	113.8	114.6	109.5	110.1
2011	110.9	109.7	112.5	109.7	109.0
2012	108.1	109.8	110.3	106.1	107.3
2013	107.7	109.7	110.5	106.6	107.2
2014	107.0	109.1	109.7	106.5	106.8
2015	106.0	106.8	106.1	104.1	106.4
2016	106.0	107.2	107.1	106.6	106.2
2017	106.3	103.5	107.4	109.4	106.2
2018	106.1	104.5	106.2	108.1	106.1

注：本表按不变价格计算。

国内生产总值指数(三)

(1978年=100)

年份	国民总收入	国内生产总值	第一产业	第二产业	第三产业
1978	100.0	100.0	100.0	100.0	100.0
1979	107.6	107.6	106.1	108.2	107.8
1980	116.0	116.0	104.6	122.8	114.4
1981	121.9	122.0	111.9	125.1	125.3
1982	133.1	132.9	124.8	132.1	141.2
1983	147.8	147.3	135.1	145.8	161.9
1984	170.5	169.6	152.6	166.9	193.3
1985	192.9	192.4	155.4	197.6	228.3
1986	209.6	209.6	160.5	217.8	256.4
1987	233.9	234.1	168.1	247.4	294.0
1988	260.3	260.4	172.3	282.8	332.7
1989	271.4	271.3	177.6	293.4	352.2
1990	282.7	281.9	190.7	302.8	361.6
1991	308.7	308.1	195.2	344.5	394.8
1992	352.1	351.9	204.2	416.9	444.6
1993	399.9	400.7	213.7	499.3	498.7
1994	452.1	453.0	222.2	589.8	555.4
1995	494.5	502.6	233.1	671.4	611.4
1996	544.5	552.5	244.9	752.6	667.7
1997	596.6	603.5	253.3	831.4	737.4
1998	640.3	650.8	262.0	905.5	799.3
1999	691.4	700.7	269.2	979.7	873.3
2000	751.0	760.2	275.4	1072.6	958.6
2001	811.8	823.6	282.7	1163.6	1057.0
2002	889.7	898.8	290.3	1278.8	1167.8
2003	982.9	989.0	297.2	1440.8	1279.2
2004	1086.2	1089.0	315.4	1601.3	1408.7
2005	1204.6	1213.1	331.4	1795.6	1582.8
2006	1364.9	1367.4	347.1	2037.1	1806.5
2007	1565.6	1562.0	359.3	2343.7	2096.8
2008	1723.4	1712.8	377.9	2574.3	2316.5
2009	1870.6	1873.8	393.0	2839.2	2538.6
2010	2064.2	2073.1	409.7	3199.3	2784.0
2011	2249.9	2271.1	426.8	3541.3	3048.2
2012	2444.0	2449.6	445.9	3837.5	3292.4
2013	2618.4	2639.9	462.8	4144.0	3565.7
2014	2836.2	2832.6	481.6	4450.4	3844.1
2015	3016.8	3028.2	500.4	4726.2	4159.1
2016	3219.1	3232.2	516.8	5022.2	4479.2
2017	3447.8	3450.6	537.2	5317.8	4833.3
2018	3663.3	3677.2	556.0	5627.9	5201.7
平均每年增长(%)					
1979-2018年	9.4	9.4	4.4	10.6	10.4
1991-2018年	9.6	9.6	3.9	11.0	10.0
2001-2018年	9.2	9.2	4.0	9.6	9.9

注：本表按不变价格计算。

国内生产总值指数(四)

(1978年=100)

年　　份	#工业	#建筑业	#批发和零售业	#交通运输、仓储和邮政业	人均国内生产总值
1978	100.0	100.0	100.0	100.0	100.0
1979	108.7	102.0	108.7	108.3	106.2
1980	122.4	129.2	106.7	112.9	113.1
1981	124.5	133.3	138.2	115.0	117.3
1982	131.7	137.9	137.2	128.1	126.0
1983	144.5	161.3	166.3	140.2	137.6
1984	165.9	178.8	207.4	161.1	156.4
1985	195.8	218.4	277.0	183.3	175.1
1986	214.7	253.0	303.2	208.8	187.9
1987	242.9	298.1	347.8	228.8	206.5
1988	279.5	321.8	388.7	257.5	226.0
1989	293.6	294.8	347.1	268.3	231.9
1990	303.5	298.3	328.8	290.7	237.5
1991	346.9	326.8	345.8	321.4	256.0
1992	419.9	395.4	382.2	353.7	288.8
1993	503.7	466.4	414.9	398.0	325.1
1994	598.3	530.0	448.9	432.0	363.4
1995	682.0	595.7	485.9	479.4	398.9
1996	767.2	646.4	523.0	532.3	433.9
1997	854.1	663.4	568.8	581.3	469.1
1998	930.0	723.2	605.9	642.8	501.1
1999	1009.7	754.3	658.6	721.1	534.8
2000	1109.2	797.3	720.7	782.9	575.7
2001	1205.9	851.5	786.2	851.9	619.1
2002	1327.0	926.6	855.5	912.6	671.2
2003	1496.2	1038.5	940.5	968.5	734.0
2004	1669.1	1123.2	1002.2	1108.8	803.4
2005	1863.5	1302.9	1132.8	1233.0	889.7
2006	2104.4	1527.4	1353.3	1355.9	997.3
2007	2418.9	1774.7	1626.9	1516.0	1133.3
2008	2660.1	1943.5	1884.7	1627.0	1236.3
2009	2901.9	2311.8	2109.1	1681.9	1345.8
2010	3266.9	2631.4	2417.0	1841.1	1481.8
2011	3624.4	2887.3	2718.2	2019.0	1615.5
2012	3918.9	3168.9	2998.2	2141.9	1734.1
2013	4221.9	3475.6	3313.4	2283.2	1859.6
2014	4519.1	3791.8	3636.1	2431.5	1985.3
2015	4791.9	4050.1	3858.5	2530.1	2111.6
2016	5079.9	4342.9	4133.8	2696.7	2241.7
2017	5398.8	4496.5	4438.2	2949.5	2379.8
2018	5728.7	4697.4	4714.4	3189.8	2524.5
平均每年增长(%)					
1979-2018年	10.6	10.1	10.1	9.0	8.4
1991-2018年	11.1	10.3	10.0	8.9	8.8
2001-2018年	9.6	10.4	11.0	8.1	8.6

注：本表按不变价格计算。

三次产业对国内生产总值增长的贡献率和拉动

年 份	第一产业		第二产业		第三产业	
	贡献率(%)	拉动(百分点)	贡献率(%)	拉动(百分点)	贡献率(%)	拉动(百分点)
1990	40.2	1.6	39.8	1.6	20.0	0.8
1991	6.8	0.6	61.1	5.7	32.2	3.0
1992	8.1	1.2	63.2	9.0	28.7	4.1
1993	7.6	1.1	64.4	8.9	28.0	3.9
1994	6.3	0.8	66.3	8.6	27.4	3.6
1995	8.7	1.0	62.8	6.9	28.5	3.1
1996	9.3	0.9	62.2	6.2	28.5	2.8
1997	6.5	0.6	59.1	5.5	34.5	3.2
1998	7.2	0.6	59.7	4.7	33.0	2.6
1999	5.6	0.4	56.9	4.4	37.4	2.9
2000	4.1	0.4	59.6	5.1	36.2	3.1
2001	4.6	0.4	46.4	3.9	49.0	4.1
2002	4.1	0.4	49.4	4.5	46.5	4.2
2003	3.1	0.3	57.9	5.8	39.0	3.9
2004	7.3	0.7	51.8	5.2	40.8	4.1
2005	5.2	0.6	50.5	5.8	44.3	5.0
2006	4.4	0.6	49.7	6.3	45.9	5.8
2007	2.7	0.4	50.1	7.1	47.3	6.7
2008	5.2	0.5	48.6	4.7	46.2	4.5
2009	4.0	0.4	52.3	4.9	43.7	4.1
2010	3.6	0.4	57.4	6.1	39.0	4.2
2011	4.1	0.4	52.0	5.0	43.9	4.2
2012	5.0	0.4	50.0	3.9	45.0	3.5
2013	4.2	0.3	48.5	3.8	47.2	3.7
2014	4.6	0.3	47.9	3.5	47.5	3.5
2015	4.5	0.3	42.5	2.9	53.0	3.7
2016	4.1	0.3	38.2	2.6	57.7	3.9
2017	4.8	0.3	35.7	2.4	59.6	4.0
2018	4.2	0.3	36.1	2.4	59.7	3.9

注：本表按不变价格计算。产业贡献率指各产业增加值增量与国内生产总值增量之比，产业拉动指国内生产总值增长速度与各产业贡献率之乘积。

地区生产总值

(2018年)

地　区	地　区 生产总值 (亿元)	第一产业	第二产业	第三产业	地区生产 总值指数 (上年=100)	人均地区 生产总值 (元)	人均地区生 产总值指数 (上年=100)
北　京	30320.0	118.7	5647.7	24553.6	106.6	140211	107.1
天　津	18809.6	172.7	7609.8	11027.1	103.6	120711	103.7
河　北	36010.3	3338.0	16040.1	16632.2	106.6	47772	106.0
山　西	16818.1	740.6	7089.2	8988.3	106.7	45328	106.2
内蒙古	17289.2	1753.8	6807.3	8728.1	105.3	68302	105.0
辽　宁	25315.4	2033.3	10025.1	13257.0	105.7	58008	105.9
吉　林	15074.6	1160.8	6410.9	7503.0	104.5	55611	105.0
黑龙江	16361.6	3001.0	4030.9	9329.7	104.7	43274	105.0
上　海	32679.9	104.4	9732.5	22843.0	106.6	134982	106.5
江　苏	92595.4	4141.7	41248.5	47205.2	106.7	115168	106.3
浙　江	56197.2	1967.0	23505.9	30724.3	107.1	98643	105.7
安　徽	30006.8	2638.0	13842.1	13526.7	108.0	47712	106.9
福　建	35804.0	2379.8	17232.4	16191.9	108.3	91197	107.4
江　西	21984.8	1877.3	10250.2	9857.2	108.7	47434	108.1
山　东	76469.7	4950.5	33641.7	37877.4	106.4	76267	105.9
河　南	48055.9	4289.4	22034.8	21731.7	107.6	50152	107.2
湖　北	39366.6	3547.5	17089.0	18730.1	107.8	66616	107.5
湖　南	36425.8	3083.6	14453.5	18888.7	107.8	52949	107.2
广　东	97277.8	3831.4	40695.2	52751.2	106.8	86412	105.1
广　西	20352.5	3019.4	8072.9	9260.2	106.8	41489	105.8
海　南	4832.1	1000.1	1095.8	2736.2	105.8	51955	104.8
重　庆	20363.2	1378.3	8328.8	10656.1	106.0	65933	105.1
四　川	40678.1	4426.7	15322.7	20928.7	108.0	48883	107.4
贵　州	14806.5	2159.5	5755.5	6891.4	109.1	41244	108.4
云　南	17881.1	2498.9	6957.4	8424.8	108.9	37136	108.2
西　藏	1477.6	130.3	628.4	719.0	109.1	43397	107.0
陕　西	24438.3	1830.2	12157.5	10450.7	108.3	63477	107.5
甘　肃	8246.1	921.3	2794.7	4530.1	106.3	31336	105.8
青　海	2865.2	268.1	1247.1	1350.1	107.2	47689	106.3
宁　夏	3705.2	279.9	1650.3	1775.1	107.0	54094	106.0
新　疆	12199.1	1692.1	4923.0	5584.0	106.1	49475	104.1

注：本表绝对量按当年价格计算，指数按不变价格计算。

支出法国内生产总值

单位：亿元

年　份	支出法国内生产总值	最终消费支出	资本形成总额	货物和服务净出口
1978	3634.1	2232.9	1412.7	-11.4
1979	4078.2	2578.3	1519.9	-20.0
1980	4575.3	2966.9	1623.1	-14.7
“六五”时期	**32988.7**	**21614.8**	**11580.5**	**-206.8**
1981	4957.3	3277.3	1662.8	17.1
1982	5426.3	3575.6	1759.6	91.1
1983	6078.7	4059.6	1968.3	50.8
1984	7345.9	4784.4	2560.2	1.3
1985	9180.5	5917.9	3629.6	-367.1
“七五”时期	**74526.7**	**46823.5**	**27774.1**	**-70.8**
1986	10473.7	6727.0	4001.9	-255.2
1987	12294.2	7638.7	4644.7	10.8
1988	15332.2	9423.1	6060.3	-151.2
1989	17359.6	11033.3	6511.9	-185.5
1990	19067.0	12001.4	6555.3	510.3
“八五”时期	**195720.3**	**115106.2**	**78767.8**	**1846.4**
1991	22124.2	13614.2	7892.5	617.6
1992	27334.2	16225.1	10833.6	275.6
1993	35900.1	20796.7	15782.9	-679.5
1994	48822.7	28272.3	19916.3	634.1
1995	61539.1	36197.9	24342.5	998.6
“九五”时期	**429014.2**	**262345.3**	**153111.1**	**13558.0**
1996	72102.5	43086.8	27556.6	1459.1
1997	80024.8	47508.7	28966.2	3550.0
1998	85486.3	51460.4	30396.6	3629.3
1999	90823.8	56621.7	31665.6	2536.6
2000	100576.8	63667.7	34526.1	2383.0
“十五”时期	**723789.6**	**412661.8**	**288299.5**	**22828.5**
2001	111250.2	68546.7	40378.9	2324.7
2002	122292.2	74068.2	45129.8	3094.2
2003	138314.7	79513.1	55836.7	2964.9
2004	162742.1	89086.0	69420.5	4235.6
2005	189190.4	101447.8	77533.6	10209.1
“十一五”时期	**1573433.3**	**780150.8**	**698884.0**	**94398.7**
2006	221206.5	114728.6	89823.4	16654.6
2007	271699.3	136229.5	112046.8	23423.1
2008	319935.9	157466.3	138242.8	24226.8
2009	349883.3	172728.3	162117.9	15037.1
2010	410708.3	198998.1	196653.1	15057.1
“十二五”时期	**2970280.7**	**1503051.8**	**1386193.4**	**81035.4**
2011	486037.8	241022.1	233327.2	11688.5
2012	540988.9	271112.8	255240.0	14636.0
2013	596962.9	300337.8	282073.0	14552.1
2014	647181.7	328312.6	302717.5	16151.6
2015	699109.4	362266.5	312835.7	24007.2
“十三五”时期				
2016	745632.4	399910.1	329137.6	16584.7
2017	815260.3	437151.5	363954.8	14154.0
2018	884426.0	480340.6	396644.8	7440.5

注：本表按当年价格计算。

支出法国内生产总值主要构成项

单位：亿元

年　　份	最终消费支出		资本形成总额		货物和服务净出口	
	居民消费支　出	政府消费支　出	固定资本形成总额	存货变动	货物和服务出口	货物和服务进口
1978	1759.1	473.8	1108.7	304.0		
1979	2014.0	564.3	1194.1	325.8		
1980	2336.9	630.0	1345.8	277.3		
“六五”时期	**17032.5**	**4582.3**	**9719.3**	**1861.2**		
1981	2627.5	649.8	1381.9	280.9		
1982	2867.1	708.5	1558.6	201.0		
1983	3220.9	838.6	1742.6	225.7		
1984	3689.6	1094.9	2192.1	368.1		
1985	4627.4	1290.5	2844.1	785.5		
“七五”时期	**37086.2**	**9737.3**	**21117.8**	**6656.3**		
1986	5293.5	1433.5	3299.7	702.2		
1987	6047.6	1591.1	3821.4	823.3		
1988	7532.1	1890.9	4842.0	1218.3		
1989	8778.0	2255.4	4518.6	1993.3		
1990	9435.0	2566.4	4636.1	1919.2		
“八五”时期	**88071.9**	**27034.4**	**65375.5**	**13392.3**		
1991	10544.5	3069.7	5794.8	2097.7		
1992	12312.2	3912.9	8461.0	2372.6		
1993	15696.2	5100.5	13574.4	2208.5		
1994	21446.1	6826.2	17187.9	2728.4		
1995	28072.9	8125.1	20357.4	3985.1		
“九五”时期	**198011.1**	**64333.9**	**141203.5**	**11907.6**		
1996	33660.3	9426.4	23319.8	4236.8		
1997	36626.3	10882.3	25363.2	3603.0		
1998	38821.8	12638.6	28751.4	1645.2		
1999	41914.9	14706.7	30241.4	1424.2		
2000	46987.8	16679.9	33527.7	998.4		
“十五”时期	**306948.4**	**105713.5**	**277304.7**	**10994.8**		
2001	50708.8	17837.9	38064.0	2314.9		
2002	55076.4	18991.8	43796.9	1332.9		
2003	59343.8	20169.3	53964.4	1872.3		
2004	66587.0	22499.1	65669.8	3750.7		
2005	75232.4	26215.4	75809.6	1724.0		
“十一五”时期	**571969.2**	**208181.6**	**662839.2**	**36044.7**		
2006	84119.1	30609.5	87223.3	2600.0		
2007	99793.3	36436.2	105052.2	6994.6		
2008	115338.3	42128.0	128001.9	10240.9		
2009	126660.9	46067.4	156734.5	5383.4		
2010	146057.6	52940.5	185827.3	10825.8		
“十二五”时期	**1103351.1**	**399700.8**	**1326752.0**	**59441.5**		
2011	176532.0	64490.1	219671.0	13656.3		
2012	198536.8	72576.1	244600.7	10639.3		
2013	219762.5	80575.3	270924.2	11148.8		
2014	242539.7	85772.9	290053.1	12664.4		
2015	265980.1	96286.4	301503.0	11332.7		
“十三五”时期						
2016	293443.1	106467.0	318083.6	11054.0	146176.8	129592.1
2017	317963.5	119188.0	349368.8	14586.0	163417.0	149263.0
2018	348209.6	132131.0	380771.8	15873.1	175043.3	167602.8

注：1.本表按当年价格计算。

2.自2016年起，增加货物和服务出口、货物和服务进口两个指标。

支出法国内生产总值构成

(支出法国内生产总值=100)

年份	最终消费支出	居民消费支出	政府消费支出	资本形成总额	固定资本形成总额	存货变动	货物和服务净出口
1978	61.4	48.4	13.0	38.9	30.5	8.4	-0.3
1979	63.2	49.4	13.8	37.3	29.3	8.0	-0.5
1980	64.8	51.1	13.8	35.5	29.4	6.1	-0.3
1981	66.1	53.0	13.1	33.5	27.9	5.7	0.3
1982	65.9	52.8	13.1	32.4	28.7	3.7	1.7
1983	66.8	53.0	13.8	32.4	28.7	3.7	0.8
1984	65.1	50.2	14.9	34.9	29.8	5.0	
1985	64.5	50.4	14.1	39.5	31.0	8.6	-4.0
1986	64.2	50.5	13.7	38.2	31.5	6.7	-2.4
1987	62.1	49.2	12.9	37.8	31.1	6.7	0.1
1988	61.5	49.1	12.3	39.5	31.6	7.9	-1.0
1989	63.6	50.6	13.0	37.5	26.0	11.5	-1.1
1990	62.9	49.5	13.5	34.4	24.3	10.1	2.7
1991	61.5	47.7	13.9	35.7	26.2	9.5	2.8
1992	59.4	45.0	14.3	39.6	31.0	8.7	1.0
1993	57.9	43.7	14.2	44.0	37.8	6.2	-1.9
1994	57.9	43.9	14.0	40.8	35.2	5.6	1.3
1995	58.8	45.6	13.2	39.6	33.1	6.5	1.6
1996	59.8	46.7	13.1	38.2	32.3	5.9	2.0
1997	59.4	45.8	13.6	36.2	31.7	4.5	4.4
1998	60.2	45.4	14.8	35.6	33.6	1.9	4.2
1999	62.3	46.1	16.2	34.9	33.3	1.6	2.8
2000	63.3	46.7	16.6	34.3	33.3	1.0	2.4
2001	61.6	45.6	16.0	36.3	34.2	2.1	2.1
2002	60.6	45.0	15.5	36.9	35.8	1.1	2.5
2003	57.5	42.9	14.6	40.4	39.0	1.4	2.1
2004	54.7	40.9	13.8	42.7	40.4	2.3	2.6
2005	53.6	39.8	13.9	41.0	40.1	0.9	5.4
2006	51.9	38.0	13.8	40.6	39.4	1.2	7.5
2007	50.1	36.7	13.4	41.2	38.7	2.6	8.6
2008	49.2	36.1	13.2	43.2	40.0	3.2	7.6
2009	49.4	36.2	13.2	46.3	44.8	1.5	4.3
2010	48.5	35.6	12.9	47.9	45.2	2.6	3.7
2011	49.6	36.3	13.3	48.0	45.2	2.8	2.4
2012	50.1	36.7	13.4	47.2	45.2	2.0	2.7
2013	50.3	36.8	13.5	47.3	45.4	1.9	2.4
2014	50.7	37.5	13.3	46.8	44.8	2.0	2.5
2015	51.8	38.0	13.8	44.7	43.1	1.6	3.4
2016	53.6	39.3	14.3	44.2	42.7	1.5	2.2
2017	53.6	39.0	14.6	44.7	42.9	1.8	1.7
2018	54.3	39.4	14.9	44.9	43.1	1.8	0.8

注：本表按当年价格计算。

三大需求对国内生产总值增长的贡献率和拉动

年　份	最终消费支出		资本形成总额		货物和服务净出口	
	贡献率(%)	拉　动(百分点)	贡献率(%)	拉　动(百分点)	贡献率(%)	拉　动(百分点)
1978	38.3	4.5	67.0	7.8	-5.3	-0.6
1979	83.5	6.3	19.6	1.5	-3.1	-0.2
1980	77.3	6.1	20.9	1.6	1.8	0.1
1981	89.4	4.6	-1.7	-0.1	12.3	0.6
1982	56.1	5.1	23.5	2.1	20.4	1.8
1983	74.4	8.0	33.5	3.6	-7.9	-0.8
1984	68.7	10.4	41.8	6.4	-10.5	-1.6
1985	71.1	9.5	79.8	10.7	-50.9	-6.8
1986	50.1	4.5	15.9	1.4	34.0	3.0
1987	41.2	4.8	26.3	3.1	32.5	3.8
1988	43.3	4.9	55.8	6.3	0.9	
1989	81.2	3.4	-2.4	-0.1	21.2	0.9
1990	91.7	3.6	-74.6	-2.9	82.9	3.2
1991	60.6	5.6	37.8	3.5	1.6	0.2
1992	56.1	8.0	53.0	7.5	-9.1	-1.3
1993	57.4	8.0	55.7	7.7	-13.1	-1.8
1994	34.8	4.5	34.3	4.5	30.9	4.0
1995	46.2	5.1	46.6	5.1	7.2	0.8
1996	61.7	6.1	34.5	3.4	3.8	0.4
1997	42.3	3.9	15.1	1.4	42.6	3.9
1998	64.6	5.1	28.8	2.3	6.6	0.4
1999	88.1	6.7	21.7	1.7	-9.8	-0.7
2000	78.1	6.6	22.4	1.9	-0.5	
2001	49.0	4.1	64.0	5.3	-13.0	-1.1
2002	55.6	5.1	39.8	3.6	4.6	0.4
2003	35.4	3.6	70.0	7.0	-5.4	-0.6
2004	42.6	4.3	61.6	6.2	-4.2	-0.4
2005	54.4	6.2	33.1	3.8	12.5	1.4
2006	42.0	5.3	42.9	5.5	15.1	1.9
2007	45.3	6.4	44.1	6.3	10.6	1.5
2008	44.2	4.3	53.2	5.1	2.6	0.3
2009	56.1	5.3	86.5	8.1	-42.6	-4.0
2010	44.9	4.8	66.3	7.1	-11.2	-1.3
2011	61.9	5.9	46.2	4.4	-8.1	-0.8
2012	54.9	4.3	43.4	3.4	1.7	0.2
2013	47.0	3.6	55.3	4.3	-2.3	-0.1
2014	48.8	3.6	46.9	3.4	4.3	0.3
2015	59.7	4.1	41.6	2.9	-1.3	-0.1
2016	66.5	4.5	43.1	2.9	-9.6	-0.7
2017	57.6	3.9	33.8	2.3	8.6	0.6
2018	76.2	5.0	32.4	2.2	-8.6	-0.6

注：1.本表按不变价格计算。三大需求指支出法国内生产总值的三大构成项目,即最终消费支出、资本形成总额、货物和服务净出口。

2.贡献率指三大需求增量分别与支出法国内生产总值增量之比。

3.拉动指国内生产总值增长速度分别与三大需求贡献率的乘积。

居民消费水平

年 份	绝对数(元)			指数（1978年=100）		
	全体居民	农村居民	城镇居民	全体居民	农村居民	城镇居民
1978	184	138	405	100.0	100.0	100.0
1979	208	159	425	107.0	106.6	102.9
1980	238	178	490	116.8	115.7	110.4
1981	264	202	517	126.1	127.3	113.8
1982	284	227	504	133.1	140.6	108.6
1983	315	252	547	145.3	154.1	115.6
1984	356	280	621	160.9	168.2	128.0
1985	440	346	750	181.3	192.5	137.4
1986	496	385	847	191.6	200.8	145.7
1987	558	427	953	203.1	212.6	152.2
1988	684	506	1200	212.6	219.8	159.9
1989	785	588	1345	221.3	232.4	161.4
1990	831	627	1404	227.5	240.4	163.6
1991	916	661	1619	242.2	246.0	181.2
1992	1057	701	2009	265.8	250.5	212.3
1993	1332	822	2661	293.8	261.6	243.9
1994	1799	1073	3645	313.8	274.9	260.8
1995	2330	1344	4769	339.8	288.8	285.6
1996	2765	1655	5382	372.5	328.6	297.2
1997	2978	1768	5645	389.6	341.8	302.6
1998	3126	1778	5909	411.5	346.5	319.6
1999	3346	1793	6351	445.9	354.2	348.9
2000	3721	1917	6999	493.1	377.6	382.9
2001	3987	2032	7324	523.2	395.2	397.4
2002	4301	2157	7745	567.3	421.1	422.5
2003	4606	2292	8104	600.0	440.5	437.2
2004	5138	2521	8880	643.0	457.8	463.3
2005	5771	2784	9832	705.4	488.9	502.6
2006	6416	3066	10739	765.0	524.7	535.6
2007	7572	3538	12480	862.6	570.4	597.6
2008	8707	4065	14061	934.3	610.3	636.4
2009	9514	4402	15127	1026.1	666.9	687.1
2010	10919	4941	17104	1124.5	716.0	741.2
2011	13134	6187	19912	1248.6	808.6	802.1
2012	14699	6964	21861	1362.0	880.4	859.9
2013	16190	7773	23609	1462.0	955.8	905.4
2014	17778	8711	25424	1574.6	1050.4	956.3
2015	19397	9679	27210	1692.6	1150.6	1008.1
2016	21285	10783	29295	1820.5	1258.1	1063.5
2017	22935	11691	31098	1930.0	1346.9	1109.6
2018	25002	13062	33282	2060.2	1474.4	1162.7

注：1.本表绝对数按当年价格计算，指数按不变价格计算。
2.居民消费水平指按常住人口计算的人均居民消费支出。

就业人数

年份	就业人员总计（万人）	按城乡分		按三次产业分		
		城镇	乡村	第一产业	第二产业	第三产业
1978	40152	9514	30638	28318	6945	4890
1979	41024	9999	31025	28634	7214	5177
1980	42361	10525	31836	29122	7707	5532
1981	43725	11053	32672	29777	8003	5945
1982	45295	11428	33867	30859	8346	6090
1983	46436	11746	34690	31151	8679	6606
1984	48197	12229	35968	30868	9590	7739
1985	49873	12808	37065	31130	10384	8359
1986	51282	13292	37990	31254	11216	8811
1987	52783	13783	39000	31663	11726	9395
1988	54334	14267	40067	32249	12152	9933
1989	55329	14390	40939	33225	11976	10129
1990	64749	17041	47708	38914	13856	11979
1991	65491	17465	48026	39098	14015	12378
1992	66152	17861	48291	38699	14355	13098
1993	66808	18262	48546	37680	14965	14163
1994	67455	18653	48802	36628	15312	15515
1995	68065	19040	49025	35530	15655	16880
1996	68950	19922	49028	34820	16203	17927
1997	69820	20781	49039	34840	16547	18432
1998	70637	21616	49021	35177	16600	18860
1999	71394	22412	48982	35768	16421	19205
2000	72085	23151	48934	36043	16219	19823
2001	72797	24123	48674	36399	16234	20165
2002	73280	25159	48121	36640	15682	20958
2003	73736	26230	47506	36204	15927	21605
2004	74264	27293	46971	34830	16709	22725
2005	74647	28389	46258	33442	17766	23439
2006	74978	29630	45348	31941	18894	24143
2007	75321	30953	44368	30731	20186	24404
2008	75564	32103	43461	29923	20553	25087
2009	75828	33322	42506	28890	21080	25857
2010	76105	34687	41418	27931	21842	26332
2011	76420	35914	40506	26594	22544	27282
2012	76704	37102	39602	25773	23241	27690
2013	76977	38240	38737	24171	23170	29636
2014	77253	39310	37943	22790	23099	31364
2015	77451	40410	37041	21919	22693	32839
2016	77603	41428	36175	21496	22350	33757
2017	77640	42462	35178	20944	21824	34872
2018	77586	43419	34167	20258	21390	35938

城镇调查失业率和城镇登记失业率

(年底数)

年　份	城镇调查失业率(%)	城镇登记失业率(%)	城镇登记失业人数(万人)
1978		5.3	530
1979		5.4	568
1980		4.9	542
1981		3.8	440
1982		3.2	379
1983		2.3	271
1984		1.9	236
1985		1.8	239
1986		2.0	264
1987		2.0	277
1988		2.0	296
1989		2.6	378
1990		2.5	383
1991		2.3	352
1992		2.3	364
1993		2.6	420
1994		2.8	476
1995		2.9	520
1996		3.0	553
1997		3.1	577
1998		3.1	571
1999		3.1	575
2000		3.1	595
2001		3.6	681
2002		4.0	770
2003		4.3	800
2004		4.2	827
2005		4.2	839
2006		4.1	847
2007		4.0	830
2008		4.2	886
2009		4.3	921
2010		4.1	908
2011		4.1	922
2012		4.1	917
2013		4.1	926
2014		4.1	952
2015		4.1	966
2016		4.0	982
2017		3.9	972
2018	4.9	3.8	974

市场监督管理的私营和个体就业人数

单位：万人

年份	私营企业就业人员合计	城镇	乡村	个体就业人员合计	城镇	乡村
1990	170	57	113	2105	614	1491
1991	184	68	116	2308	692	1616
1992	232	98	134	2468	740	1728
1993	373	186	187	2940	930	2010
1994	648	332	316	3776	1225	2551
1995	956	485	471	4614	1560	3054
1996	1171	620	551	5017	1709	3308
1997	1350	750	600	5441	1919	3522
1998	1710	973	737	6114	2259	3855
1999	2022	1053	969	6241	2414	3827
2000	2407	1268	1139	5070	2136	2934
2001	2714	1527	1187	4760	2131	2629
2002	3410	1999	1411	4743	2269	2474
2003	4299	2545	1754	4637	2377	2260
2004	5018	2994	2024	4587	2521	2066
2005	5824	3458	2366	4901	2778	2123
2006	6586	3954	2632	5159	3012	2147
2007	7253	4581	2672	5497	3310	2187
2008	7904	5124	2780	5776	3609	2167
2009	8607	5544	3063	6586	4245	2341
2010	9418	6071	3347	7007	4467	2540
2011	10354	6912	3442	7945	5227	2718
2012	11296	7557	3739	8629	5643	2986
2013	12521	8242	4279	9335	6142	3193
2014	14390	9857	4533	10584	7009	3575
2015	16395	11180	5215	11682	7800	3882
2016	17997	12083	5914	12862	8627	4235
2017	19882	13327	6555	14225	9348	4878
2018	21375	13952	7424	16038	10440	5597

城镇单位就业人员工资总额和指数

年 份	工资总额(亿元)				指数(上年=100)			
	合 计	国 有 单 位	城镇集体 单 位	其 他 单 位	合 计	国 有 单 位	城镇集体 单 位	其 他 单 位
1978	568.9	468.7	100.2		110.5	110.1	112.5	
1979	646.7	529.5	117.2		113.7	113.0	117.0	
1980	772.4	627.9	144.5		119.4	118.6	123.3	
1981	820.0	660.4	159.6		106.2	105.2	110.4	
1982	882.0	708.9	173.1		107.6	107.3	108.5	
1983	934.6	748.1	186.5		106.0	105.5	107.7	
1984	1133.4	875.8	254.0	3.6	121.3	117.1	136.2	
1985	1383.0	1064.8	312.3	5.9	122.0	121.6	123.0	163.9
1986	1659.7	1288.5	362.8	8.4	120.0	121.0	116.2	142.4
1987	1881.1	1459.3	409.1	12.7	113.3	113.3	112.8	151.2
1988	2316.2	1807.1	487.6	21.5	123.1	123.8	119.2	169.3
1989	2618.5	2050.2	534.4	33.9	113.1	113.5	109.6	157.7
1990	2951.1	2324.1	581.0	46.0	119.0	113.4	108.7	135.7
1991	3323.9	2594.9	658.6	70.4	112.6	111.7	113.4	153.0
1992	3939.2	3090.4	743.2	105.6	118.5	119.1	112.8	150.0
1993	4916.2	3812.7	849.9	253.6	124.8	123.4	114.4	240.2
1994	6656.4	5177.4	1023.3	455.6	135.4	135.8	120.4	179.7
1995	8055.8	6172.6	1210.6	672.7	119.0	117.4	115.6	142.2
1996	8964.4	6893.3	1269.4	801.7	111.3	111.7	104.9	119.2
1997	9602.4	7323.9	1283.9	994.5	107.1	106.2	101.1	124.0
1998	9540.2	6934.6	1054.9	1550.7	99.4	94.7	82.2	155.9
1999	10155.9	7289.9	995.8	1870.1	106.5	105.1	94.4	120.6
2000	10954.7	7744.9	950.7	2259.1	107.9	106.2	95.5	120.8
2001	12205.4	8515.2	898.5	2791.7	111.4	109.9	94.5	123.6
2002	13638.1	9138.0	863.9	3636.2	111.7	107.3	96.1	130.3
2003	15329.6	9911.9	867.1	4550.6	112.4	108.5	100.4	125.1
2004	17615.0	11038.2	876.2	5700.6	114.9	111.4	101.0	125.3
2005	20627.1	12291.7	906.4	7429.0	117.1	111.4	103.4	130.3
2006	24262.3	13920.6	983.8	9357.9	117.6	113.3	108.5	126.0
2007	29471.5	16689.1	1108.1	11674.3	121.5	119.9	112.6	124.8
2008	35289.5	19487.9	1203.2	14598.4	119.7	116.8	108.6	125.0
2009	40288.2	21862.7	1273.3	17152.1	114.2	112.2	105.8	117.5
2010	47269.9	24886.4	1433.7	20949.7	117.3	113.8	112.6	122.1
2011	59954.7	28954.8	1737.4	29262.4	126.8	116.3	121.2	139.7
2012	70914.2	32950.0	1990.4	35973.8	118.3	113.8	114.6	122.9
2013	93064.3	33359.6	2195.8	57508.9	131.2	101.2	110.3	159.9
2014	102817.2	36106.6	2302.7	64408.0	110.5	108.2	104.9	112.0
2015	112007.8	40387.9	2239.4	69380.5	108.9	111.9	97.3	107.7
2016	120074.8	44462.9	2268.6	73343.3	107.2	110.1	101.3	105.7
2017	129889.1	48884.1	2215.6	78789.3	108.2	109.9	97.7	107.4
2018	141692.2	51126.6	2082.3	88483.3	109.1	104.6	94.0	112.3

注：本表数据不包含私营单位(下表同)，2013年工资总额增加较多，系将原属于乡镇企业的规模以上法人单位纳入劳动工资统计范围所致。

城镇单位就业人员平均货币工资及指数

年份	平均货币工资(元)				平均货币工资指数(上年=100)			
	合计	国有单位	城镇集体单位	其他单位	合计	国有单位	城镇集体单位	其他单位
1978	615	644	506		106.8	107.0	105.9	
1979	668	705	542		108.6	109.5	107.1	
1980	762	803	623		114.1	113.9	114.9	
1981	772	812	642		101.3	101.1	103.0	
1982	798	836	671		103.4	103.0	104.5	
1983	826	865	698		103.5	103.5	104.0	
1984	974	1034	811	1048	117.9	119.5	116.2	
1985	1148	1213	967	1436	117.9	117.3	119.2	137.0
1986	1329	1414	1092	1629	115.8	116.6	112.9	113.4
1987	1459	1546	1207	1879	109.8	109.3	110.5	115.3
1988	1747	1853	1426	2382	119.7	119.9	118.1	126.8
1989	1935	2055	1557	2707	110.8	110.9	109.2	113.6
1990	2140	2284	1681	2987	110.6	111.1	108.0	110.3
1991	2340	2477	1866	3468	109.3	108.5	111.0	116.1
1992	2711	2878	2109	3966	115.9	116.2	113.0	114.4
1993	3371	3532	2592	4966	124.3	122.7	122.9	125.2
1994	4538	4797	3245	6303	134.6	135.8	125.2	126.9
1995	5348	5553	3934	7728	118.9	117.3	121.1	119.9
1996	5980	6207	4312	8521	111.8	111.8	109.6	110.3
1997	6444	6679	4516	9092	107.8	107.6	104.7	106.7
1998	7446	7579	5314	9241	115.5	113.5	117.7	101.6
1999	8319	8443	5758	10142	111.7	111.4	108.4	109.8
2000	9333	9441	6241	11238	112.2	111.8	108.4	110.8
2001	10834	11045	6851	12437	116.1	117.0	109.8	110.7
2002	12373	12701	7636	13486	114.2	115.0	111.5	108.4
2003	13969	14358	8627	14843	112.9	113.0	113.0	110.1
2004	15920	16445	9723	16519	114.0	114.5	112.7	111.3
2005	18200	18978	11176	18362	114.3	115.4	114.9	111.2
2006	20856	21706	12866	21004	114.6	114.4	115.1	114.4
2007	24721	26100	15444	24271	118.5	120.2	120.0	115.6
2008	28898	30287	18103	28552	116.9	116.0	117.2	117.6
2009	32244	34130	20607	31350	111.6	112.7	113.8	109.8
2010	36539	38359	24010	35801	113.3	112.4	116.5	114.2
2011	41799	43483	28791	41323	114.4	113.4	119.9	115.4
2012	46769	48357	33784	46360	111.9	111.2	117.3	112.2
2013	51483	52657	38905	51453	110.1	108.9	115.2	111.0
2014	56360	57296	42742	56485	109.5	108.8	109.9	109.8
2015	62029	65296	46607	60906	110.1	114.0	109.0	107.8
2016	67569	72538	50527	65531	108.9	111.1	108.4	107.6
2017	74318	81114	55243	71304	110.0	111.8	109.3	108.8
2018	82461	89474	60664	79532	111.0	110.3	109.8	111.5

城镇单位就业人员平均实际工资指数

年份	平均实际工资指数(1978年=100)				平均实际工资指数(上年=100)			
	合计	国有单位	城镇集体单位	其他单位	合计	国有单位	城镇集体单位	其他单位
1978	100.0	100.0	100.0		106.0	106.2	105.1	
1979	106.6	107.5	105.1		106.6	107.4	105.1	
1980	113.2	113.9	112.4		106.1	106.0	106.9	
1981	111.9	112.4	113.1		98.8	98.7	100.5	
1982	113.4	113.5	115.9		101.3	100.9	102.5	
1983	115.1	115.1	118.2		101.5	101.4	102.0	
1984	132.1	133.9	133.7	100.0	114.8	116.4	113.1	
1985	139.0	140.4	142.4	122.5	105.3	104.8	106.6	122.5
1986	150.4	152.9	150.3	129.8	108.2	108.9	105.5	106.0
1987	151.9	153.7	152.7	137.6	100.9	100.5	101.6	106.0
1988	150.7	152.6	149.5	144.6	99.2	99.3	97.9	105.0
1989	143.5	145.6	140.4	141.3	95.2	95.4	93.9	97.7
1990	156.7	159.8	149.6	153.9	109.2	109.7	106.6	108.9
1991	162.9	164.6	157.9	170.0	104.0	103.2	105.6	110.5
1992	173.8	176.2	164.3	179.0	106.7	107.0	104.1	105.3
1993	186.1	186.2	173.9	193.0	107.1	105.7	105.9	107.9
1994	200.4	202.3	174.3	196.0	107.7	108.7	100.2	101.5
1995	204.0	203.2	180.7	201.2	101.8	100.4	103.7	102.6
1996	209.7	208.8	182.0	203.9	102.8	102.7	100.7	101.3
1997	219.1	217.9	184.9	211.0	104.5	104.4	101.6	103.5
1998	254.7	248.7	218.9	215.8	116.2	114.2	118.4	102.3
1999	288.3	280.7	240.3	239.9	113.2	112.9	109.8	111.2
2000	320.9	311.4	258.4	263.8	111.3	110.9	107.5	109.9
2001	370.0	361.8	281.7	289.9	115.3	116.2	109.0	109.9
2002	426.8	420.3	317.2	317.5	115.4	116.2	112.6	109.5
2003	477.5	470.8	355.1	346.3	111.9	112.0	112.0	109.1
2004	526.8	522.1	387.5	373.1	110.3	110.9	109.1	107.7
2005	592.8	593.0	438.3	408.2	112.5	113.6	113.1	109.4
2006	669.3	668.2	497.2	460.0	112.9	112.7	113.4	112.7
2007	758.9	768.6	570.9	508.9	113.4	115.0	114.8	110.6
2008	840.1	844.3	633.6	566.7	110.7	109.8	111.0	111.4
2009	946.1	960.2	727.6	627.9	112.6	113.7	114.8	110.8
2010	1038.7	1045.7	821.4	694.9	109.8	108.9	112.9	110.7
2011	1128.4	1125.8	935.4	761.7	108.6	107.7	113.9	109.6
2012	1230.0	1219.2	1068.2	832.5	109.0	108.3	114.3	109.2
2013	1319.9	1294.1	1198.6	900.7	107.3	106.1	112.2	108.2
2014	1415.2	1379.0	1290.1	968.4	107.2	106.6	107.6	107.5
2015	1535.5	1548.6	1385.6	1028.5	108.5	112.3	107.4	106.2
2016	1637.7	1685.2	1471.1	1083.9	106.7	108.8	106.2	105.4
2017	1771.4	1852.9	1581.5	1159.7	108.2	110.0	107.5	107.0
2018	1925.1	2001.8	1701.0	1266.9	108.7	108.0	107.6	109.2

价格指数

(上年=100)

年份	居民消费价格指数	商品零售价格指数	农业生产资料价格指数	农产品生产者价格指数	工业生产者出厂价格指数	工业生产者购进价格指数	固定资产投资价格指数
1978	100.7	100.7	99.9	103.9	100.1		
1979	101.9	102.0	100.4	122.1	101.5		
1980	107.5	106.0	101.0	107.1	100.5		
1981	102.5	102.4	101.7	105.9	100.2		
1982	102.0	101.9	101.9	102.2	99.8		
1983	102.0	101.5	103.0	104.4	99.9		
1984	102.7	102.8	108.9	104.0	101.4		
1985	109.3	108.8	104.8	108.6	108.7		
1986	106.5	106.0	101.1	106.4	103.8		
1987	107.3	107.3	107.0	112.0	107.9		
1988	118.8	118.5	116.2	123.0	115.0		
1989	118.0	117.8	118.9	115.0	118.6	126.4	
1990	103.1	102.1	105.5	97.4	104.1	105.6	108.0
1991	103.4	102.9	102.9	98.0	106.2	109.1	109.5
1992	106.4	105.4	103.7	103.4	106.8	111.0	115.3
1993	114.7	113.2	114.1	113.4	124.0	135.1	126.6
1994	124.1	121.7	121.6	139.9	119.5	118.2	110.4
1995	117.1	114.8	127.4	119.9	114.9	115.3	105.9
1996	108.3	106.1	108.4	104.2	102.9	103.9	104.0
1997	102.8	100.8	99.5	95.5	99.7	101.3	101.7
1998	99.2	97.4	94.5	92.0	95.9	95.8	99.8
1999	98.6	97.0	95.8	87.8	97.6	96.7	99.6
2000	100.4	98.5	99.1	96.4	102.8	105.1	101.1
2001	100.7	99.2	99.1	103.1	98.7	99.8	100.4
2002	99.2	98.7	100.5	99.7	97.8	97.7	100.2
2003	101.2	99.9	101.4	104.4	102.3	104.8	102.2
2004	103.9	102.8	110.6	113.1	106.1	111.4	105.6
2005	101.8	100.8	108.3	101.4	104.9	108.3	101.6
2006	101.5	101.0	101.5	101.2	103.0	106.0	101.5
2007	104.8	103.8	107.7	118.5	103.1	104.4	103.9
2008	105.9	105.9	120.3	114.1	106.9	110.5	108.9
2009	99.3	98.8	97.5	97.6	94.6	92.1	97.6
2010	103.3	103.1	102.9	110.9	105.5	109.6	103.6
2011	105.4	104.9	111.3	116.5	106.0	109.1	106.6
2012	102.6	102.0	105.6	102.7	98.3	98.2	101.1
2013	102.6	101.4	101.4	103.2	98.1	98.0	100.3
2014	102.0	101.0	99.1	99.8	98.1	97.8	100.5
2015	101.4	100.1	100.4	101.7	94.8	93.9	98.2
2016	102.0	100.7	100.1	103.4	98.6	98.0	99.4
2017	101.6	101.1	100.6	96.5	106.3	108.1	105.8
2018	102.1	101.9	103.1	99.1	103.5	104.1	105.4

注：1.居民消费价格指数1985年及以前为职工生活费用价格指数(下表同)。

2.从2011年起工业品出厂价格指数改为工业生产者出厂价格指数，原材料、燃料、动力购进价格指数改为工业生产者购进价格指数(下表同)。

价格定基指数

年份	居民消费价格指数(1978年=100)	商品零售价格指数(1978年=100)	农业生产资料价格指数(1978年=100)	农产品生产者价格指数(1978年=100)	工业生产者出厂价格指数(1985年=100)	工业生产者购进价格指数(1990年=100)	固定资产投资价格指数(1990年=100)
1978	100.0	100.0	100.0	100.0			
1979	101.9	102.0	100.4	122.1			
1980	109.5	108.1	101.4	130.8			
1981	112.2	110.7	103.1	138.5			
1982	114.4	112.8	105.1	141.5			
1983	116.7	114.5	108.3	147.8			
1984	119.9	117.7	117.9	153.7			
1985	131.1	128.1	123.6	166.9	100.0		
1986	139.6	135.8	125.0	177.6	103.8		
1987	149.8	145.7	133.8	198.9	112.0		
1988	177.9	172.7	155.5	244.6	128.8		
1989	209.9	203.4	184.9	281.3	152.8		
1990	216.4	207.7	195.1	274.0	159.0	100.0	100.0
1991	223.8	213.7	200.8	268.5	168.9	109.1	109.5
1992	238.1	225.2	208.2	277.6	180.4	121.1	126.3
1993	273.1	254.9	237.6	314.8	223.7	163.6	159.8
1994	339.0	310.2	288.9	440.5	267.3	193.4	176.5
1995	396.9	356.1	368.1	528.1	307.1	222.9	186.9
1996	429.9	377.8	399.0	550.3	316.0	231.6	194.3
1997	441.9	380.8	397.0	525.5	315.0	234.6	197.6
1998	438.4	370.9	375.2	483.5	302.1	224.7	197.3
1999	432.2	359.8	359.4	424.5	294.8	217.3	196.5
2000	434.0	354.4	356.2	409.2	303.1	228.4	198.6
2001	437.0	351.6	353.0	421.9	299.2	227.9	199.4
2002	433.5	347.0	354.8	420.6	292.6	222.7	199.8
2003	438.7	346.7	359.8	439.0	299.3	233.4	204.2
2004	455.8	356.4	397.9	496.5	317.6	260.0	215.7
2005	464.0	359.3	430.9	503.4	333.2	281.6	219.1
2006	471.0	362.9	437.4	509.4	343.2	298.5	222.4
2007	493.6	376.7	471.1	603.6	353.8	311.6	231.1
2008	522.7	398.9	566.7	688.5	378.2	344.3	251.8
2009	519.0	394.1	552.5	672.0	357.8	317.2	245.8
2010	536.1	406.3	568.5	745.5	377.5	347.7	254.6
2011	565.0	426.2	632.7	868.2	400.2	379.3	271.4
2012	579.7	434.7	668.1	892.0	393.4	372.5	274.4
2013	594.8	440.8	677.5	920.7	385.9	365.1	275.2
2014	606.7	445.2	671.4	919.2	378.6	357.1	276.6
2015	615.2	445.6	674.1	934.5	358.9	335.3	271.6
2016	627.5	448.7	674.8	966.5	353.9	328.6	270.0
2017	637.5	453.6	678.8	932.3	376.2	355.2	285.7
2018	650.9	462.2	699.8	923.6	389.4	369.8	301.1

分地区居民消费价格指数

(上年=100)

地区	2012年	2013年	2014年	2015年	2016年	2017年	2018年
全国	**102.6**	**102.6**	**102.0**	**101.4**	**102.0**	**101.6**	**102.1**
北京	103.3	103.3	101.6	101.8	101.4	101.9	102.5
天津	102.7	103.1	101.9	101.7	102.1	102.1	102.0
河北	102.6	103.0	101.7	100.9	101.5	101.7	102.4
山西	102.5	103.1	101.7	100.6	101.1	101.1	101.8
内蒙古	103.1	103.2	101.6	101.1	101.2	101.7	101.8
辽宁	102.8	102.4	101.7	101.4	101.6	101.4	102.5
吉林	102.5	102.9	102.0	101.7	101.6	101.6	102.1
黑龙江	103.2	102.2	101.5	101.1	101.5	101.3	102.0
上海	102.8	102.3	102.7	102.4	103.2	101.7	101.6
江苏	102.6	102.3	102.2	101.7	102.3	101.7	102.3
浙江	102.2	102.3	102.1	101.4	101.9	102.1	102.3
安徽	102.3	102.4	101.6	101.3	101.8	101.2	102.0
福建	102.4	102.5	102.0	101.7	101.7	101.2	101.5
江西	102.7	102.5	102.3	101.5	102.0	102.0	102.1
山东	102.1	102.2	101.9	101.2	102.1	101.5	102.5
河南	102.5	102.9	101.9	101.3	101.9	101.4	102.3
湖北	102.9	102.8	102.0	101.5	102.2	101.5	101.9
湖南	102.0	102.5	101.9	101.4	101.9	101.4	102.0
广东	102.8	102.5	102.3	101.5	102.3	101.5	102.2
广西	103.2	102.2	102.1	101.5	101.6	101.6	102.3
海南	103.2	102.8	102.4	101.0	102.8	102.8	102.5
重庆	102.6	102.7	101.8	101.3	101.8	101.0	102.0
四川	102.5	102.8	101.6	101.5	101.9	101.4	101.7
贵州	102.7	102.5	102.4	101.8	101.4	100.9	101.8
云南	102.7	103.1	102.4	101.9	101.5	100.9	101.6
西藏	103.5	103.6	102.9	102.0	102.5	101.6	101.7
陕西	102.8	103.0	101.6	101.0	101.3	101.6	102.1
甘肃	102.7	103.2	102.1	101.6	101.3	101.4	102.0
青海	103.1	103.9	102.8	102.6	101.8	101.5	102.5
宁夏	102.0	103.4	101.9	101.1	101.5	101.6	102.3
新疆	103.8	103.9	102.1	100.6	101.4	102.2	102.0

分地区居民消费价格分类指数

(2018年)　　　　(上年=100)

地区	居民消费价格指数	食品烟酒	衣着	居住	生活用品及服务	交通和通信	教育文化和娱乐	医疗保健	其他用品和服务
全　国	**102.1**	**101.9**	**101.2**	**102.4**	**101.6**	**101.7**	**102.2**	**104.3**	**101.2**
北　京	102.5	103.1	99.7	103.2	101.3	100.6	103.6	103.0	102.2
天　津	102.0	103.1	101.1	101.3	101.1	101.3	102.4	102.6	101.1
河　北	102.4	102.0	101.7	102.5	101.7	100.4	102.4	107.4	102.5
山　西	101.8	101.7	100.5	102.4	100.6	101.2	101.9	103.6	101.3
内蒙古	101.8	102.0	101.7	102.3	101.1	101.4	100.8	102.7	100.6
辽　宁	102.5	102.2	100.4	101.5	100.4	101.5	102.1	111.1	100.9
吉　林	102.1	101.4	102.5	102.1	102.3	100.8	102.3	105.3	100.7
黑龙江	102.0	100.9	100.9	101.1	100.8	101.2	102.9	108.6	99.8
上　海	101.6	102.3	98.3	100.2	101.4	104.0	103.1	102.4	102.4
江　苏	102.3	102.3	102.2	102.4	103.4	102.5	102.4	101.2	102.2
浙　江	102.3	102.6	101.1	103.4	101.4	101.0	102.2	102.6	100.2
安　徽	102.0	102.1	102.0	102.1	101.7	101.1	102.2	102.8	100.6
福　建	101.5	101.7	99.6	101.9	100.9	101.2	102.1	102.1	100.5
江　西	102.1	101.0	100.2	102.6	101.0	101.6	102.6	108.3	100.8
山　东	102.5	102.3	103.2	103.1	101.6	101.8	102.2	103.0	100.8
河　南	102.3	101.5	101.1	102.2	101.6	102.2	103.0	106.1	101.4
湖　北	101.9	101.8	100.8	102.5	101.3	102.2	101.5	103.5	100.6
湖　南	102.0	100.8	101.9	103.6	101.3	102.8	101.5	102.5	100.6
广　东	102.2	102.1	101.7	102.1	101.4	101.9	102.3	104.5	101.0
广　西	102.3	101.0	101.5	104.3	101.9	101.6	102.5	104.5	101.3
海　南	102.5	101.2	104.1	103.4	102.0	103.3	102.7	103.6	101.8
重　庆	102.0	101.4	101.5	102.8	101.7	100.1	103.0	105.7	100.9
四　川	101.7	101.3	101.1	102.6	101.5	101.2	101.5	102.8	102.4
贵　州	101.8	100.7	100.9	102.9	100.9	102.1	103.4	102.0	100.6
云　南	101.6	100.5	101.4	102.1	101.1	101.7	102.3	104.1	100.8
西　藏	101.7	102.3	102.3	101.1	101.7	101.5	100.4	102.1	101.1
陕　西	102.1	102.0	100.9	102.7	102.3	101.0	101.7	104.0	101.3
甘　肃	102.0	100.9	101.1	103.5	100.8	101.2	100.5	108.0	100.8
青　海	102.5	102.7	101.4	102.5	101.1	101.6	104.8	103.4	100.5
宁　夏	102.3	102.5	102.2	102.6	102.3	102.7	101.8	101.9	101.2
新　疆	102.0	103.1	98.9	97.9	102.3	101.2	101.3	112.5	100.1

分地区农业生产资料价格分类指数

（2018年）　　　　（上年=100）

地　区	农业生产资料价格指数	农用手工工具	饲料	仔畜幼禽及产品畜	半机械化农具	机械化农具	化学肥料	农药及农药器械	农机用油	其他农用生产资料	农业生产服务
全　国	**103.1**	**103.8**	**102.9**	**89.5**	**101.4**	**101.8**	**107.4**	**104.8**	**112.6**	**101.3**	**102.8**
北　京											
天　津											
河　北	103.2	100.8	103.6	89.6	101.7	100.7	108.4	105.2	111.2	101.8	100.2
山　西	102.5	106.2	103.6	89.5	100.3	100.3	105.4	102.1	113.3	100.6	101.6
内蒙古	102.8	108.9	100.2	97.4	101.8	100.9	107.4	102.0	112.6	99.1	100.9
辽　宁	101.8	99.7	103.0	77.3	100.3	100.8	105.7	102.0	113.8	100.9	102.9
吉　林	103.7	102.2	105.3	99.5	100.0	100.7	107.9	102.7	112.5	97.3	100.5
黑龙江	103.6	107.5	101.3	89.7	100.9	102.4	105.3	106.6	112.8	104.7	104.8
上　海											
江　苏	103.9	106.8	104.0	92.7	100.5	100.3	109.3	105.2	116.0	101.8	102.3
浙　江	101.8	105.8	101.1	87.1	102.2	102.9	105.2	102.9	113.0	101.8	102.1
安　徽	101.5	102.8	100.8	77.0	101.2	100.3	108.3	101.3	113.1	99.8	100.4
福　建	103.1	101.6	102.7	96.4	100.0	99.9	107.1	105.4	110.6	100.7	100.6
江　西	102.7	103.5	105.2	90.3	102.5	102.5	103.8	103.8	110.3	102.3	99.5
山　东	106.9	101.1	107.5	90.5	106.6	104.8	112.3	114.6	112.1	101.4	105.3
河　南	104.3	106.1	106.4	83.7	100.8	100.7	109.4	105.1	115.2	100.3	102.5
湖　北	100.9	100.3	98.7	96.0	99.4	101.5	103.9	101.8	112.4	99.8	100.3
湖　南	102.7	101.5	101.2	90.1	102.2	104.8	106.4	105.2	113.8	101.6	102.0
广　东	102.5	102.5	101.5	92.5	99.8	100.3	104.8	103.8	111.3	101.1	104.1
广　西	101.8	104.0	100.8	77.8	101.1	103.7	106.7	103.2	113.0	101.0	106.5
海　南	102.2	102.8	100.6	90.9	100.0	104.0	106.6	102.3	112.3	101.2	100.0
重　庆											
四　川	101.8	107.3	103.6	88.2	101.2	101.8	107.0	103.8	111.3	102.5	104.4
贵　州	98.8	102.7	100.2	86.0	100.6	100.1	103.9	100.2	107.6	99.4	100.2
云　南	101.7	103.2	102.9	86.1	100.4	100.6	108.5	103.4	109.5	102.7	102.8
西　藏	101.0	102.6	100.7	101.0	100.0	100.0	100.0	100.0	105.9	102.0	100.0
陕　西	103.8	103.7	101.4	88.0	104.6	106.3	108.0	105.7	111.8	103.0	102.7
甘　肃	104.2	105.5	101.9	99.4	102.4	103.1	108.3	101.2	111.5	101.2	103.9
青　海	102.1	100.9	100.5	95.4	101.4	101.7	105.8	107.4	113.1	98.3	101.7
宁　夏	105.6	110.9	107.3	107.1	108.7	99.7	108.0	101.3	114.1	100.0	102.4
新　疆	104.9	102.6	102.2	98.5	100.5	100.6	111.9	101.7	112.4	101.1	105.4

农产品生产者价格指数

(上年＝100)

指　　标	2012年	2013年	2014年	2015年	2016年	2017年	2018年
农产品生产者价格指数	**102.7**	**103.2**	**99.8**	**101.7**	**103.4**	**96.5**	**99.1**
农业产品	**104.8**	**104.3**	**101.8**	**99.2**	**97.0**	**99.5**	**101.2**
谷物	104.8	103.1	102.7	98.7	92.2	100.5	102.3
#小麦	102.9	106.7	105.1	99.2	94.1	104.4	100.1
稻谷	104.1	102.2	102.2	101.6	98.8	100.7	99.7
玉米	106.6	100.2	101.7	96.5	86.8	97.1	105.1
大豆	105.7	105.7	101.8	99.0	97.6	97.7	97.9
油料	105.2	102.4	99.9	100.8	101.1	100.5	99.1
棉花	98.1	103.9	87.1	87.5	118.4	100.8	97.9
糖料	105.0	98.9	99.7	98.8	106.5	106.3	98.8
蔬菜	109.9	106.9	98.5	104.6	107.0	95.6	103.6
水果	103.9	106.2	106.4	99.7	92.5	104.8	101.1
林业产品	**101.2**	**99.1**	**99.4**	**97.9**	**96.1**	**104.9**	**98.9**
饲养动物及其产品	**99.7**	**102.4**	**97.1**	**104.2**	**110.4**	**90.8**	**95.6**
生猪	95.9	99.3	92.2	108.9	119.4	86.0	85.6
活牛	116.8	113.1	104.4	99.1	98.7	98.8	104.9
活羊	107.8	109.1	100.8	89.4	93.6	107.1	114.7
活家禽	103.8	103.2	104.4	101.3	99.6	96.7	107.7
禽蛋	100.5	105.8	105.7	96.9	94.3	92.8	117.6
生奶	103.9	111.0	107.9	92.2	96.2	100.0	101.3
渔业产品	**106.2**	**104.3**	**103.1**	**102.5**	**103.4**	**104.9**	**102.6**
海水养殖产品	101.0	100.7	101.9	101.0	104.1	107.9	101.4
海水捕捞产品	110.9	107.7	103.1	106.0	106.2	103.1	104.7
淡水养殖产品	106.8	104.7	103.8	102.1	102.0	102.4	102.2

分地区农产品生产者价格指数

(上年=100)

地　区	2012年	2013年	2014年	2015年	2016年	2017年	2018年
全　国	**102.7**	**103.2**	**99.8**	**101.7**	**103.4**	**96.5**	**99.1**
北　京	104.7	104.7	99.7	99.8	99.7	96.2	103.6
天　津	105.3	105.4	102.9	100.7	103.0	95.5	104.2
河　北	100.7	105.1	100.2	97.5	96.8	96.2	104.7
山　西	101.3	106.1	101.5	95.8	95.2	95.9	104.7
内蒙古	104.7	103.3	102.7	98.0	95.1	95.6	102.0
辽　宁	106.6	101.1	101.7	99.5	100.7	93.6	103.7
吉　林	105.1	100.4	102.9	100.6	93.1	89.5	106.1
黑龙江	105.9	101.0	101.0	98.7	93.6	95.1	100.8
上　海	101.4	104.1	99.5	102.4	106.6	98.4	100.5
江　苏	103.7	103.4	101.3	102.3	104.0	97.9	100.9
浙　江	104.3	103.0	99.5	102.0	104.5	99.1	100.8
安　徽	102.9	103.7	100.2	99.8	101.0	98.4	99.0
福　建	102.7	103.0	100.3	101.2	108.3	98.9	102.6
江　西	103.5	102.3	100.3	103.7	104.1	97.3	97.4
山　东	102.5	105.9	100.5	100.1	102.8	98.6	100.5
河　南	102.9	102.6	97.5	100.7	103.2	94.9	97.9
湖　北	103.3	101.8	100.0	99.5	106.2	99.3	96.6
湖　南	100.2	102.1	98.6	104.1	104.7	98.0	95.4
广　东	103.4	103.5	102.2	102.3	106.5	99.4	101.3
广　西	99.4	102.5	98.1	102.0	106.1	98.2	97.3
海　南	103.3	100.0	105.6	99.1	106.7	101.9	97.3
重　庆	104.6	103.0	100.2	102.4	109.8	96.8	99.7
四　川	104.0	102.6	99.9	103.3	105.6	97.8	100.2
贵　州	104.3	102.4	99.5	104.6	108.7	96.7	92.6
云　南	110.7	104.9	100.6	101.3	103.9	98.7	96.9
西　藏							
陕　西	102.6	107.4	102.1	96.3	98.0	98.4	100.9
甘　肃	105.9	105.9	102.1	99.8	99.2	99.1	101.7
青　海	108.2	110.4	100.0	96.1	104.5	101.0	100.3
宁　夏	103.6	106.7	98.3	98.4	98.7	99.3	105.0
新　疆	103.2	108.5	97.8	90.4	107.6	100.7	106.3

工业生产者出厂价格指数

(上年=100)

项　　目	2012年	2013年	2014年	2015年	2016年	2017年	2018年
工业生产者出厂价格指数	**98.3**	**98.1**	**98.1**	**94.8**	**98.6**	**106.3**	**103.5**
生产资料	**97.5**	**97.4**	**97.5**	**93.3**	**98.2**	**108.3**	**104.6**
采掘工业	97.6	94.3	93.5	80.3	95.4	120.7	108.8
原材料工业	98.0	96.9	97.0	90.5	96.7	111.5	106.3
加工工业	97.3	98.0	98.2	95.7	99.0	106.1	103.5
生活资料	**100.8**	**100.2**	**100.0**	**99.7**	**100.0**	**100.7**	**100.5**
食品类	101.4	100.7	100.2	100.0	100.6	100.6	100.5
衣着类	102.1	101.2	100.7	100.7	100.9	101.2	100.8
一般日用品类	100.9	99.8	100.1	99.3	100.0	101.3	101.0
耐用消费品类	99.1	99.1	99.2	99.2	98.5	99.9	99.8

工业生产者购进价格指数

(上年=100)

项　　目	2012年	2013年	2014年	2015年	2016年	2017年	2018年
工业生产者购进价格指数	**98.2**	**98.0**	**97.8**	**93.9**	**98.0**	**108.1**	**104.1**
燃料、动力类	100.9	96.6	97.1	88.7	95.6	113.0	107.1
黑色金属材料类	92.9	95.7	94.6	88.4	97.7	115.9	106.1
有色金属材料类	94.5	95.4	96.1	92.7	97.9	115.3	103.9
化工原料类	96.1	97.3	98.3	93.7	97.6	108.4	104.6
木材及纸浆类	100.1	99.6	99.4	99.3	99.7	106.2	105.4
建材类	99.7	98.7	99.8	95.9	97.6	108.6	110.5
农副产品类	100.2	101.6	99.4	97.7	100.1	101.5	99.6
纺织原料类	99.1	99.9	98.9	97.8	99.7	104.0	102.2

按行业分工业生产者出厂价格指数

(上年＝100)

行　　业	2014年	2015年	2016年	2017年	2018年
工业生产者出厂价格指数	**98.1**	**94.8**	**98.6**	**106.3**	**103.5**
煤炭开采和洗选业	89.0	85.3	98.3	128.2	104.6
石油和天然气开采业	96.6	62.7	83.6	129.0	124.3
黑色金属矿采选业	91.2	79.7	96.5	115.6	103.0
有色金属矿采选业	96.5	92.9	102.3	114.0	104.4
非金属矿采选业	99.3	97.5	99.0	105.0	107.1
开采辅助活动	99.4	96.9	99.7	98.2	95.3
其他采矿业	100.0	100.0			
农副食品加工业	99.1	98.7	100.2	100.6	100.3
食品制造业	102.0	99.9	99.8	101.2	101.6
酒、饮料和精制茶制造业	100.5	99.7	99.1	100.3	101.6
烟草制品业	100.3	100.4	100.1	100.0	100.4
纺织业	99.4	97.7	98.7	103.1	102.3
纺织服装、服饰业	100.2	100.7	100.5	100.8	101.0
皮革、毛皮、羽毛及其制品和制鞋业	101.8	100.8	100.9	101.0	100.6
木材加工和木、竹、藤、棕、草制品业	100.9	99.8	99.7	100.5	101.7
家具制造业	100.8	100.6	101.1	101.7	101.2
造纸和纸制品业	99.2	98.8	99.8	109.5	106.7
印刷和记录媒介复制业	100.0	99.6	99.4	101.3	101.8
文教、工美、体育和娱乐用品制造业	99.8	99.5	102.8	101.1	99.5
石油加工、炼焦和核燃料加工业	94.8	78.5	93.3	119.2	116.0
化学原料和化学制品制造业	98.0	93.3	97.2	109.4	106.2
医药制造业	100.7	100.5	100.4	101.5	103.0
化学纤维制造业	94.7	90.6	95.0	109.7	105.4
橡胶和塑料制品业	98.7	96.7	97.7	102.6	101.6
非金属矿物制品业	100.0	96.5	98.5	108.1	109.7
黑色金属冶炼和压延加工业	93.3	83.3	102.5	127.9	109.3
有色金属冶炼和压延加工业	95.6	91.7	98.0	115.9	103.3
金属制品业	98.6	97.1	98.6	105.6	104.5
通用设备制造业	99.5	98.8	99.0	100.8	101.6
专用设备制造业	99.8	99.2	98.8	100.4	101.1
汽车制造业	99.5	99.1	98.9	99.8	100.1
铁路、船舶、航空航天和其他运输设备制造业	99.6	99.9	99.7	101.2	100.9
电气机械和器材制造业	98.8	98.0	98.4	102.0	100.1
计算机、通信和其他电子设备制造业	98.3	98.4	98.6	99.7	98.6
仪器仪表制造业	100.0	99.4	99.8	99.8	99.7
其他制造业	102.1	98.8	100.8	102.7	101.2
废弃资源综合利用业	93.5	88.8	97.5	115.8	115.0
金属制品、机械和设备修理业	99.3	98.5	102.4	102.6	100.6
电力、热力生产和供应业	100.2	98.7	96.9	99.3	99.0
燃气生产和供应业	103.5	97.0	90.4	102.1	104.0
水的生产和供应业	102.6	102.2	101.9	102.0	101.5

注：本表2017年之前工业行业划分标准依据《国民经济行业分类》（GB/T4754-2011），2018年工业行业划分标准依据《国民经济行业分类》（GB/T4754-2017）。

固定资产投资价格指数

年　份	上年=100				1990年=100			
	固定资产投资	建筑安装工程	设备工器具购置	其他费用	固定资产投资	建筑安装工程	设备工器具购置	其他费用
1990	108.0	106.9	109.1	112.4	100.0	100.0	100.0	100.0
1991	109.5	109.7	106.1	116.8	109.5	109.7	106.1	116.8
1992	115.3	116.8	109.4	120.9	126.3	128.1	116.1	141.2
1993	126.6	131.3	119.7	123.4	159.8	168.2	138.9	174.3
1994	110.4	110.4	109.5	112.1	176.5	185.7	152.1	195.3
1995	105.9	104.7	106.3	112.4	186.9	194.5	161.7	219.6
1996	104.0	105.1	101.6	104.3	194.3	204.4	164.3	229.0
1997	101.7	102.9	98.1	102.9	197.6	210.3	161.2	235.6
1998	99.8	100.5	97.5	100.4	197.3	211.4	157.2	236.6
1999	99.6	100.3	97.5	99.9	196.5	212.0	153.2	236.3
2000	101.1	102.4	97.4	101.0	198.6	217.1	149.2	238.7
2001	100.4	101.4	97.0	101.0	199.4	220.1	144.8	241.1
2002	100.2	101.0	97.0	101.2	199.8	222.3	140.4	244.0
2003	102.2	104.2	97.0	101.6	204.2	231.7	136.2	247.9
2004	105.6	108.2	99.4	103.5	215.7	250.7	135.4	256.6
2005	101.6	101.8	99.4	103.2	219.1	255.2	134.6	264.8
2006	101.5	101.3	100.7	103.3	222.4	258.5	135.5	273.5
2007	103.9	105.1	100.2	104.2	231.1	271.8	135.7	284.9
2008	108.9	112.9	100.6	105.4	251.8	306.9	136.4	300.3
2009	97.6	96.3	97.6	102.4	245.8	295.5	133.1	307.5
2010	103.6	104.9	100.3	103.1	254.6	310.0	133.5	317.0
2011	106.6	109.2	101.1	104.0	271.4	338.5	135.0	329.7
2012	101.1	101.6	98.9	102.2	274.4	343.9	133.5	337.0
2013	100.3	100.3	99.0	101.7	275.2	344.9	132.2	342.7
2014	100.5	100.6	99.7	101.4	276.6	347.0	131.8	347.5
2015	98.2	97.3	99.3	100.7	271.6	337.6	130.9	349.9
2016	99.4	99.4	98.9	100.5	270.0	335.6	129.5	351.6
2017	105.8	108.0	100.6	101.0	285.7	362.4	130.3	355.1
2018	105.4	107.2	101.0	101.2	301.1	388.5	131.6	359.4

建筑安装工程价格指数

(上年=100)

项　　目	2012年	2013年	2014年	2015年	2016年	2017年	2018年
建筑安装工程价格指数	**101.6**	**100.3**	**100.6**	**97.3**	**99.4**	**108.0**	**107.2**
人工费	109.7	108.1	106.1	104.6	103.5	103.9	104.4
材料费	98.0	97.6	98.5	94.0	97.6	110.9	109.4
#钢材	94.4	94.1	94.9	88.1	96.3	120.7	110.0
木材	102.6	101.6	101.8	100.7	100.2	102.6	103.5
水泥	97.8	98.6	100.7	96.7	96.7	106.8	110.9

分地区固定资产投资价格指数

(上年=100)

地　区	2012年	2013年	2014年	2015年	2016年	2017年	2018年
全　国	**101.1**	**100.3**	**100.5**	**98.2**	**99.4**	**105.8**	**105.4**
北　京	101.3	99.9	100.0	97.6	99.7	104.7	103.8
天　津	100.0	99.5	100.5	99.9	99.4	104.3	104.5
河　北	100.3	99.9	100.2	98.0	99.4	106.7	105.0
山　西	101.2	100.5	99.6	98.2	100.0	106.3	104.5
内蒙古	101.6	99.6	99.8	98.0	99.5	103.4	103.6
辽　宁	101.0	100.0	99.7	97.9	99.2	104.0	103.5
吉　林	100.4	100.0	100.2	97.6	98.7	104.7	104.6
黑龙江	100.8	100.1	100.0	99.0	99.4	103.4	103.3
上　海	99.4	100.2	100.5	97.0	99.6	106.7	105.6
江　苏	98.6	100.5	101.1	96.2	98.8	107.6	106.0
浙　江	99.2	100.0	100.6	97.4	99.5	105.8	105.7
安　徽	101.0	100.2	100.3	96.9	99.2	107.4	105.8
福　建	100.3	100.1	100.4	98.3	100.0	105.6	104.9
江　西	101.0	100.4	100.1	96.8	100.0	106.1	106.4
山　东	100.8	100.4	100.3	97.7	99.1	105.8	106.1
河　南	101.0	99.9	100.0	97.6	99.2	107.4	105.4
湖　北	101.8	100.5	101.0	99.4	100.1	105.9	106.6
湖　南	101.7	101.3	101.5	100.4	100.4	105.7	104.8
广　东	101.5	101.4	101.5	99.0	100.3	105.3	106.2
广　西	100.6	100.1	101.6	98.8	99.5	104.4	104.5
海　南	102.0	99.3	100.6	99.4	100.1	104.1	106.2
重　庆	101.8	100.5	100.3	98.2	98.9	105.3	105.0
四　川	101.0	100.4	100.5	97.9	99.8	107.7	106.4
贵　州	101.5	100.9	101.1	98.4	98.6	106.1	105.2
云　南	101.4	101.1	101.0	99.1	100.1	104.9	104.9
西　藏							
陕　西	102.6	102.0	101.1	98.8	99.9	105.3	105.4
甘　肃	102.1	100.4	100.1	97.7	98.7	105.9	104.6
青　海	102.2	101.5	100.9	98.2	99.6	106.1	104.3
宁　夏	101.5	99.8	100.8	97.5	99.6	105.9	103.5
新　疆	100.6	100.5	100.3	98.3	99.9	103.5	103.7

分行业进出口商品价格指数

(上年=100)

行　　业	出口		进口	
	2017年	2018年	2017年	2018年
商品价格指数	**103.9**	**103.3**	**109.4**	**106.1**
农、林、牧、渔业	96.3	93.8	105.8	100.8
农业	94.1	90.2	104.8	102.5
林业	99.4	97.3	109.2	96.5
畜牧业	96.0	95.7	107.4	95.7
渔业	92.9	102.3	105.9	110.2
农、林、牧、渔服务业	99.7	91.9	102.7	111.1
采矿业	113.9	114.0	123.1	111.7
石油和天然气开采业	115.1	115.9	117.8	120.0
黑色金属矿采选业	118.9	96.9	137.8	96.8
有色金属矿采选业	106.9	143.1	128.0	105.5
非金属矿采选业	106.5	108.4	105.8	102.4
制造业	103.7	103.2	106.9	105.3
农副食品加工业	104.2	101.0	106.0	98.8
食品制造业	100.2	101.9	104.6	97.5
饮料制造业	100.1	96.3	108.9	104.2
烟草制品业	97.6	102.0	100.1	98.0
纺织业	99.5	101.0	104.9	101.4
纺织服装、鞋、帽制造业	96.6	98.3	98.0	111.2
皮革、毛皮、羽毛(绒)及其制品业	99.7	97.3	104.1	92.8
木材加工及木、竹、藤、棕、草制品业	98.4	101.4	100.6	100.0
家具制造业	99.4	98.5	107.9	102.3
造纸及纸制品业	105.0	107.9	108.6	115.9
印刷业、记录媒介的复制	106.0	102.1	103.0	114.5
文教体育用品制造业	105.1	97.9	104.1	97.2
石油、炼焦及核燃料加工业	128.8	120.0	121.7	120.3
化学原料及化学制品制造业	109.6	111.1	111.0	103.7
医药制造业	105.4	110.2	104.9	91.9
化学纤维制造业	111.3	105.9	105.1	105.4
橡胶制品业	107.2	100.7	104.6	100.0
塑料制品业	104.2	100.4	102.0	99.1
非金属矿物制品业	106.9	107.5	99.7	105.0
金属制品业	106.4	103.9	103.5	100.5
通用设备制造业	99.8	100.5	99.5	106.4
专用设备制造业	94.3	94.2	104.9	103.1
交通运输设备制造业	101.6	101.1	103.8	106.8
电气机械及器材制造业	98.6	99.3	104.2	104.3
通信设备、计算机及其他电子设备制造业	108.9	107.9	108.3	109.0
仪器仪表及文化、办公用机械制造业	98.3	100.1	101.9	96.4
工艺品及其他产品制造业	101.4	101.6	101.9	100.7
废弃资源和废旧材料回收加工业	107.2	105.0	130.1	125.5

居民人均可支配收入

单位：元

指　　标	2013年	2014年	2015年	2016年	2017年	2018年
一、全国居民可支配收入	**18310.8**	**20167.1**	**21966.2**	**23821.0**	**25973.8**	**28228.0**
1.工资性收入	10410.8	11420.6	12459.0	13455.2	14620.3	15829.0
2.经营净收入	3434.7	3732.0	3955.6	4217.7	4501.8	4852.4
3.财产净收入	1423.3	1587.8	1739.6	1889.0	2107.4	2378.5
4.转移净收入	3042.1	3426.8	3811.9	4259.1	4744.3	5168.1
二、城镇居民可支配收入	**26467.0**	**28843.9**	**31194.8**	**33616.2**	**36396.2**	**39250.8**
1.工资性收入	16617.4	17936.8	19337.1	20665.0	22200.9	23792.2
2.经营净收入	2975.3	3279.0	3476.1	3770.1	4064.7	4442.6
3.财产净收入	2551.5	2812.1	3041.9	3271.3	3606.9	4027.7
4.转移净收入	4322.8	4815.9	5339.7	5909.8	6523.6	6988.3
三、农村居民可支配收入	**9429.6**	**10488.9**	**11421.7**	**12363.4**	**13432.4**	**14617.0**
1.工资性收入	3652.5	4152.2	4600.3	5021.8	5498.4	5996.1
2.经营净收入	3934.8	4237.4	4503.6	4741.3	5027.8	5358.4
3.财产净收入	194.7	222.1	251.5	272.1	303.0	342.1
4.转移净收入	1647.5	1877.2	2066.3	2328.2	2603.2	2920.5

注：从2013年起，国家统计局开展了全国住户收支与生活状况调查，2013年及以后年份的数据来源于此调查，与2013年前的分城镇和农村住户调查的调查范围、调查方法、指标口径有所不同。

居民人均消费支出

单位：元

指　　标	2013年	2014年	2015年	2016年	2017年	2018年
一、全国居民消费支出	**13220.4**	**14491.4**	**15712.4**	**17110.7**	**18322.1**	**19853.1**
1.食品烟酒	4126.7	4493.9	4814.0	5151.0	5373.6	5631.1
2.衣着	1027.1	1099.3	1164.1	1202.7	1237.6	1288.9
3.居住	2998.5	3200.5	3419.2	3746.4	4106.9	4646.6
4.生活用品及服务	806.5	889.7	951.4	1043.7	1120.7	1222.7
5.交通通信	1627.1	1869.3	2086.9	2337.8	2498.9	2675.4
6.教育文化娱乐	1397.7	1535.9	1723.1	1915.3	2086.2	2225.7
7.医疗保健	912.1	1044.8	1164.5	1307.5	1451.2	1685.2
8.其他用品及服务	324.7	358.0	389.2	406.3	447.0	477.5
二、城镇居民消费支出	**18487.5**	**19968.1**	**21392.4**	**23078.9**	**24445.0**	**26112.3**
1.食品烟酒	5570.7	6000.0	6359.7	6762.4	7001.0	7239.0
2.衣着	1553.7	1627.2	1701.1	1739.0	1757.9	1808.2
3.居住	4301.4	4489.6	4726.0	5113.7	5564.0	6255.0
4.生活用品及服务	1129.2	1233.2	1306.5	1426.8	1525.0	1629.4
5.交通通信	2317.8	2637.3	2895.4	3173.9	3321.5	3473.5
6.教育文化娱乐	1988.3	2142.3	2382.8	2637.6	2846.6	2974.1
7.医疗保健	1136.1	1305.6	1443.4	1630.8	1777.4	2045.7
8.其他用品及服务	490.4	532.9	577.5	594.7	651.5	687.4
三、农村居民消费支出	**7485.1**	**8382.6**	**9222.6**	**10129.8**	**10954.5**	**12124.3**
1.食品烟酒	2554.4	2814.0	3048.0	3266.1	3415.4	3645.6
2.衣着	453.8	510.4	550.5	575.4	611.6	647.7
3.居住	1579.8	1762.7	1926.2	2147.1	2353.5	2660.6
4.生活用品及服务	455.1	506.5	545.6	595.7	634.0	720.5
5.交通通信	874.9	1012.6	1163.1	1359.9	1509.1	1690.0
6.教育文化娱乐	754.6	859.5	969.3	1070.3	1171.3	1301.6
7.医疗保健	668.2	753.9	846.0	929.2	1058.7	1240.1
8.其他用品及服务	144.2	163.0	174.0	186.0	200.9	218.3

按东部、中部、西部及东北地区分组的人均可支配收入

单位：元

组　别	2013年	2014年	2015年	2016年	2017年	2018年
一、全国居民						
东部地区	23658.4	25954.0	28223.3	30654.7	33414.0	36298.2
中部地区	15263.9	16867.7	18442.1	20006.2	21833.6	23798.3
西部地区	13919.0	15376.1	16868.1	18406.8	20130.3	21935.8
东北地区	17893.1	19604.4	21008.4	22351.5	23900.5	25543.2
二、城镇居民						
东部地区	31152.4	33905.4	36691.3	39651.0	42989.8	46432.6
中部地区	22664.7	24733.3	26809.6	28879.3	31293.8	33803.2
西部地区	22362.9	24390.6	26473.1	28609.7	30986.9	33388.6
东北地区	23507.2	25578.9	27399.6	29045.1	30959.5	32993.7
三、农村居民						
东部地区	11856.8	13144.6	14297.4	15498.3	16822.1	18285.7
中部地区	8983.2	10011.1	10919.0	11794.3	12805.8	13954.1
西部地区	7436.6	8295.0	9093.4	9918.4	10828.6	11831.4
东北地区	9761.5	10802.1	11490.1	12274.6	13115.8	14080.4

按五等份分组的居民人均可支配收入

单位：元

指 标	2013年	2014年	2015年	2016年	2017年	2018年
一、全国居民						
低收入户 (20%)	4402.4	4747.0	5221.2	5528.7	5958.4	6440.5
中等偏下户 (20%)	9653.7	10887.0	11894.0	12898.9	13842.8	14360.5
中等收入户 (20%)	15698.0	17631.0	19320.1	20924.4	22495.3	23188.9
中等偏上户 (20%)	24361.2	26937.0	29437.6	31990.4	34546.8	36471.4
高收入户 (20%)	47456.6	50968.0	54543.5	59259.5	64934.0	70639.5
二、城镇居民						
低收入户 (20%)	9895.9	11219.3	12230.9	13004.1	13723.1	14386.9
中等偏下户 (20%)	17628.1	19650.5	21446.2	23054.9	24550.1	24856.5
中等收入户 (20%)	24172.9	26650.6	29105.2	31521.8	33781.3	35196.1
中等偏上户 (20%)	32613.8	35631.2	38572.4	41805.6	45163.4	49173.5
高收入户 (20%)	57762.1	61615.0	65082.2	70347.8	77097.2	84907.1
三、农村居民						
低收入户 (20%)	2877.9	2768.1	3085.6	3006.5	3301.9	3666.2
中等偏下户 (20%)	5965.6	6604.4	7220.9	7827.7	8348.6	8508.5
中等收入户 (20%)	8438.3	9503.9	10310.6	11159.1	11978.0	12530.2
中等偏上户 (20%)	11816.0	13449.2	14537.3	15727.4	16943.6	18051.5
高收入户 (20%)	21323.7	23947.4	26013.9	28448.0	31299.3	34042.6

居民年末主要耐用消费品拥有量

单位：平均每百户

指　　标		2013年	2014年	2015年	2016年	2017年	2018年
一、全国居民							
家用汽车	（辆）	16.9	19.2	22.7	27.7	29.7	33.0
摩托车	（辆）	38.5	43.5	42.2	40.0	39.3	35.7
洗衣机	（台）	80.8	83.7	86.4	89.8	91.7	93.8
电冰箱/柜	（台）	82.0	85.5	89.0	93.5	95.3	98.8
彩色电视机	（台）	116.1	119.2	119.9	120.8	122.2	119.3
空调	（台）	70.4	75.2	81.5	90.9	96.1	109.3
移动电话	（部）	203.2	215.9	224.8	235.4	240.0	249.1
计算机	（台）	48.9	53.0	55.5	57.5	58.7	53.4
二、城镇居民							
家用汽车	（辆）	22.3	25.7	30.0	35.5	37.5	41.0
摩托车	（辆）	20.8	24.5	22.7	20.9	20.8	19.5
洗衣机	（台）	88.4	90.7	92.3	94.2	95.7	97.7
电冰箱/柜	（台）	89.2	91.7	94.0	96.4	98.0	100.9
彩色电视机	（台）	118.6	122.0	122.3	122.3	123.8	121.3
空调	（台）	102.2	107.4	114.6	123.7	128.6	142.2
移动电话	（部）	206.1	216.6	223.8	231.4	235.4	243.1
计算机	（台）	71.5	76.2	78.5	80.0	80.8	73.1
三、农村居民							
家用汽车	（辆）	9.9	11.0	13.3	17.4	19.3	22.3
摩托车	（辆）	61.1	67.6	67.5	65.1	64.1	57.4
洗衣机	（台）	71.2	74.8	78.8	84.0	86.3	88.5
电冰箱/柜	（台）	72.9	77.6	82.6	89.5	91.7	95.9
彩色电视机	（台）	112.9	115.6	116.9	118.8	120.0	116.6
空调	（台）	29.8	34.2	38.8	47.6	52.6	65.2
移动电话	（部）	199.5	215.0	226.1	240.7	246.1	257.0
计算机	（台）	20.0	23.5	25.7	27.9	29.2	26.9

居民人均可支配收入和指数

年份	全国居民人均可支配收入		城镇居民人均可支配收入		农村居民人均可支配收入	
	绝对数（元）	指数（1978=100）	绝对数（元）	指数（1978=100）	绝对数（元）	指数（1978=100）
1978	171.2	100.0	343.4	100.0	133.6	100.0
1980	246.8	131.6	477.6	127.0	191.3	139.0
1985	478.6	213.2	739.1	160.4	397.6	268.9
1990	903.9	243.8	1510.2	198.1	686.3	311.2
1995	2363.3	347.6	4283.0	290.3	1577.7	383.6
2000	3721.3	500.7	6255.7	382.3	2282.1	489.6
2001	4070.4	543.8	6824.0	414.1	2406.9	512.3
2002	4531.6	610.4	7652.4	469.1	2528.9	539.2
2003	5006.7	666.3	8405.5	510.6	2690.3	564.9
2004	5660.9	725.1	9334.8	549.0	3026.6	606.1
2005	6384.7	803.4	10382.3	600.9	3370.2	646.6
2006	7228.8	896.2	11619.7	662.5	3731.0	697.6
2007	8583.5	1015.4	13602.5	742.2	4327.0	767.7
2008	9956.5	1112.2	15549.4	803.5	4998.8	833.1
2009	10977.5	1234.8	16900.5	881.0	5435.1	908.3
2010	12519.5	1363.3	18779.1	948.5	6272.4	1012.1
2011	14550.7	1503.3	21426.9	1028.1	7393.9	1127.4
2012	16509.5	1662.5	24126.7	1126.8	8389.3	1248.1
2013	18310.8	1797.1	26467.0	1205.4	9429.6	1364.5
2014	20167.1	1940.5	28843.9	1287.1	10488.9	1490.5
2015	21966.2	2084.4	31194.8	1371.5	11421.7	1602.3
2016	23821.0	2216.1	33616.2	1448.0	12363.4	1702.1
2017	25973.8	2378.4	36396.2	1541.6	13432.4	1825.5
2018	28228.0	2532.1	39250.8	1627.6	14617.0	1945.3

注：1.本表2013–2018年人均可支配收入来源于住户收支与生活状况调查，1978–2012年数据是根据历史数据按住户收支与生活状况调查可比口径推算获得。可支配收入绝对数按当年价计算，指数按可比价计算。

2.全国居民人均收入是根据全国十几万户抽样调查基础数据，依据每个样本户所代表的户数加权汇总而成。由于受城镇化和人口迁移等因素影响，各时期的分城乡、分地区人口构成发生变化，有时会导致全国居民收入增速超出分城乡居民收入增速区间的现象发生。主要是在城镇化过程中，一部分在农村收入较高的人口进入城镇地区，但在城镇属于较低收入人群，他们的迁移对城乡居民收入均有拉低作用；但无论在城镇还是农村，其收入增长效应都会体现在全体居民收入增长中。

分地区全体居民人均可支配收入

单位：元

地　区	2013年	2014年	2015年	2016年	2017年	2018年
全国总计	**18310.8**	**20167.1**	**21966.2**	**23821.0**	**25973.8**	**28228.0**
北　京	40830.0	44488.6	48458.0	52530.4	57229.8	62361.2
天　津	26359.2	28832.3	31291.4	34074.5	37022.3	39506.1
河　北	15189.6	16647.4	18118.1	19725.4	21484.1	23445.7
山　西	15119.7	16538.3	17853.7	19048.9	20420.0	21990.1
内蒙古	18692.9	20559.3	22310.1	24126.6	26212.2	28375.7
辽　宁	20817.8	22820.2	24575.6	26039.7	27835.4	29701.4
吉　林	15998.1	17520.4	18683.6	19967.0	21368.3	22798.4
黑龙江	15903.4	17404.4	18592.7	19838.5	21205.8	22725.8
上　海	42173.6	45965.8	49867.2	54305.3	58988.0	64182.6
江　苏	24775.5	27172.8	29538.9	32070.1	35024.1	38095.8
浙　江	29775.0	32657.6	35537.1	38529.0	42045.7	45839.8
安　徽	15154.3	16795.5	18362.6	19998.1	21863.3	23983.6
福　建	21217.9	23330.9	25404.4	27607.9	30047.7	32643.9
江　西	15099.7	16734.2	18437.1	20109.6	22031.4	24079.7
山　东	19008.3	20864.2	22703.2	24685.3	26929.9	29204.6
河　南	14203.7	15695.2	17124.8	18443.1	20170.0	21963.5
湖　北	16472.5	18283.2	20025.6	21786.6	23757.2	25814.5
湖　南	16004.9	17621.7	19317.5	21114.8	23102.7	25240.7
广　东	23420.7	25685.0	27858.9	30295.8	33003.3	35809.9
广　西	14082.3	15557.1	16873.4	18305.1	19904.8	21485.0
海　南	15733.3	17476.5	18979.0	20653.4	22553.2	24579.0
重　庆	16568.7	18351.9	20110.1	22034.1	24153.0	26385.8
四　川	14231.0	15749.0	17221.0	18808.3	20579.8	22460.6
贵　州	11083.1	12371.1	13696.6	15121.1	16703.6	18430.2
云　南	12577.9	13772.2	15222.6	16719.9	18348.3	20084.2
西　藏	9740.4	10730.2	12254.3	13639.2	15457.3	17286.1
陕　西	14371.5	15836.7	17395.0	18873.7	20635.2	22528.3
甘　肃	10954.4	12184.7	13466.6	14670.3	16011.0	17488.4
青　海	12947.8	14374.0	15812.7	17301.8	19001.0	20757.3
宁　夏	14565.8	15906.8	17329.1	18832.3	20561.7	22400.4
新　疆	13669.6	15096.6	16859.1	18354.7	19975.1	21500.2

分地区全体居民人均消费支出

单位：元

地　区	2013年	2014年	2015年	2016年	2017年	2018年
全国总计	**13220.4**	**14491.4**	**15712.4**	**17110.7**	**18322.1**	**19853.1**
北　京	29175.6	31102.9	33802.8	35415.7	37425.3	39842.7
天　津	20418.7	22343.0	24162.5	26129.3	27841.4	29902.9
河　北	10872.2	11931.5	13030.7	14247.5	15437.0	16722.0
山　西	10118.3	10863.8	11729.1	12682.9	13664.4	14810.1
内蒙古	14877.7	16258.1	17178.5	18072.3	18945.5	19665.2
辽　宁	14950.2	16068.0	17199.8	19852.7	20463.4	21398.3
吉　林	12054.3	13026.0	13763.9	14772.6	15631.9	17200.4
黑龙江	12037.2	12768.8	13402.5	14445.8	15577.5	16994.0
上　海	30399.9	33064.8	34783.6	37458.3	39791.9	43351.3
江　苏	17925.8	19163.6	20555.6	22129.9	23468.6	25007.4
浙　江	20610.1	22552.0	24116.9	25526.6	27079.1	29470.7
安　徽	10544.1	11727.0	12840.1	14711.5	15751.7	17044.6
福　建	16176.6	17644.5	18850.2	20167.5	21249.3	22996.0
江　西	10052.8	11088.9	12403.4	13258.6	14459.0	15792.0
山　东	11896.8	13328.9	14578.4	15926.4	17280.7	18779.8
河　南	10002.5	11000.4	11835.1	12712.3	13729.6	15168.5
湖　北	11760.8	12928.3	14316.5	15888.7	16937.6	19537.8
湖　南	11945.9	13288.7	14267.3	15750.5	17160.4	18807.9
广　东	17421.0	19205.5	20975.7	23448.4	24819.6	26054.0
广　西	9596.5	10274.3	11401.0	12295.2	13423.7	14934.8
海　南	11192.9	12470.6	13575.0	14275.4	15402.7	17528.4
重　庆	12600.2	13810.6	15139.5	16384.8	17898.1	19248.5
四　川	11054.7	12368.4	13632.1	14838.5	16179.9	17663.6
贵　州	8288.0	9303.4	10413.8	11931.6	12969.6	13798.1
云　南	8823.8	9869.5	11005.4	11768.8	12658.1	14249.9
西　藏	6306.8	7317.0	8245.8	9318.7	10320.1	11520.2
陕　西	11217.3	12203.6	13087.2	13943.0	14899.7	16159.7
甘　肃	8943.4	9874.6	10950.8	12254.2	13120.1	14624.0
青　海	11576.5	12604.8	13611.3	14774.7	15503.1	16557.2
宁　夏	11292.0	12484.5	13815.6	14965.4	15350.3	16715.1
新　疆	11391.8	11903.7	12867.4	14066.5	15087.3	16189.1

分地区城镇居民人均可支配收入

单位：元

地　区	2013年	2014年	2015年	2016年	2017年	2018年
全国总计	**26467.0**	**28843.9**	**31194.8**	**33616.2**	**36396.2**	**39250.8**
北　京	44563.9	48531.8	52859.2	57275.3	62406.3	67989.9
天　津	28979.8	31506.0	34101.3	37109.6	40277.5	42976.3
河　北	22226.7	24141.3	26152.2	28249.4	30547.8	32977.2
山　西	22258.2	24069.4	25827.7	27352.3	29131.8	31034.8
内蒙古	26003.6	28349.6	30594.1	32974.9	35670.0	38304.7
辽　宁	26697.0	29081.7	31125.7	32876.1	34993.4	37341.9
吉　林	21331.1	23217.8	24900.9	26530.4	28318.7	30171.9
黑龙江	20848.4	22609.0	24202.6	25736.4	27446.0	29191.3
上　海	44878.3	48841.4	52961.9	57691.7	62595.7	68033.6
江　苏	31585.5	34346.3	37173.5	40151.6	43621.8	47200.0
浙　江	37079.7	40392.7	43714.5	47237.2	51260.7	55574.3
安　徽	22789.3	24838.5	26935.8	29156.0	31640.3	34393.1
福　建	28173.9	30722.4	33275.3	36014.3	39001.4	42121.3
江　西	22119.7	24309.2	26500.1	28673.3	31198.1	33819.4
山　东	26882.4	29221.9	31545.3	34012.1	36789.4	39549.4
河　南	21740.7	23672.1	25575.6	27232.9	29557.9	31874.2
湖　北	22667.9	24852.3	27051.5	29385.8	31889.4	34454.6
湖　南	24352.0	26570.2	28838.1	31283.9	33947.9	36698.3
广　东	29537.3	32148.1	34757.2	37684.3	40975.1	44341.0
广　西	22689.4	24669.0	26415.9	28324.4	30502.1	32436.1
海　南	22411.4	24486.5	26356.4	28453.5	30817.4	33348.7
重　庆	23058.2	25147.2	27238.8	29610.0	32193.2	34889.3
四　川	22227.5	24234.4	26205.3	28335.3	30726.9	33215.9
贵　州	20564.9	22548.2	24579.6	26742.6	29079.8	31591.9
云　南	22460.0	24299.0	26373.2	28610.6	30995.9	33487.9
西　藏	20394.5	22015.8	25456.6	27802.4	30671.1	33797.4
陕　西	22345.9	24365.8	26420.2	28440.1	30810.3	33319.3
甘　肃	19873.4	21803.9	23767.1	25693.5	27763.4	29957.0
青　海	20352.4	22306.6	24542.3	26757.4	29168.9	31514.5
宁　夏	21475.7	23284.6	25186.0	27153.0	29472.3	31895.2
新　疆	21091.5	23214.0	26274.7	28463.4	30774.8	32763.5

分地区城镇居民人均消费支出

单位：元

地　区	2013年	2014年	2015年	2016年	2017年	2018年
全国总计	**18487.5**	**19968.1**	**21392.4**	**23078.9**	**24445.0**	**26112.3**
北　京	31632.2	33717.5	36642.0	38255.5	40346.3	42925.6
天　津	22306.2	24289.6	26229.5	28344.6	30283.6	32655.1
河　北	14970.0	16203.8	17586.6	19105.9	20600.3	22127.4
山　西	13762.7	14636.9	15818.6	16992.8	18404.0	19789.8
内蒙古	19244.0	20885.2	21876.5	22744.5	23637.8	24437.1
辽　宁	19318.4	20519.6	21556.7	24995.9	25379.4	26447.9
吉　林	15940.7	17156.1	17972.6	19166.4	20051.2	22393.7
黑龙江	15704.1	16466.6	17152.1	18145.2	19269.8	21035.5
上　海	32447.2	35182.4	36946.1	39856.8	42304.3	46015.2
江　苏	22262.3	23476.3	24966.0	26432.9	27726.3	29461.9
浙　江	25253.5	27241.7	28661.3	30067.7	31924.2	34597.9
安　徽	14593.6	16107.1	17233.5	19606.2	20740.2	21522.7
福　建	20564.7	22204.1	23520.2	25005.5	25980.5	28145.1
江　西	13843.0	15141.8	16731.8	17695.6	19244.5	20760.0
山　东	16646.5	18322.6	19853.8	21495.3	23072.1	24798.4
河　南	15248.8	16184.5	17154.3	18087.8	19422.3	20989.2
湖　北	15334.5	16681.4	18192.3	20040.0	21275.6	23995.9
湖　南	16867.3	18334.7	19501.4	21420.0	23162.6	25064.2
广　东	21621.5	23611.7	25673.1	28613.3	30197.9	30924.3
广　西	14470.1	15045.4	16321.2	17268.5	18348.6	20159.4
海　南	15833.5	17513.8	18448.4	19015.5	20371.9	22971.2
重　庆	17123.8	18279.5	19742.3	21030.9	22759.2	24154.2
四　川	16098.2	17759.9	19276.8	20659.8	21990.6	23483.9
贵　州	13768.2	15254.6	16914.2	19201.7	20347.8	20787.9
云　南	14862.3	16268.3	17675.0	18622.4	19559.7	21626.4
西　藏	13678.6	15669.4	17022.0	19440.5	21087.5	23029.4
陕　西	16398.6	17546.0	18463.9	19368.9	20388.2	21966.4
甘　肃	14411.3	15942.3	17450.9	19539.2	20659.4	22606.0
青　海	16223.4	17492.9	19200.6	20853.2	21473.0	22997.5
宁　夏	15806.9	17216.2	18983.9	20364.2	20219.5	21976.7
新　疆	16858.1	17684.5	19414.7	21228.5	22796.9	24191.4

分地区农村居民人均可支配收入

单位：元

地 区	2013年	2014年	2015年	2016年	2017年	2018年
全国总计	**9429.6**	**10488.9**	**11421.7**	**12363.4**	**13432.4**	**14617.0**
北 京	17101.2	18867.3	20568.7	22309.5	24240.5	26490.3
天 津	15352.6	17014.2	18481.6	20075.6	21753.7	23065.2
河 北	9187.7	10186.1	11050.5	11919.4	12880.9	14030.9
山 西	7949.5	8809.4	9453.9	10082.5	10787.5	11750.0
内蒙古	8984.9	9976.3	10775.9	11609.0	12584.3	13802.6
辽 宁	10161.2	11191.5	12056.9	12880.7	13746.8	14656.3
吉 林	9780.7	10780.1	11326.2	12122.9	12950.4	13748.2
黑龙江	9369.0	10453.2	11095.2	11831.9	12664.8	13803.7
上 海	19208.3	21191.6	23205.2	25520.4	27825.0	30374.7
江 苏	13521.3	14958.4	16256.7	17605.6	19158.0	20845.1
浙 江	17493.9	19373.3	21125.0	22866.1	24955.8	27302.4
安 徽	8850.0	9916.4	10820.7	11720.5	12758.2	13996.0
福 建	11404.8	12650.2	13792.7	14999.2	16334.8	17821.2
江 西	9088.8	10116.6	11139.1	12137.7	13241.8	14459.9
山 东	10686.9	11882.3	12930.4	13954.1	15117.5	16297.0
河 南	8969.1	9966.1	10852.9	11696.7	12719.2	13830.7
湖 北	9691.8	10849.1	11843.9	12725.0	13812.1	14977.8
湖 南	9028.6	10060.2	10992.5	11930.4	12935.8	14092.5
广 东	11067.8	12245.6	13360.4	14512.2	15779.7	17167.7
广 西	7793.1	8683.2	9466.6	10359.5	11325.5	12434.8
海 南	8801.7	9912.6	10857.6	11842.9	12901.8	13988.9
重 庆	8492.5	9489.8	10504.7	11548.8	12637.9	13781.2
四 川	8380.7	9347.7	10247.4	11203.1	12226.9	13331.4
贵 州	5897.8	6671.2	7386.9	8090.3	8869.1	9716.1
云 南	6723.6	7456.1	8242.1	9019.8	9862.2	10767.9
西 藏	6553.4	7359.2	8243.7	9093.8	10330.2	11449.8
陕 西	7092.2	7932.2	8688.9	9396.4	10264.5	11212.8
甘 肃	5588.8	6276.6	6936.2	7456.9	8076.1	8804.1
青 海	6461.6	7282.7	7933.4	8664.4	9462.3	10393.3
宁 夏	7598.7	8410.0	9118.7	9851.6	10737.9	11707.6
新 疆	7846.6	8723.8	9425.1	10183.2	11045.3	11974.5

分地区农村居民人均消费支出

单位：元

地　区	2013年	2014年	2015年	2016年	2017年	2018年
全国总计	**7485.1**	**8382.6**	**9222.6**	**10129.8**	**10954.5**	**12124.3**
北　京	13563.9	14535.1	15811.2	17329.0	18810.5	20195.3
天　津	12491.1	13738.6	14739.4	15912.1	16385.9	16863.3
河　北	7377.1	8248.0	9022.8	9798.3	10535.9	11382.8
山　西	6457.7	6991.7	7421.2	8028.8	8424.0	9172.2
内蒙古	9079.6	9972.2	10637.4	11462.6	12184.4	12661.5
辽　宁	7032.1	7800.7	8872.8	9953.1	10787.3	11455.0
吉　林	7523.4	8139.8	8783.3	9521.4	10279.4	10826.2
黑龙江	7191.7	7830.0	8391.5	9423.8	10523.9	11416.8
上　海	13016.2	14820.1	16152.3	17070.8	18089.8	19964.7
江　苏	10759.0	11820.3	12882.5	14428.2	15611.5	16567.0
浙　江	12803.3	14497.8	16107.7	17358.9	18093.4	19706.8
安　徽	7200.3	7980.8	8975.2	10287.3	11106.1	12748.1
福　建	9986.2	11055.9	11960.8	12910.8	14003.4	14942.8
江　西	6807.4	7548.3	8485.6	9128.3	9870.4	10885.2
山　东	6877.3	7962.2	8747.6	9518.9	10342.1	11270.1
河　南	6358.7	7277.2	7887.4	8586.6	9211.5	10392.0
湖　北	7849.5	8680.9	9803.1	10938.3	11632.5	13946.3
湖　南	7832.6	9024.8	9690.6	10629.9	11533.6	12720.5
广　东	8937.8	10043.2	11103.0	12414.8	13199.6	15411.3
广　西	6035.3	6675.1	7582.0	8351.2	9436.6	10617.0
海　南	6376.2	7029.0	8210.3	8921.2	9599.4	10955.8
重　庆	6970.7	7982.6	8937.7	9954.4	10936.1	11976.8
四　川	7364.8	8301.1	9250.6	10191.6	11396.7	12723.2
贵　州	5291.1	5970.3	6644.9	7533.3	8299.0	9170.2
云　南	5246.6	6030.3	6830.1	7330.5	8027.3	9122.9
西　藏	4101.6	4822.1	5579.7	6070.3	6691.5	7452.1
陕　西	6487.6	7252.4	7900.7	8567.7	9305.6	10070.8
甘　肃	5653.9	6147.8	6829.8	7487.0	8029.7	9064.6
青　海	7505.9	8235.1	8566.5	9222.2	9902.7	10352.4
宁　夏	6739.8	7676.5	8414.9	9138.4	9982.1	10789.6
新　疆	7103.1	7365.3	7697.9	8277.0	8712.6	9421.3

农村贫困状况

年份	1978年标准		2008年标准		2010年标准	
	贫困人口（万人）	贫困发生率（%）	贫困人口（万人）	贫困发生率（%）	贫困人口（万人）	贫困发生率（%）
1978	25000	30.7			77039	97.5
1980	22000	26.8			76542	96.2
1981	15200	18.5				
1982	14500	17.5				
1983	13500	16.2				
1984	12800	15.1				
1985	12500	14.8			66101	78.3
1986	13100	15.5				
1987	12200	14.3				
1988	9600	11.1				
1989	10200	11.6				
1990	8500	9.4			65849	73.5
1991	9400	10.4				
1992	8000	8.8				
1994	7000	7.7				
1995	6540	7.1			55463	60.5
1997	4962	5.4				
1998	4210	4.6				
1999	3412	3.7				
2000	3209	3.5	9422	10.2	46224	49.8
2001	2927	3.2	9029	9.8		
2002	2820	3.0	8645	9.2		
2003	2900	3.1	8517	9.1		
2004	2610	2.8	7587	8.1		
2005	2365	2.5	6432	6.8	28662	30.2
2006	2148	2.3	5698	6.0		
2007	1479	1.6	4320	4.6		
2008			4007	4.2		
2009			3597	3.8		
2010			2688	2.8	16567	17.2
2011					12238	12.7
2012					9899	10.2
2013					8249	8.5
2014					7017	7.2
2015					5575	5.7
2016					4335	4.5
2017					3046	3.1
2018					1660	1.7

注：1.1978年标准：1978–1999年称为农村贫困标准，2000–2007年称为农村绝对贫困标准。
2.2008年标准：2000–2007年称为农村低收入标准，2008–2010年称为农村贫困标准。
3.2010年标准：即现行农村贫困标准。现行农村贫困标准为每人每年2300元(2010年不变价)。

分地区农村贫困人口

(2010年标准)　　　　单位：万人

地　区	2012年	2013年	2014年	2015年	2016年	2017年	2018年
全国总计	**9899**	**8249**	**7017**	**5575**	**4335**	**3046**	**1660**
北　京	1	.	.	.	.	.	.
天　津	1	.	.	.	.	.	.
河　北	437	366	320	241	188	124	63
山　西	359	299	269	223	186	133	74
内蒙古	139	114	98	76	53	37	14
辽　宁	146	126	117	86	59	39	24
吉　林	103	89	81	69	57	41	26
黑龙江	130	111	96	86	69	50	27
上　海	.	.	.	.	.	.	.
江　苏	106	95	61	.	.	.	.
浙　江	83	72	45	.	.	.	.
安　徽	543	440	371	309	237	158	67
福　建	87	73	50	36	23	.	.
江　西	385	328	276	208	155	107	63
山　东	313	264	231	172	140	60	.
河　南	764	639	565	463	371	277	168
湖　北	395	323	271	216	176	114	67
湖　南	767	640	532	434	343	232	105
广　东	128	115	82	47	.	.	.
广　西	755	634	540	452	341	246	140
海　南	65	60	50	41	32	23	7
重　庆	162	139	119	88	45	21	13
四　川	724	602	509	400	306	212	98
贵　州	923	745	623	507	402	295	173
云　南	804	661	574	471	373	279	179
西　藏	85	72	61	48	34	20	13
陕　西	483	410	350	288	226	169	83
甘　肃	596	496	417	325	262	200	121
青　海	82	63	52	42	31	23	10
宁　夏	60	51	45	37	30	19	9
新　疆	273	222	212	180	147	113	64

注：“.”表示数值较小，统计上不显著。

一般公共预算收支总额和指数

年　份	一般公共预算收入（亿元）	一般公共预算支出（亿元）	指数（上年=100）		一般公共预算收入相当于国内生产总值的比重(%)	一般公共预算支出相当于国内生产总值的比重(%)
			一般公共预算收入	一般公共预算支出		
1978	1132.26	1122.09	129.5	133.0	30.8	30.5
1979	1146.38	1281.79	101.2	114.2	28.0	31.3
1980	1159.93	1228.83	101.2	95.9	25.3	26.8
“六五”时期	**7402.75**	**7483.18**	**111.6**	**110.3**		
1981	1175.79	1138.41	101.4	92.6	23.8	23.1
1982	1212.33	1229.98	103.1	108.0	22.6	22.9
1983	1366.95	1409.52	112.8	114.6	22.7	23.4
1984	1642.86	1701.02	120.2	120.7	22.6	23.4
1985	2004.82	2004.25	122.0	117.8	22.0	22.0
“七五”时期	**12280.60**	**12865.67**	**107.9**	**109.0**		
1986	2122.01	2204.91	105.8	110.0	20.5	21.2
1987	2199.35	2262.18	103.6	102.6	18.1	18.6
1988	2357.24	2491.21	107.2	110.1	15.5	16.4
1989	2664.90	2823.78	113.1	113.3	15.5	16.4
1990	2937.10	3083.59	110.2	109.2	15.6	16.3
“八五”时期	**22442.10**	**24387.46**	**116.3**	**117.2**		
1991	3149.48	3386.62	107.2	109.8	14.3	15.4
1992	3483.37	3742.20	110.6	110.5	12.8	13.8
1993	4348.95	4642.30	124.8	124.1	12.2	13.0
1994	5218.10	5792.62	120.0	124.8	10.7	11.9
1995	6242.20	6823.72	119.6	117.8	10.2	11.1
“九五”时期	**50774.39**	**57043.46**	**116.5**	**118.4**		
1996	7407.99	7937.55	118.7	116.3	10.3	11.1
1997	8651.14	9233.56	116.8	116.3	10.9	11.6
1998	9875.95	10798.18	114.2	116.9	11.6	12.7
1999	11444.08	13187.67	115.9	122.1	12.6	14.6
2000	13395.23	15886.50	117.0	120.5	13.4	15.8
“十五”时期	**115050.69**	**128022.85**	**118.8**	**116.4**		
2001	16386.04	18902.58	122.3	119.0	14.8	17.1
2002	18903.64	22053.15	115.4	116.7	15.5	18.1
2003	21715.25	24649.95	114.9	111.8	15.8	17.9
2004	26396.47	28486.89	121.6	115.6	16.3	17.6
2005	31649.29	33930.28	119.9	119.1	16.9	18.1
“十一五”时期	**303032.14**	**318970.83**	**121.3**	**121.4**		
2006	38760.20	40422.73	122.5	119.1	17.7	18.4
2007	51321.78	49781.35	132.4	123.2	19.0	18.4
2008	61330.35	62592.66	119.5	125.7	19.2	19.6
2009	68518.30	76299.93	111.7	121.9	19.7	21.9
2010	83101.51	89874.16	121.3	117.8	20.2	21.8
“十二五”时期	**642976.85**	**703076.19**	**112.3**	**113.9**		
2011	103874.43	109247.79	125.0	121.6	21.3	22.4
2012	117253.52	125952.97	112.9	115.3	21.8	23.4
2013	129209.64	140212.10	110.2	111.3	21.8	23.6
2014	140370.03	151785.56	108.6	108.3	21.9	23.7
2015	152269.23	175877.77	105.8	113.2	22.2	25.6
“十三五”时期						
2016	159604.97	187755.21	104.5	106.3	21.6	25.4
2017	172592.77	203085.49	107.4	107.6	21.0	24.7
2018	183351.84	220906.07	106.2	108.7	20.4	24.5

注：1.本表及其他各表有关财政数据由财政部提供。2018年全国数据为预算执行数，以前各年数据为财政决算数。

2.各时期指数为该时期年平均发展速度。

3.表列2015年、2016年、2017年、2018年一般公共预算收入、支出指数均为按同口径计算。

中央和地方一般公共预算收支

单位：亿元

年 份	一般公共预算收入	中 央	地 方	一般公共预算支出	中 央	地 方
1978	1132.26	175.77	956.49	1122.09	532.12	589.97
1979	1146.38	231.34	915.04	1281.79	655.08	626.71
1980	1159.93	284.45	875.48	1228.83	666.81	562.02
“六五”时期	**7402.75**	**2583.02**	**4819.73**	**7483.18**	**3725.64**	**3757.54**
1981	1175.79	311.07	864.72	1138.41	625.65	512.76
1982	1212.33	346.84	865.49	1229.98	651.81	578.17
1983	1366.95	490.01	876.94	1409.52	759.60	649.92
1984	1642.86	665.47	977.39	1701.02	893.33	807.69
1985	2004.82	769.63	1235.19	2004.25	795.25	1209.00
“七五”时期	**12280.60**	**4104.41**	**8176.19**	**12865.67**	**4420.27**	**8445.40**
1986	2122.01	778.42	1343.59	2204.91	836.36	1368.55
1987	2199.35	736.29	1463.06	2262.18	845.63	1416.55
1988	2357.24	774.76	1582.48	2491.21	845.04	1646.17
1989	2664.90	822.52	1842.38	2823.78	888.77	1935.01
1990	2937.10	992.42	1944.68	3083.59	1004.47	2079.12
“八五”时期	**22442.10**	**9038.39**	**13403.71**	**24387.46**	**7323.13**	**17064.33**
1991	3149.48	938.25	2211.23	3386.62	1090.81	2295.81
1992	3483.37	979.51	2503.86	3742.20	1170.44	2571.76
1993	4348.95	957.51	3391.44	4642.30	1312.06	3330.24
1994	5218.10	2906.50	2311.60	5792.62	1754.43	4038.19
1995	6242.20	3256.62	2985.58	6823.72	1995.39	4828.33
“九五”时期	**50774.39**	**25618.37**	**25156.02**	**57043.46**	**17481.55**	**39561.91**
1996	7407.99	3661.07	3746.92	7937.55	2151.27	5786.28
1997	8651.14	4226.92	4424.22	9233.56	2532.50	6701.06
1998	9875.95	4892.00	4983.95	10798.18	3125.60	7672.58
1999	11444.08	5849.21	5594.87	13187.67	4152.33	9035.34
2000	13395.23	6989.17	6406.06	15886.50	5519.85	10366.65
“十五”时期	**115050.69**	**61888.28**	**53162.41**	**128022.85**	**36629.87**	**91392.98**
2001	16386.04	8582.74	7803.30	18902.58	5768.02	13134.56
2002	18903.64	10388.64	8515.00	22053.15	6771.70	15281.45
2003	21715.25	11865.27	9849.98	24649.95	7420.10	17229.85
2004	26396.47	14503.10	11893.37	28486.89	7894.08	20592.81
2005	31649.29	16548.53	15100.76	33930.28	8775.97	25154.31
“十一五”时期	**303032.14**	**159290.52**	**143741.62**	**318970.83**	**66023.15**	**252947.68**
2006	38760.20	20456.62	18303.58	40422.73	9991.40	30431.33
2007	51321.78	27749.16	23572.62	49781.35	11442.06	38339.29
2008	61330.35	32680.56	28649.79	62592.66	13344.17	49248.49
2009	68518.30	35915.71	32602.59	76299.93	15255.79	61044.14
2010	83101.51	42488.47	40613.04	89874.16	15989.73	73884.43
“十二五”时期	**642976.85**	**301461.67**	**341515.18**	**703076.19**	**103862.72**	**599213.47**
2011	103874.43	51327.32	52547.11	109247.79	16514.11	92733.68
2012	117253.52	56175.23	61078.29	125952.97	18764.63	107188.34
2013	129209.64	60198.48	69011.16	140212.10	20471.76	119740.34
2014	140370.03	64493.45	75876.58	151785.56	22570.07	129215.49
2015	152269.23	69267.19	83002.04	175877.77	25542.15	150335.62
“十三五”时期						
2016	159604.97	72365.62	87239.35	187755.21	27403.85	160351.36
2017	172592.77	81123.36	91469.41	203085.49	29857.15	173228.34
2018	183351.84	85447.34	97904.50	220906.07	32707.81	188198.26

注：1.2018年全国数据为预算执行数，以前各年数据为财政决算数。

2.中央、地方一般公共预算收支均为本级收支。

一般公共预算收支和国债余额

单位：亿元

指　　标	2013年	2014年	2015年	2016年	2017年	2018年
一般公共预算收入	**129209.6**	**140370.0**	**152269.2**	**159605.0**	**172592.8**	**183351.8**
中央	60198.5	64493.5	69267.2	72365.6	81123.4	85447.3
地方	69011.2	75876.6	83002.0	87239.4	91469.4	97904.5
一般公共预算收入按项目分						
#各项税收	110530.7	119175.3	124922.2	130360.7	144369.9	156400.5
#国内增值税	28810.1	30855.4	31109.5	40712.1	56378.2	61529.3
国内消费税	8231.3	8907.1	10542.2	10217.2	10225.1	10631.8
营业税	17233.0	17781.7	19312.8	11501.9		
企业所得税	22427.2	24642.2	27133.9	28851.4	32117.3	35322.8
个人所得税	6531.5	7376.6	8617.3	10089.0	11966.4	13871.9
关税	2630.6	2843.4	2560.8	2603.8	2997.9	2847.8
一般公共预算支出	**140212.1**	**151785.6**	**175877.8**	**187755.2**	**203085.5**	**220906.1**
中央	20471.8	22570.1	25542.2	27403.9	29857.2	32707.8
地方	119740.3	129215.5	150335.6	160351.4	173228.3	188198.3
一般公共预算支出指数（上年=100）	111.3	108.3	113.2	106.3	107.6	108.7
一般公共预算支出按项目分						
#一般公共服务	13755.1	13267.5	13547.8	14790.5	16510.4	18606.6
国防	7410.6	8289.5	9087.8	9765.8	10432.4	11281.1
教育	22001.8	23041.7	26271.9	28072.8	30153.2	32222.4
科学技术	5084.3	5314.5	5862.6	6564.0	7267.0	8321.7
社会保障和就业	14490.5	15968.9	19018.7	21591.5	24611.7	27084.1
医疗卫生与计划生育	8279.9	10176.8	11953.2	13158.8	14450.6	15699.7
节能环保	3435.2	3815.6	4802.9	4734.8	5617.3	6352.8
城乡社区	11165.6	12959.5	15886.4	18394.6	20585.0	22700.1
农林水	13349.6	14173.8	17380.5	18587.4	19089.0	20786.0
交通运输	9348.8	10400.4	12356.3	10498.7	10674.0	11073.1
年末国债余额	**86746.9**	**95655.5**	**106599.6**	**120066.8**	**134770.2**	**149607.4**
内债余额	85836.1	94676.3	105467.5	118811.2	133447.4	148208.6
外债余额	910.9	979.1	1132.1	1255.5	1322.7	1398.8

注：1.2018年全国数据为预算执行数，以前各年数据为财政决算数。

2.2015年、2016年、2017年、2018年一般公共预算支出指数为按同口径计算。

3.中央、地方一般公共预算收支均为本级收支。

4.本表一般公共预算支出项目按当年《政府收支分类科目》设置。

分地区一般公共预算收入

单位：亿元

地区	2013年	2014年	2015年	2016年	2017年	2018年
地方总计	**69011.2**	**75876.6**	**83002.0**	**87239.4**	**91469.4**	**97904.5**
北京	3661.1	4027.2	4723.9	5081.3	5430.8	5785.9
天津	2079.1	2390.4	2667.1	2723.5	2310.4	2106.2
河北	2295.6	2446.6	2649.2	2849.9	3233.8	3513.7
山西	1701.6	1820.6	1642.4	1557.0	1867.0	2292.6
内蒙古	1721.0	1843.7	1964.5	2016.4	1703.2	1857.5
辽宁	3343.8	3192.8	2127.4	2200.5	2392.8	2616.0
吉林	1157.0	1203.4	1229.4	1263.8	1210.9	1240.8
黑龙江	1277.4	1301.3	1165.9	1148.4	1243.3	1282.5
上海	4109.5	4585.6	5519.5	6406.1	6642.3	7108.2
江苏	6568.5	7233.1	8028.6	8121.2	8171.5	8630.2
浙江	3796.9	4122.0	4809.9	5302.0	5804.4	6598.1
安徽	2075.1	2218.4	2454.3	2672.8	2812.4	3048.6
福建	2119.4	2362.2	2544.2	2654.8	2809.0	3007.4
江西	1621.2	1881.8	2165.7	2151.5	2247.1	2372.3
山东	4559.9	5026.8	5529.3	5860.2	6098.6	6485.4
河南	2415.4	2739.3	3016.1	3153.5	3407.2	3763.9
湖北	2191.2	2566.9	3005.5	3102.1	3248.3	3307.0
湖南	2030.9	2262.8	2515.4	2697.9	2757.8	2860.7
广东	7081.5	8065.1	9366.8	10390.4	11320.3	12102.9
广西	1317.6	1422.3	1515.2	1556.3	1615.1	1681.5
海南	481.0	555.3	627.7	637.5	674.1	752.7
重庆	1693.2	1922.0	2154.8	2227.9	2252.4	2265.5
四川	2784.1	3061.1	3355.4	3388.9	3578.0	3910.9
贵州	1206.4	1366.7	1503.4	1561.3	1613.8	1726.8
云南	1611.3	1698.1	1808.1	1812.3	1886.2	1994.3
西藏	95.0	124.3	137.1	156.0	185.8	230.3
陕西	1748.3	1890.4	2060.0	1834.0	2006.7	2243.1
甘肃	607.3	672.7	743.9	787.0	815.7	870.8
青海	223.9	251.7	267.1	238.5	246.2	272.9
宁夏	308.3	339.9	373.4	387.7	417.6	444.4
新疆	1128.5	1282.3	1330.9	1299.0	1466.5	1531.5

注：本表数据为地方财政本级收入。

分地区一般公共预算支出

单位：亿元

地　区	2013年	2014年	2015年	2016年	2017年	2018年
地方总计	**119740.3**	**129215.5**	**150335.6**	**160351.4**	**173228.3**	**188198.3**
北　京	4173.7	4524.7	5737.7	6406.8	6824.5	7467.5
天　津	2549.2	2884.7	3232.4	3699.4	3282.5	3104.2
河　北	4409.6	4677.3	5632.2	6049.5	6639.2	7720.2
山　西	3030.1	3085.3	3423.0	3428.9	3756.4	4285.4
内蒙古	3686.5	3880.0	4253.0	4512.7	4529.9	4806.3
辽　宁	5197.4	5080.5	4481.6	4577.5	4879.4	5323.7
吉　林	2744.8	2913.2	3217.1	3586.1	3725.7	3789.6
黑龙江	3369.2	3434.2	4020.7	4227.3	4641.1	4675.8
上　海	4528.6	4923.4	6191.6	6918.9	7547.6	8351.5
江　苏	7798.5	8472.4	9687.6	9982.0	10621.0	11658.2
浙　江	4730.5	5159.6	6646.0	6974.3	7530.3	8627.5
安　徽	4349.7	4664.1	5239.0	5523.0	6203.8	6571.5
福　建	3068.8	3306.7	4001.6	4275.4	4684.2	4836.7
江　西	3470.3	3882.7	4412.5	4617.4	5111.5	5669.9
山　东	6688.8	7177.3	8250.0	8755.2	9258.4	10099.0
河　南	5582.3	6028.7	6799.4	7453.7	8215.5	9225.4
湖　北	4371.6	4934.1	6132.8	6423.0	6801.3	7257.6
湖　南	4690.9	5017.4	5728.7	6339.2	6869.4	7530.9
广　东	8411.0	9152.6	12827.8	13446.1	15037.5	15737.4
广　西	3208.7	3479.8	4065.5	4441.7	4908.6	5310.9
海　南	1011.2	1099.7	1239.4	1376.5	1444.0	1685.4
重　庆	3062.3	3304.4	3792.0	4001.8	4336.3	4541.2
四　川	6220.9	6796.6	7497.5	8008.9	8694.8	9718.3
贵　州	3082.7	3542.8	3939.5	4262.4	4612.5	5017.3
云　南	4096.5	4438.0	4712.8	5018.9	5713.0	6075.0
西　藏	1014.3	1185.5	1381.5	1588.0	1681.9	1972.7
陕　西	3665.1	3962.5	4376.1	4389.4	4833.2	5301.9
甘　肃	2309.6	2541.5	2958.3	3150.0	3304.4	3773.8
青　海	1228.0	1347.4	1515.2	1524.8	1530.4	1647.5
宁　夏	922.5	1000.5	1138.5	1254.5	1372.8	1430.6
新　疆	3067.1	3317.8	3804.9	4138.3	4637.2	4985.6

注：本表数据为地方财政本级支出。

生态环境主要指标

项　　目	单　位	2013年	2014年	2015年	2016年	2017年	2018年
水环境							
水资源总量	亿立方米	27958	27267	27963	32466	28761	27960
人均水资源量	立方米/人	2060	1999	2039	2355	2075	2008
用水总量	亿立方米	6183	6095	6103	6040	6043	6110
#农业	亿立方米	3922	3869	3852	3768	3766	3807
工业	亿立方米	1406	1356	1335	1308	1277	1285
生活	亿立方米	750	767	794	822	838	850
生态	亿立方米	105	103	123	143	162	168
化学需氧量排放量	万吨	2353	2295	2224			
大气环境							
二氧化硫排放量	万吨	2044	1974	1859			
固体废物							
一般工业固体废物综合利用量	万吨	205916	204330	198807			
一般工业固体废物综合利用率	%	62.2	62.1	60.3			
生态环境							
森林面积	万公顷	20769	20769	20769	20769	20769	20769
森林覆盖率	%	21.63	21.63	21.63	21.63	21.63	21.63
造林面积	万公顷	610	555	768	720	768	707
自然保护区数	个	2697	2729	2740	2750	2750	
#国家级	个	407	428	428	446	463	474
自然保护区面积	万公顷	14631	14699	14703	14733	14717	
湿地面积	万公顷	5360	5360	5360	5360	5360	5360
湿地面积占国土面积	%	5.6	5.6	5.6	5.6	5.6	5.6
自然灾害							
发生地质灾害次数	次	15374	10937	8355	10997	7521	
发生地震灾害次数	次	14	20	14	16	12	16
发生赤潮次数	次	46	56	35	68	68	

注：1.森林面积和森林覆盖率为第八次全国森林资源清查资料；全国湿地面积和占国土面积比重为第二次全国湿地资源调查资料。

2.自2015年起，造林面积包括人工造林、飞播造林、新封山育林、退化修复和人工更新。

能源生产总量和构成

年　份	能源生产总　量(万吨标准煤)	构成(能源生产总量=100)			
		原　煤	原　油	天然气	一次电力及其他能源
1978	62770	70.3	23.7	2.9	3.1
1979	64562	70.2	23.5	3.0	3.3
1980	63735	69.4	23.8	3.0	3.8
1981	63227	70.2	22.9	2.7	4.2
1982	66778	71.3	21.8	2.4	4.5
1983	71270	71.6	21.3	2.3	4.8
1984	77855	72.4	21.0	2.1	4.5
1985	85546	72.8	20.9	2.0	4.3
1986	88124	72.4	21.2	2.1	4.3
1987	91266	72.6	21.0	2.0	4.4
1988	95801	73.1	20.4	2.0	4.5
1989	101639	74.1	19.3	2.0	4.6
1990	103922	74.2	19.0	2.0	4.8
1991	104844	74.1	19.2	2.0	4.7
1992	107256	74.3	18.9	2.0	4.8
1993	111059	74.0	18.7	2.0	5.3
1994	118729	74.6	17.6	1.9	5.9
1995	129034	75.3	16.6	1.9	6.2
1996	133032	75.0	16.9	2.0	6.1
1997	133460	74.3	17.2	2.1	6.5
1998	129834	73.3	17.7	2.2	6.8
1999	131935	73.9	17.3	2.5	6.3
2000	138570	72.9	16.8	2.6	7.7
2001	147425	72.6	15.9	2.7	8.8
2002	156277	73.1	15.3	2.8	8.8
2003	178299	75.7	13.6	2.6	8.1
2004	206108	76.7	12.2	2.7	8.4
2005	229037	77.4	11.3	2.9	8.4
2006	244763	77.5	10.8	3.2	8.5
2007	264173	77.8	10.1	3.5	8.6
2008	277419	76.8	9.8	3.9	9.5
2009	286092	76.8	9.4	4.0	9.8
2010	312125	76.2	9.3	4.1	10.4
2011	340178	77.8	8.5	4.1	9.6
2012	351041	76.2	8.5	4.1	11.2
2013	358784	75.4	8.4	4.4	11.8
2014	361866	73.6	8.4	4.7	13.3
2015	361476	72.2	8.5	4.8	14.5
2016	346037	69.8	8.2	5.2	16.8
2017	358500	69.6	7.6	5.4	17.4
2018	377000	69.3	7.2	5.5	18.0

注：电力折算标准煤的系数采用当年平均发电煤耗计算，下同。

能源消费总量和构成

年　份	能源消费总　量(万吨标准煤)	构成(能源消费总量=100)			
		煤　炭	石　油	天然气	一次电力及其他能源
1978	57144	70.7	22.7	3.2	3.4
1979	58588	71.3	21.8	3.3	3.6
1980	60275	72.2	20.7	3.1	4.0
1981	59447	72.7	20.0	2.8	4.5
1982	62067	73.7	18.9	2.5	4.9
1983	66040	74.2	18.1	2.4	5.3
1984	70904	75.3	17.4	2.4	4.9
1985	76682	75.8	17.1	2.2	4.9
1986	80850	75.8	17.2	2.3	4.7
1987	86632	76.2	17.0	2.1	4.7
1988	92997	76.1	17.1	2.1	4.7
1989	96934	76.1	17.1	2.1	4.7
1990	98703	76.2	16.6	2.1	5.1
1991	103783	76.1	17.1	2.0	4.8
1992	109170	75.7	17.5	1.9	4.9
1993	115993	74.7	18.2	1.9	5.2
1994	122737	75.0	17.4	1.9	5.7
1995	131176	74.6	17.5	1.8	6.1
1996	135192	73.5	18.7	1.8	6.0
1997	135909	71.4	20.4	1.8	6.4
1998	136184	70.9	20.8	1.8	6.5
1999	140569	70.6	21.5	2.0	5.9
2000	146964	68.5	22.0	2.2	7.3
2001	155547	68.0	21.2	2.4	8.4
2002	169577	68.5	21.0	2.3	8.2
2003	197083	70.2	20.1	2.3	7.4
2004	230281	70.2	19.9	2.3	7.6
2005	261369	72.4	17.8	2.4	7.4
2006	286467	72.4	17.5	2.7	7.4
2007	311442	72.5	17.0	3.0	7.5
2008	320611	71.5	16.7	3.4	8.4
2009	336126	71.6	16.4	3.5	8.5
2010	360648	69.2	17.4	4.0	9.4
2011	387043	70.2	16.8	4.6	8.4
2012	402138	68.5	17.0	4.8	9.7
2013	416913	67.4	17.1	5.3	10.2
2014	425806	65.6	17.4	5.7	11.3
2015	429905	63.7	18.3	5.9	12.1
2016	435819	62.0	18.5	6.2	13.3
2017	448529	60.4	18.8	7.0	13.8
2018	464000	59.0	18.9	7.8	14.3

综合能源平衡表

单位：万吨标准煤

项　　目	2000年	2010年	2015年	2016年	2017年
可供消费的能源总量	**144234**	**365588**	**429960**	**431842**	**446007**
一次能源生产量	138570	312125	361476	346037	358500
回收能	3087	8958			
进口量	14327	57671	77451	89730	99957
出口量(-)	9327	8803	9784	11956	12670
年初年末库存差额	-2424	-4363	817	8031	219
能源消费总量	**146964**	**360648**	**429905**	**435819**	**448529**
在总量中:					
1.农、林、牧、渔业	4233	7266	8232	8544	8931
2.工　业	103014	261377	292276	290255	294488
3.建筑业	2207	5533	7696	7991	8555
4.交通运输、仓储和邮政业	11447	27102	38318	39651	42191
5.批发、零售业和住宿、餐饮业	3251	7847	11404	12015	12475
6.其　他	6118	15052	21881	23154	24269
7.生活消费	16695	36470	50099	54209	57620
在总量中:					
(一) 终端消费	140476	337469	417494	424278	436953
#工　业	96871	238652	280206	279058	283273
(二) 加工转换损失量	2472	14294	17191	16964	17278
#炼　焦	526	1595	4099	3887	3721
炼　油	781	1960	2230	2139	2630
(三) 回收能(-)			14492	15273	15921
(四) 损失量	4016	8885	9712	9849	10219
平衡差额	**-2730**	**4940**	**55**	**-3977**	**-2522**

注：1.电力按等价热值折算，因此加工转换损失量中不包括发电损失量。
2.进口量包括我国飞机、轮船在国外加油量；出口量包括外国飞机、轮船在我国加油量。

电力平衡表

单位：亿千瓦小时

项　　目	1990年	2000年	2010年	2015年	2016年	2017年
可供量	**6230**	**13473**	**41936**	**58021**	**61298**	**64821**
生产量	6212	13556	42072	58146	61425	64951
水　电	1267	2224	7222	11303	11934	11898
火　电	4945	11142	33319	42842	44371	46627
核　电		167	739	1708	2133	2481
风　电			446	1858	2371	2950
进口量	19	15	55	62	62	64
出口量(-)	1	99	191	187	189	195
消费量	**6230**	**13472**	**41934**	**58020**	**61297**	**64821**
在消费量中:						
1.农、林、牧、渔业	427	533	976	1040	1092	1175
2.工业	4873	10005	30872	41550	43089	44960
3.建筑业	65	160	483	699	726	789
4.交通运输、仓储和邮政业	106	281	735	1126	1251	1418
5.批发、零售业和住宿、餐饮业	76	419	1292	2122	2324	2527
6.其他	202	623	2452	3919	4395	4881
7.生活消费	481	1452	5125	7565	8421	9072
在消费量中:						
(一) 终端消费	5796	12536	39366	55032	58234	61625
#工　业	4439	9068	28304	38562	40026	41764
(二) 输配电损失量	435	937	2568	2988	3063	3196

发电装机容量

单位：万千瓦

年 份	发电装机容　量	火电	水电	核电	风电	太阳能发电	其他
2000	31932	23754	7935	210	34		
2001	33849	25301	8301	210	38		
2002	35657	26555	8607	447	47		
2003	39141	28977	9490	619	55		
2004	44239	32948	10524	696	82		
2005	51718	39138	11739	696	106		
2006	62370	48382	13029	696	207		
2007	71822	55607	14823	908	420		
2008	79273	60286	17260	908	839		
2009	87410	65108	19629	908	1760	3	3
2010	96641	70967	21606	1082	2958	26	3
2011	106253	76834	23298	1257	4623	212	19
2012	114676	81968	24947	1257	6142	341	20
2013	125768	87009	28044	1466	7652	1589	8
2014	137018	92363	30486	2008	9657	2486	19
2015	152527	100554	31954	2717	13075	4218	9
2016	165051	106094	33207	3364	14747	7631	7
2017	177708	110495	34359	3582	16325	12942	7
2018	189967	114367	35226	4466	18426	17463	18

注：本表数据来源于中国电力企业联合会，2018年数据为快报数。

分地区电力消费量

单位：亿千瓦小时

地 区	2012年	2013年	2014年	2015年	2016年	2017年	2018年
北 京	874.3	913.1	937.1	952.7	1020.3	1066.9	1142.4
天 津	722.5	774.5	794.4	800.6	807.9	805.6	861.4
河 北	3077.7	3251.2	3314.1	3175.7	3264.5	3441.7	3665.7
山 西	1765.8	1832.3	1822.6	1737.2	1797.2	1990.6	2160.5
内蒙古	2016.8	2181.9	2416.7	2542.9	2605.0	2891.9	3353.4
辽 宁	1899.9	2008.5	2038.7	1984.9	2037.4	2135.5	2302.4
吉 林	637.0	653.8	667.8	652.0	667.6	703.0	750.6
黑龙江	827.9	845.2	859.4	869.0	896.6	928.6	973.9
上 海	1353.4	1410.6	1369.0	1405.5	1486.0	1526.8	1566.7
江 苏	4580.9	4956.6	5012.5	5114.7	5458.9	5807.9	6128.3
浙 江	3210.6	3453.1	3506.4	3553.9	3873.2	4192.6	4532.8
安 徽	1361.1	1528.1	1585.2	1639.8	1795.0	1921.5	2135.1
福 建	1579.5	1700.7	1855.8	1851.9	1968.6	2112.7	2313.8
江 西	867.7	947.1	1018.5	1087.3	1182.5	1294.0	1428.8
山 东	3794.6	4083.1	4223.5	5117.0	5390.7	5430.2	5916.8
河 南	2747.7	2899.2	2919.6	2879.6	2989.2	3166.2	3417.7
湖 北	1507.9	1629.8	1656.5	1665.2	1763.1	1869.0	2071.4
湖 南	1346.5	1423.1	1430.9	1447.6	1495.7	1581.5	1745.2
广 东	4619.4	4830.1	5235.2	5310.7	5610.1	5959.0	6323.4
广 西	1153.9	1237.7	1308.0	1334.3	1359.6	1444.9	1702.7
海 南	210.3	232.0	251.9	272.4	287.3	305.0	326.8
重 庆	723.5	813.3	867.2	875.4	924.9	996.5	1114.5
四 川	1830.7	1949.0	2014.8	1992.4	2101.0	2205.2	2459.5
贵 州	1046.7	1126.3	1173.7	1174.2	1241.8	1384.9	1482.1
云 南	1315.9	1459.8	1529.4	1438.6	1410.5	1538.1	1679.1
西 藏	27.8	30.7	34.0	40.5	49.2	58.2	69.0
陕 西	1066.7	1152.2	1226.0	1221.7	1357.1	1494.7	1594.2
甘 肃	994.6	1073.2	1095.5	1098.7	1065.2	1164.4	1289.5
青 海	602.2	676.3	723.2	658.0	637.5	687.0	738.3
宁 夏	741.8	811.2	848.8	878.3	886.9	978.3	1064.8
新 疆	1151.5	1539.8	1900.2	2160.3	2316.5	2542.8	2138.3

注：本表数据来源于中国电力企业联合会，2018年数据为快报数。

平均每万元国内生产总值能源消费量

年份	万元国内生产总值能源消费量(吨标准煤/万元)	万元国内生产总值煤炭消费量(吨/万元)	万元国内生产总值焦炭消费量(吨/万元)	万元国内生产总值石油消费量(吨/万元)	万元国内生产总值原油消费量(吨/万元)	万元国内生产总值燃料油消费量(吨/万元)	万元国内生产总值电力消费量(万千瓦小时/万元)
	国内生产总值按1980年可比价格计算						
1980	13.14	13.30	0.94	1.91	2.01	0.67	0.66
1981	12.33	12.56	0.81	1.93	1.81	0.59	0.64
1982	11.81	12.20	0.76	1.56	1.65	0.53	0.62
1983	11.34	11.80	0.71	1.44	1.56	0.49	0.60
1984	10.57	11.18	0.66	1.29	1.37	0.43	0.56
1985	10.08	10.72	0.62	1.21	1.25	0.37	0.54
1986	9.75	10.38	0.63	1.17	1.23	0.36	0.54
1987	9.36	10.03	0.62	1.11	1.15	0.34	0.54
1988	9.03	9.65	0.59	1.08	1.09	0.31	0.53
1989	9.04	9.64	0.59	1.08	1.08	0.32	0.55
1990	8.85	9.47	0.62	1.03	1.06	0.30	0.56
	国内生产总值按1990年可比价格计算						
1990	5.23	5.59	0.37	0.61	0.62	0.18	0.33
1991	5.03	5.36	0.35	0.60	0.60	0.17	0.33
1992	4.63	4.84	0.33	0.57	0.56	0.15	0.32
1993	4.32	4.51	0.33	0.55	0.52	0.14	0.31
1994	4.05	4.24	0.30	0.49	0.46	0.12	0.31
1995	3.90	4.09	0.32	0.48	0.44	0.11	0.30
1996	3.66	3.79	0.32	0.48	0.43	0.10	0.29
1997	3.36	3.41	0.27	0.48	0.43	0.09	0.28
1998	3.13	3.10	0.26	0.45	0.40	0.09	0.27
1999	3.00	2.97	0.23	0.45	0.40	0.08	0.26
2000	2.89	2.67	0.21	0.44	0.42	0.08	0.26
	国内生产总值按2000年可比价格计算						
2000	1.47	1.35	0.11	0.22	0.21	0.04	0.13
2001	1.43	1.32	0.11	0.21	0.20	0.04	0.14
2002	1.43	1.30	0.11	0.21	0.19	0.03	0.14
2003	1.51	1.41	0.12	0.21	0.19	0.03	0.15
2004	1.60	1.48	0.13	0.22	0.20	0.03	0.15
2005	1.63	1.52	0.16	0.20	0.19	0.03	0.16
	国内生产总值按2005年可比价格计算						
2005	1.40	1.30	0.13	0.17	0.16	0.02	0.13
2006	1.36	1.28	0.13	0.17	0.15	0.02	0.14
2007	1.29	1.20	0.13	0.15	0.14	0.02	0.14
2008	1.21	1.14	0.12	0.14	0.13	0.01	0.13
2009	1.16	1.12	0.13	0.13	0.13	0.01	0.13
2010	1.13	1.09	0.12	0.14	0.13	0.01	0.13
	国内生产总值按2010年可比价格计算						
2010	0.88	0.85	0.09	0.11	0.10	0.01	0.10
2011	0.86	0.86	0.09	0.10	0.10	0.01	0.10
2012	0.83	0.85	0.09	0.10	0.10	0.01	0.10
2013	0.79	0.81	0.09	0.10	0.09	0.01	0.10
2014	0.76	0.73	0.08	0.09	0.09	0.01	0.10
2015	0.71	0.66	0.07	0.09	0.09	0.01	0.10
	国内生产总值按2015年可比价格计算						
2015	0.63	0.58	0.06	0.08	0.08	0.01	0.08
2016	0.60	0.53	0.06	0.08	0.08	0.01	0.08
2017	0.57	0.49	0.06	0.08	0.08	0.01	0.08

全社会固定资产投资

年　　份	全社会固定资产投资(亿元)	#房地产	比上年增长(%)
“六五”时期	**7997.6**		**19.4**
1981	961.0		5.5
1982	1230.4		28.0
1983	1430.1		16.2
1984	1832.9		28.2
1985	2543.2		38.8
“七五”时期	**20593.5**	**1034.1**	**16.5**
1986	3120.6	101.0	22.7
1987	3791.7	149.9	21.5
1988	4753.8	257.2	25.4
1989	4410.4	272.7	-7.2
1990	4517.0	253.3	2.4
“八五”时期	**63808.3**	**8708.0**	**36.9**
1991	5594.5	336.2	23.9
1992	8080.1	731.2	44.4
1993	13072.3	1937.5	61.8
1994	17042.1	2554.1	30.4
1995	20019.3	3149.0	17.5
“九五”时期	**139033.2**	**19096.3**	**11.2**
1996	(22974.0)	(3216.4)	14.8
	22913.5	3216.4	
1997	24941.1	3178.4	8.8
1998	28406.2	3614.2	13.9
1999	29854.7	4103.2	5.1
2000	32917.7	4984.1	10.3
“十五”时期	**295531.0**	**53356.4**	**20.2**
2001	37213.5	6344.1	13.0
2002	43499.9	7790.9	16.9
2003	55566.6	10153.8	27.7
2004	70477.4	13158.3	26.6
2005	88773.6	15909.2	26.0
“十一五”时期	**922871.2**	**160416.1**	**25.5**
2006	109998.2	19422.9	23.9
2007	137323.9	25288.8	24.8
2008	172828.4	31203.2	25.9
2009	224598.8	36241.8	30.0
2010	(278121.9)	(48259.4)	23.8
	251683.8	48259.4	
“十二五”时期	**2206494.4**	**410628.5**	**19.3**
2011	311485.1	61796.9	23.8
2012	374694.7	71803.8	20.3
2013	446294.1	86013.4	19.1
2014	512020.7	95035.6	15.2
2015	561999.8	95978.8	9.8
“十三五”时期			
2016	606465.7	102580.6	7.9
2017	641238.4	109798.5	7.0
2018	645675.0	120263.5	5.9
平均每年增长(%)			
1982-2018年	20.4		
1991-2018年	21.1	27.1	
2001-2018年	20.4	21.9	

注：1.1997年起，除房地产投资、农村集体投资、农村个人投资外，其他固定资产投资的统计起点由5万元提高到50万元。2011年，除房地产投资、农村个人投资外，固定资产投资统计起点由50万元提高到500万元。为便于比较，1996、2010年数据作了相应调整，括号内为原口径数(以下相关表同)，口径变动年份的增速均按可比口径计算。受第三次经济普查的影响，对2013年数据进行了调整，2014年增速为可比口径。

2.根据第三次全国农业普查、统计执法检查和第四次全国经济普查单位清查，2017年、2018年全社会固定资产投资增速按可比口径计算。

3.本表增长速度均未扣除价格因素，平均每年增长速度按累计法计算(以下相关表同)。

全社会固定资产投资实际到位资金增速

单位：%

年 份	本年实际到位资金小计	国家预算资 金	国内贷款	利用外资	自筹资金	其他资金
1996	14.1	1.4	9.0	19.7	5.2	58.9
1997	8.1	11.3	4.6	-2.3	12.6	6.5
1998	13.7	71.9	15.9	-2.5	11.6	17.7
1999	3.6	54.7	3.3	-23.3	4.4	3.5
2000	11.3	13.9	17.5	-15.5	11.5	13.2
2001	14.7	20.7	7.6	2.0	15.9	20.7
2002	18.6	24.1	22.4	20.5	20.6	7.5
2003	30.1	-15.0	36.0	24.7	37.8	21.0
2004	27.2	21.1	14.5	26.4	31.2	31.8
2005	26.9	27.6	18.4	21.1	33.5	16.0
2006	25.8	12.5	20.0	8.9	29.0	28.3
2007	26.8	25.4	17.6	18.4	28.6	31.7
2008	21.3	35.8	14.8	3.5	29.7	-2.8
2009	36.8	59.5	48.6	-13.0	29.5	62.4
2010	24.3	15.7	20.2	7.9	28.4	17.1
2011	21.1	14.1	5.3	7.6	28.3	11.2
2012	18.4	27.7	11.3	-11.7	21.1	12.9
2013	20.0	17.7	15.2	-3.3	20.3	25.3
2014	10.6	19.9	9.7	-6.2	13.6	-5.0
2015	7.5	15.6	-6.4	-29.6	9.2	10.1
2016	5.6	17.1	10.1	-20.5	-0.2	30.7
2017	3.6	7.0	7.8	-5.5	0.9	11.2
2018	3.2	0.1	-6.1	-2.7	3.9	8.0

全社会房屋建筑面积增速

单位：%

年　份	施工面积	#住宅	竣工面积	#住宅
1982			4.6	2.9
1983	18.0		23.6	21.1
1984	-2.2		-4.5	-12.4
1985	17.8		14.5	20.0
1986	26.4		26.7	32.5
1987	-7.2		-5.9	-8.2
1988	-3.2		-3.6	-2.0
1989	-22.0		-21.1	-19.5
1990	4.1		-2.4	-1.0
1991	11.4		11.2	9.6
1992	12.7		-3.3	-9.3
1993	6.5		7.6	-8.1
1994	9.5	28.0	9.3	23.5
1995	7.1	11.0	6.6	10.2
1996	9.9	11.0	11.8	13.7
1997	-2.0	-3.8	2.5	-0.7
1998	6.6	12.0	2.9	5.3
1999	7.1	8.1	9.6	9.2
2000	0.8	-0.3	-2.9	-3.4
2001	4.0	1.2	0.3	-3.1
2002	10.3	6.0	7.8	2.7
2003	12.9	6.0	3.0	-2.9
2004	9.5	6.0	2.2	-4.1
2005	14.5	10.2	9.9	6.4
2006	7.3	10.8	-6.6	-1.1
2007	18.6	18.9	12.2	11.3
2008	15.3	15.4	9.2	9.0
2009	19.3	18.4	16.1	15.6
2010	17.4	14.2	0.7	-0.6
2011	22.7	19.6	18.1	13.1
2012	12.7	7.0	2.0	-1.2
2013	14.5	9.5	4.3	-0.9
2014	1.4	2.4	1.5	-0.4
2015	-4.7	-2.9	-1.2	-6.7
2016	-2.2	-1.3	-11.1	-4.6
2017	-7.1	-1.3	-8.3	-9.5
2018	1.0	4.9	13.8	-10.2

三次产业固定资产投资(不含农户)

单位：亿元

年 份	投资额	第一产业	第二产业	第三产业
2003	45812	535	16628	28649
2004	59028	645	22835	35548
2005	75095	843	31592	42661
2006	93369	1118	39545	52706
2007	117464	1460	50814	65190
2008	148738	2250	64900	81588
2009	193920	3356	81991	108573
2010	241431	3926	101013	136492
2011	302396	6819	132212	163365
2012	364854	8772	158060	198022
2013	435747	9109	184549	242090
2014	501265	11803	207459	282003
2015	551590	15562	224048	311980
2016	596501	18838	231826	345837
2017	631684	20892	235751	375040
2018	635636	22413	237899	375324

注：2003-2010年为城镇固定资产投资口径；2011-2018年为固定资产投资(不含农户)口径。

民间固定资产投资

年 份	完成投资额 (亿元)	增长速度 (%)
2012	223982	24.8
2013	274794	23.1
2014	321576	18.1
2015	354007	10.1
2016	365219	3.2
2017	381510	6.0
2018	394051	8.7

注：国家统计局于2012年初印发了《关于民间固定资产投资定义和统计范围的规定》（国统投资字〔2012〕2号）。民间固定资产投资是指具有集体、私营、个人性质的内资企事业单位以及由其控股（包括绝对控股和相对控股）的企业单位建造或购置固定资产的投资。

按行业分固定资产投资(不含农户)增长速度(一)

单位：%

行业	2015年	2016年	2017年	2018年
全国总计	**10.0**	**8.1**	**7.2**	**5.9**
农、林、牧、渔业	**30.8**	**19.5**	**9.1**	**12.3**
农业	45.7	30.4	16.4	15.4
林业	23.5	10.6	2.8	2.0
畜牧业	19.7	10.1	6.4	11.7
渔业	16.2	21.8	12.7	19.4
农、林、牧、渔专业及辅助性活动	26.3	12.4	-4.0	8.4
采矿业	**-8.8**	**-20.4**	**-10.0**	**4.1**
#煤炭开采和洗选业	-14.4	-24.2	-12.3	5.9
石油和天然气开采业	-5.7	-31.9	13.9	-0.7
黑色金属矿采选业	-17.8	-28.4	-22.8	5.1
有色金属矿采选业	-2.3	-10.0	-21.3	-8.0
非金属矿采选业	2.1	1.6	-16.3	26.7
制造业	**8.1**	**4.2**	**4.8**	**9.5**
农副食品加工业	7.7	9.5	3.6	0.0
食品制造业	14.4	14.5	1.7	3.8
酒、饮料和精制茶制造业	4.4	0.4	-5.9	-6.8
烟草制品业	-6.5	-21.2	-11.5	1.3
纺织业	12.8	10.7	5.9	5.1
纺织服装、服饰业	22.0	5.6	7.0	-1.5
皮革、毛皮、羽毛及其制品和制鞋业	10.0	6.6	4.2	3.1
木材加工及木、竹、藤、棕、草制品业	19.3	4.6	5.7	17.3
家具制造业	17.7	6.4	23.1	23.2
造纸及纸制品业	0.4	9.9	1.2	5.1
印刷和记录媒介复制业	15.1	0.2	-0.7	7.2
文教、工美、体育和娱乐用品制造业	29.7	13.5	8.4	8.1
石油、煤炭及其他燃料加工业	-20.9	6.2	-0.1	10.1
化学原料和化学制品制造业	3.3	-1.6	-4.0	6.0
医药制造业	11.9	8.4	-3.0	4.0
化学纤维制造业	1.2	0.3	20.0	29.0
橡胶和塑料制品业	10.1	7.4	1.2	5.4
非金属矿物制品业	6.1	0.7	1.6	19.7
黑色金属冶炼和压延加工业	-11.0	-2.2	-7.1	13.8
有色金属冶炼和压延加工业	-4.0	-5.8	-3.0	3.2
金属制品业	10.0	6.5	4.7	15.4
通用设备制造业	10.1	-2.3	3.9	8.6
专用设备制造业	8.5	-2.6	4.7	15.4
汽车制造业	14.2	4.5	10.2	3.5
铁路、船舶、航空航天和其他运输设备制造业	2.2	-9.2	2.9	-4.1

按行业分固定资产投资(不含农户)增长速度(二)

单位：%

行业	2015年	2016年	2017年	2018年
电气机械和器材制造业	8.7	13.0	6.0	13.4
计算机、通信和其他电子设备制造业	13.3	15.8	25.3	16.6
仪器仪表制造业	10.7	6.1	14.3	7.5
其他制造业	13.5	1.2	23.8	8.3
废弃资源综合利用业	10.3	4.8	24.1	33.6
金属制品、机械和设备修理业	3.2	-11.0	-3.2	-26.9
电力、热力、燃气及水生产和供应业	**16.6**	**11.3**	**0.8**	**-6.7**
电力、热力生产和供应业	15.7	11.7	-1.9	-12.3
燃气生产和供应业	4.0	-8.4	5.0	6.4
水的生产和供应业	30.7	20.5	11.6	15.3
建筑业	**10.2**	**-6.5**	**-19.0**	**-13.9**
批发和零售业	**20.1**	**-4.0**	**-6.3**	**-21.5**
交通运输、仓储和邮政业	**14.3**	**9.5**	**14.8**	**3.9**
#铁路运输业	0.6	0.2	-0.1	-5.1
道路运输业	16.7	15.1	23.1	8.2
水上运输业	-3.4	-8.0	-11.9	-9.6
航空运输业	28.6	20.6	8.5	4.8
管道运输业	-5.2	-12.2	32.5	-4.4
住宿和餐饮业	**5.1**	**-8.6**	**3.9**	**-3.4**
信息传输、软件和信息技术服务业	**34.5**	**14.5**	**12.8**	**4.0**
#电信、广播电视和卫星传输服务	18.4	8.3	-5.2	-10.8
金融业	**0.3**	**-4.2**	**-13.3**	**-13.1**
房地产业	**2.5**	**6.8**	**3.6**	**8.3**
租赁和商务服务业	**18.6**	**30.5**	**14.4**	**14.2**
科学研究和技术服务业	**12.6**	**17.2**	**9.4**	**13.6**
水利、环境和公共设施管理业	**20.4**	**23.3**	**21.2**	**3.3**
水利管理业	21.0	20.4	16.4	-4.9
生态保护和环境治理业	24.4	39.9	23.9	43.0
公共设施管理业	20.2	22.9	21.8	2.5
居民服务、修理和其他服务业	**15.5**	**1.8**	**2.4**	**-14.4**
教育	**15.2**	**20.7**	**20.2**	**7.2**
卫生和社会工作	**29.7**	**21.4**	**18.1**	**8.4**
#卫生	23.2	16.8	15.2	10.0
文化、体育和娱乐业	**8.9**	**16.4**	**12.9**	**21.2**
#文化艺术业	13.8	10.7	12.6	-6.2
公共管理、社会保障和社会组织	**9.1**	**4.3**	**-2.0**	**-18.0**
国际组织				

分地区固定资产投资(不含农户)增长速度

单位：%

地　区	2015年	2016年	2017年	2018年
全国总计	**10.0**	**8.1**	**7.2**	**5.9**
北　京	8.3	5.9	5.3	-5.5
天　津	12.6	8.0	0.5	-5.6
河　北	10.6	8.4	5.3	6.0
山　西	14.8	0.8	6.3	5.7
内蒙古	0.1	10.1	-7.2	-28.3
辽　宁	-27.8	-63.5	0.1	3.7
吉　林	12.6	10.1	1.4	1.6
黑龙江	3.6	5.5	6.2	-4.7
上　海	5.6	6.3	7.2	5.2
江　苏	10.5	7.5	7.5	5.5
浙　江	13.2	10.9	8.6	7.1
安　徽	12.0	11.7	11.0	11.8
福　建	17.4	9.3	13.9	11.5
江　西	16.0	14.0	12.3	11.1
山　东	13.9	10.5	7.3	4.1
河　南	16.5	13.7	10.4	8.1
湖　北	16.2	13.1	11.0	11.0
湖　南	18.2	13.8	13.1	10.0
广　东	15.9	10.0	13.5	10.7
广　西	17.8	12.8	12.8	10.8
海　南	10.4	11.7	10.1	-12.5
重　庆	17.0	12.1	9.5	7.0
四　川	10.2	13.1	10.6	10.2
贵　州	21.6	21.1	20.1	15.8
云　南	18.0	19.8	18.0	11.6
西　藏	21.2	23.2	23.8	9.8
陕　西	8.3	12.3	14.6	10.4
甘　肃	11.2	10.5	-40.3	-3.9
青　海	12.7	9.9	10.5	7.3
宁　夏	10.7	8.2	3.0	-18.2
新　疆	10.1	-5.1	20.0	-25.2

房地产开发企业主要指标(一)

指　　标	单位	2014年	2015年	2016年	2017年	2018年
房地产开发投资	**亿元**	**95035.6**	**95978.8**	**102580.6**	**109798.5**	**120263.5**
按工程用途分						
住宅	亿元	64352.2	64595.2	68703.9	75147.9	85192.2
办公楼	亿元	5641.2	6209.7	6532.6	6761.4	5996.3
商业营业用房	亿元	14346.3	14607.5	15837.5	15639.9	14177.1
其它	亿元	10696.0	10566.4	11506.6	12249.4	14897.8
按构成分						
建筑安装工程	亿元	70561.1	71195.6	76302.2	78577.7	75992.0
设备工器具购置	亿元	1306.9	1211.5	1461.6	1550.7	1524.6
其他费用	亿元	23167.6	23571.8	24816.9	29670.1	42746.9
本年实际到位资金	**亿元**	**121991.5**	**125203.1**	**144214.1**	**156052.6**	**165962.9**
国内贷款	亿元	21242.6	20214.4	21512.4	25241.8	24004.5
利用外资	亿元	639.3	296.5	140.4	168.2	108.0
自筹资金	亿元	50419.8	49037.6	49132.8	50872.2	55830.6
定金及预收款	亿元	30237.5	32520.3	41952.1	48693.6	55418.2
个人按揭贷款	亿元	13665.5	16661.6	24402.9	23906.3	23705.9
其他到位资金	亿元	5786.9	6472.6	7073.3	7170.6	6895.7
各项应付款	**亿元**	**25584.1**	**28992.6**	**30916.2**	**33654.9**	**37273.5**
#工程款	亿元	14264.6	15183.0	17059.4	17966.8	19442
房屋建筑面积						
施工面积	万平方米	726482	735693	758975	781484	822300
住宅	万平方米	515096	511570	521310	536444	569987
办公楼	万平方米	29928	33044	35029	36015	35842
商业营业用房	万平方米	94320	100111	104572	105232	102629
其它	万平方米	87138	90968	98063	103793	113842

房地产开发企业主要指标(二)

指　　标	单位	2014年	2015年	2016年	2017年	2018年
新开工面积	万平方米	179592	154454	166928	178654	209342
住宅	万平方米	124877	106651	115911	128098	153353
办公楼	万平方米	7349	6569	6415	6140	6049
商业营业用房	万平方米	25048	22530	22317	20484	20066
其它	万平方米	22319	18703	22286	23932	29874
竣工面积	万平方米	107459	100039	106128	101486	93550
住宅	万平方米	80868	73777	77185	71815	66016
办公楼	万平方米	3144	3419	3629	4007	3884
商业营业用房	万平方米	12084	12027	12518	12670	11259
其它	万平方米	11363	10816	12795	12994	12392
商品房销售和待售						
商品房销售面积	万平方米	120649	128495	157349	169408	171654
住宅	万平方米	105188	112412	137540	144789	147929
办公楼	万平方米	2498	2913	3826	4756	4363
商业营业用房	万平方米	9075	9255	10812	12838	11971
其它	万平方米	3894	3915	5170	7025	7390
商品房销售额	亿元	76292.4	87280.8	117627.0	133701.3	149972.7
住宅	亿元	62411.0	72769.8	99064.2	110239.5	126392.6
办公楼	亿元	2962.9	3761.4	5483.8	6441.4	6276.8
商业营业用房	亿元	8910.6	8852.8	10580.8	13252.7	13348.6
其它	亿元	2007.9	1896.8	2498.3	3767.7	3954.7
商品房待售面积	万平方米	62169	71853	69539	58923	52414
住宅	万平方米	40684	45248	40257	30163	25091
办公楼	万平方米	2627	3276	3631	3664	3649
商业营业用房	万平方米	11773	14664	15838	15204	13793
其它	万平方米	7084	8665	9813	9892	9881

分地区房地产开发企业投资、土地购置面积和成交价款

(2018年)

地　区	房地产开发投资(亿元)	住宅	办公楼	商业营业用房	其它	土地购置面积(万平方米)	土地成交价款(亿元)
全国总计	**120263.5**	**85192.2**	**5996.3**	**14177.1**	**14897.8**	**29142**	**16102.2**
北　京	3873.4	2026.1	522.2	315.0	1010.1	218	503.3
天　津	2424.5	1863.5	59.4	146.2	355.4	226	348.3
河　北	4476.4	3471.1	172.2	469.0	364.0	1151	280.9
山　西	1376.6	1033.8	36.8	153.2	152.9	288	81.9
内蒙古	882.8	642.0	18.6	140.7	81.5	363	56.9
辽　宁	2599.3	1944.5	37.8	338.4	278.7	810	294.7
吉　林	1175.9	841.0	53.2	179.8	101.8	769	227.3
黑龙江	944.4	647.8	31.2	160.7	104.7	246	80.1
上　海	4033.2	2225.9	692.7	461.4	653.1	145	221.8
江　苏	10982.3	8366.2	400.7	1198.0	1017.4	2509	1723.9
浙　江	9944.9	7156.5	382.7	788.2	1617.6	3026	3002.8
安　徽	5974.1	4563.4	187.0	794.1	429.7	2939	1337.7
福　建	4940.3	3456.9	215.5	457.6	810.3	1287	1165.1
江　西	2174.9	1590.6	76.4	343.8	164.1	535	242.5
山　东	7553.0	5717.5	305.7	806.4	723.4	2709	917.5
河　南	7015.5	5387.6	251.2	781.1	595.6	1018	498.9
湖　北	4693.1	3464.6	241.7	552.5	434.3	954	317.5
湖　南	3945.9	2764.5	124.2	590.6	466.7	1429	456.9
广　东	14412.2	9757.9	1178.9	1416.7	2058.8	1968	1900.2
广　西	3004.1	2217.5	98.1	320.5	368.0	603	201.2
海　南	1715.0	1310.5	37.4	171.0	196.0	123	47.9
重　庆	4248.8	3012.6	104.8	564.7	566.6	1261	625.6
四　川	5697.9	3764.7	210.5	1000.6	722.0	1520	743.0
贵　州	2349.2	1557.8	85.9	422.3	283.3	597	139.8
云　南	3247.2	2115.2	106.3	552.9	472.9	572	159.5
西　藏	92.6	50.0	1.8	21.0	19.9	33	3.7
陕　西	3534.7	2411.6	234.6	462.2	426.3	795	237.2
甘　肃	1116.4	672.3	55.6	211.4	177.1	181	35.8
青　海	351.8	215.9	16.4	71.3	48.2	56	19.5
宁　夏	449.6	300.4	12.9	90.4	45.9	145	16.1
新　疆	1033.4	642.5	44.0	195.4	151.5	667	214.6

分地区房地产开发企业房屋施工、竣工面积

(2018年) 单位：万平方米

地　区	房屋施工		#新开工		房屋竣工	
	面积	#住宅	面积	#住宅	面积	#住宅
全国总计	**822300**	**569987**	**209342**	**153353**	**93550**	**66016**
北　京	12963	5877	2321	1234	1558	731
天　津	10324	7151	2479	1863	2092	1522
河　北	28172	21453	8390	6444	2390	1917
山　西	16950	12315	3873	2957	1408	1095
内蒙古	15054	9926	3024	2154	1416	1014
辽　宁	24217	17742	3962	3119	2274	1711
吉　林	12080	8398	2478	1753	1520	1105
黑龙江	10588	7684	2495	1857	1203	921
上　海	14672	7520	2687	1473	3116	1730
江　苏	62673	46329	16821	12902	8536	6360
浙　江	44537	27437	12879	8766	5190	3048
安　徽	41128	29191	10850	8455	4488	3184
福　建	32826	21032	7205	5074	3739	2347
江　西	20739	15247	5801	4455	2032	1511
山　东	69063	50790	18732	13941	10513	8057
河　南	54686	41350	14678	11431	6655	5074
湖　北	31316	23397	8495	6699	2774	2092
湖　南	35782	25986	11128	8421	4161	3075
广　东	79935	54791	19144	13593	7615	5216
广　西	25399	18523	6059	4672	2193	1655
海　南	9575	7059	1945	1521	1187	987
重　庆	27227	17859	7386	5145	4083	2785
四　川	44066	28540	14094	9735	5635	3708
贵　州	21953	13985	5689	3984	1280	842
云　南	21800	14244	4738	3387	1447	1048
西　藏	359	225	193	129	50	39
陕　西	24618	17480	5452	3980	1525	1036
甘　肃	9429	6168	2443	1612	752	499
青　海	2549	1583	514	332	320	187
宁　夏	6048	3821	995	682	1214	844
新　疆	11575	6884	2391	1588	1183	677

分地区房地产开发企业
商品房销售面积、销售额和待售面积

(2018年)

地区	商品房销售面积(万平方米)	#住宅	商品房销售额(亿元)	#住宅	商品房待售面积(万平方米)	#住宅
全国总计	**171654**	**147929**	**149972.7**	**126392.6**	**52414**	**25091**
北京	696	527	2377.0	1971.1	2153	834
天津	1250	1141	2006.6	1816.5	640	293
河北	5252	4714	4035.0	3567.3	918	611
山西	2361	2216	1610.6	1473.2	985	639
内蒙古	2008	1702	1113.9	909.0	1242	735
辽宁	3935	3555	2967.3	2615.8	3249	2181
吉林	2074	1814	1452.4	1233.5	1254	690
黑龙江	1913	1666	1320.3	1112.3	1753	1007
上海	1767	1333	4751.5	3864.0	2197	652
江苏	13484	12041	14527.3	12693.9	4994	2491
浙江	9755	7936	14089.8	12096.3	2598	859
安徽	10038	8901	7077.0	6174.8	1683	778
福建	6213	4782	6579.5	5074.5	1879	523
江西	6201	5389	4219.9	3524.3	951	498
山东	13455	11755	10065.7	8682.8	2640	1432
河南	13990	12483	8055.3	6903.8	2801	1912
湖北	8865	8102	7531.4	6591.4	1769	963
湖南	9239	7998	5354.0	4377.4	1720	805
广东	14336	12075	18742.1	15595.3	4971	2358
广西	6213	5590	3826.5	3330.7	1380	792
海南	1432	1299	2083.3	1832.0	642	444
重庆	6536	5425	5272.7	4442.9	1751	384
四川	12211	9895	8532.3	6621.2	2398	584
贵州	5182	4441	2921.0	2278.1	753	296
云南	4532	3644	3406.8	2690.8	1158	502
西藏	73	62	52.8	42.9	23	10
陕西	4119	3546	3407.4	2808.8	727	337
甘肃	1596	1438	922.3	774.6	804	468
青海	448	377	289.9	224.1	137	65
宁夏	1026	888	517.7	420.6	939	385
新疆	1452	1195	863.3	648.6	1305	566

货物进出口总额

年份	人民币(亿元)			美元（亿美元）		
	进出口总额	出口额	进口额	进出口总额	出口额	进口额
1978	355.0	167.6	187.4	206.4	97.5	108.9
1979	454.6	211.7	242.9	293.3	136.6	156.7
1980	570.0	271.2	298.8	381.4	181.2	200.2
“六五”时期	**5634.6**	**2609.2**	**3025.4**	**2524.0**	**1200.4**	**1323.5**
1981	735.3	367.6	367.7	440.2	220.1	220.2
1982	771.4	413.8	357.5	416.1	223.2	192.9
1983	860.2	438.3	421.8	436.2	222.3	213.9
1984	1201.0	580.6	620.5	535.5	261.4	274.1
1985	2066.7	808.9	1257.9	696.0	273.5	422.5
“七五”时期	**19202.4**	**9260.7**	**9941.7**	**4864.0**	**2325.2**	**2538.7**
1986	2580.4	1082.1	1498.3	738.5	309.4	429.0
1987	3084.2	1470.0	1614.2	826.5	394.4	432.2
1988	3821.8	1766.7	2055.1	1027.8	475.2	552.7
1989	4155.9	1956.1	2199.9	1116.8	525.4	591.4
1990	5560.1	2985.8	2574.3	1154.4	620.9	533.5
“八五”时期	**71498.2**	**36661.9**	**34836.4**	**10143.5**	**5183.1**	**4960.3**
1991	7225.8	3827.1	3398.7	1356.3	718.4	637.9
1992	9119.6	4676.3	4443.3	1655.3	849.4	805.9
1993	11271.0	5284.8	5986.2	1957.0	917.4	1039.6
1994	20381.9	10421.8	9960.1	2366.2	1210.1	1156.2
1995	23499.9	12451.8	11048.1	2808.6	1487.8	1320.8
“九五”时期	**147120.3**	**79754.9**	**67365.4**	**17739.2**	**9616.9**	**8122.3**
1996	24133.9	12576.4	11557.4	2898.8	1510.5	1388.3
1997	26967.2	15160.7	11806.6	3251.6	1827.9	1423.7
1998	26849.7	15223.5	11626.1	3239.5	1837.1	1402.4
1999	29896.2	16159.8	13736.5	3606.3	1949.3	1657.0
2000	39273.3	20634.4	18638.8	4743.0	2492.0	2250.9
“十五”时期	**376506.1**	**197011.6**	**179494.5**	**45578.7**	**23852.0**	**21726.7**
2001	42183.6	22024.4	20159.2	5096.5	2661.0	2435.5
2002	51378.2	26947.9	24430.3	6207.7	3256.0	2951.7
2003	70483.5	36287.9	34195.6	8509.9	4382.3	4127.6
2004	95539.1	49103.3	46435.8	11545.5	5933.3	5612.3
2005	116921.8	62648.1	54273.7	14219.1	7619.5	6599.5
“十一五”时期	**840190.7**	**460672.5**	**379518.2**	**116814.0**	**63991.0**	**52823.1**
2006	140974.7	77597.9	63376.9	17604.4	9689.8	7914.6
2007	166924.1	93627.1	73296.9	21761.8	12200.6	9561.2
2008	179921.5	100394.9	79526.5	25632.6	14306.9	11325.6
2009	150648.1	82029.7	68618.4	22075.4	12016.1	10059.2
2010	201722.3	107022.8	94699.5	29740.0	15777.5	13962.5
“十二五”时期	**1248475.8**	**674781.8**	**573693.9**	**199225.4**	**107718.6**	**91506.8**
2011	236402.0	123240.6	113161.4	36418.6	18983.8	17434.8
2012	244160.2	129359.3	114801.0	38671.2	20487.1	18184.1
2013	258168.9	137131.4	121037.5	41589.9	22090.0	19499.9
2014	264241.8	143883.8	120358.0	43015.3	23422.9	19592.4
2015	245502.9	141166.8	104336.1	39530.3	22734.7	16795.6
“十三五”时期						
2016	243386.5	138419.3	104967.2	36855.6	20976.3	15879.3
2017	278099.2	153309.4	124789.8	41071.4	22633.4	18437.9
2018	305050.4	164176.7	140873.7	46230.4	24874.0	21356.4

注：本表1979年前为外贸部门数据，1980年起为海关数据。

货物出口分类金额

商品分类	2017年		2018年	
	亿元人民币	亿美元	亿元人民币	亿美元
总额	**153311.2**	**22633.7**	**164176.7**	**24874.0**
初级产品	**7975.6**	**1177.3**	**8903.6**	**1350.9**
食品及活动物	4240.3	626.3	4324.6	654.7
饮料及烟酒	234.8	34.7	245.3	37.1
非食用原料(燃料除外)	1045.8	154.4	1187.6	180.2
矿物燃料、润滑油及有关原料	2399.9	353.9	3075.8	468.1
动、植物油脂及蜡	54.8	8.1	70.3	10.7
工业制品	**145335.6**	**21456.4**	**155252.8**	**23520.2**
化学成品及有关产品	9574.7	1412.9	11035.1	1675.3
按原料分类的制成品	24986.5	3685.6	26680.2	4047.5
机械及运输设备	73265.2	10823.3	79775.9	12080.6
杂项制品	37119.6	5476.9	37372.3	5658.1
未分类的其他商品	389.6	57.6	389.4	58.7

货物进口分类金额

商品分类	2017年		2018年	
	亿元人民币	亿美元	亿元人民币	亿美元
总额	**124789.8**	**18437.9**	**140873.7**	**21356.4**
初级产品	**39274.1**	**5796.4**	**46296.9**	**7016.1**
食品及活动物	3678.3	543.1	4274.0	648.0
饮料及烟酒	475.6	70.3	504.3	76.7
非食用原料(燃料除外)	17687.7	2610.0	17935.7	2722.1
矿物燃料、润滑油及有关原料	16912.8	2496.2	23068.8	3491.6
动、植物油脂及蜡	519.7	76.8	514.1	77.8
工业制品	**85515.7**	**12641.5**	**94576.8**	**14340.2**
化学成品及有关产品	13116.1	1937.3	14759.1	2236.8
按原料分类的制成品	9141.6	1351.5	9981.0	1514.5
机械及运输设备	49689.9	7348.7	55410.7	8395.2
杂项制品	9089.5	1343.3	9490.5	1437.6
未分类的其他商品	4478.7	660.8	4935.4	756.1

分地区货物进出口总额

(按收发货人所在地分)

地区	亿元人民币			亿美元		
	2016年	2017年	2018年	2016年	2017年	2018年
全国总计	**243386.5**	**278101.0**	**305050.4**	**36855.6**	**41071.6**	**46230.4**
北京	18649.0	21943.7	27180.7	2823.5	3240.2	4124.0
天津	6776.3	7645.1	8078.8	1026.6	1129.2	1225.4
河北	3078.2	3378.8	3551.6	466.8	498.6	538.8
山西	1100.1	1162.8	1369.9	166.6	171.9	207.7
内蒙古	768.7	940.9	1034.4	116.4	138.7	156.9
辽宁	5711.9	6748.9	7545.9	865.6	996.0	1144.3
吉林	1217.6	1255.0	1362.8	184.5	185.4	206.7
黑龙江	1093.8	1281.7	1747.7	165.4	189.5	264.1
上海	28662.3	32242.9	34009.4	4337.7	4762.0	5156.4
江苏	33614.3	39997.5	43802.4	5093.0	5907.8	6640.4
浙江	22207.2	25605.1	28519.2	3365.8	3779.1	4324.8
安徽	2936.1	3657.2	4150.8	444.1	540.2	629.7
福建	10345.4	11590.0	12354.3	1568.3	1710.2	1875.4
江西	2638.4	3011.1	3164.9	400.3	443.4	482.4
山东	15476.6	17923.4	19302.5	2343.6	2645.5	2923.9
河南	4713.8	5233.9	5512.7	712.1	776.3	828.3
湖北	2599.6	3136.3	3487.2	393.9	463.4	528.0
湖南	1740.5	2433.9	3079.5	262.4	360.3	465.3
广东	63100.5	68168.8	71618.3	9553.0	10066.8	10847.1
广西	3152.4	3912.4	4106.7	476.3	578.8	623.4
海南	749.4	702.8	849.0	113.5	103.7	127.4
重庆	4139.2	4508.1	5222.6	627.5	666.0	790.4
四川	3261.4	4604.9	5947.8	493.1	681.1	899.4
贵州	375.6	551.3	500.8	57.0	81.6	76.0
云南	1316.9	1582.5	1973.0	199.0	234.5	298.9
西藏	51.7	58.7	47.5	7.8	8.6	7.2
陕西	1976.8	2719.2	3513.8	299.5	402.0	533.1
甘肃	449.7	326.1	394.7	68.3	48.3	60.0
青海	100.9	44.5	46.0	15.3	6.6	7.0
宁夏	215.2	341.5	249.2	32.5	50.4	37.8
新疆	1166.7	1392.3	1326.2	176.4	205.7	200.1

分地区货物出口额

(按收发货人所在地分)

地 区	亿元人民币			亿美元		
	2016年	2017年	2018年	2016年	2017年	2018年
全国总计	**138419.3**	**153311.2**	**164176.7**	**20976.3**	**22633.7**	**24874.0**
北 京	3430.4	3966.7	4878.5	520.2	585.7	741.7
天 津	2917.6	2952.1	3208.5	442.8	435.6	488.1
河 北	2014.4	2126.1	2243.0	305.8	313.6	339.9
山 西	655.3	690.2	810.4	99.3	102.0	122.7
内蒙古	290.2	330.9	378.7	44.0	48.8	57.5
辽 宁	2839.1	3041.0	3214.9	430.6	448.7	488.0
吉 林	277.2	299.4	325.8	42.0	44.2	49.4
黑龙江	331.9	353.0	294.0	50.4	52.1	44.5
上 海	12097.9	13117.8	13666.9	1833.5	1936.4	2071.7
江 苏	21044.1	24588.7	26657.7	3190.5	3630.3	4040.4
浙 江	17666.5	19439.5	21182.1	2678.6	2867.9	3211.5
安 徽	1880.0	2072.7	2386.6	284.5	306.0	362.1
福 建	6834.0	7112.9	7615.6	1036.8	1049.2	1155.6
江 西	1962.2	2209.0	2224.1	298.0	324.9	339.6
山 东	9047.9	9961.1	10569.6	1371.0	1470.4	1601.4
河 南	2833.4	3171.9	3579.0	428.1	470.3	537.8
湖 北	1717.9	2063.3	2253.2	260.4	304.9	340.9
湖 南	1174.1	1565.4	2026.7	176.9	231.7	305.7
广 东	39523.1	42192.5	42718.3	5986.0	6228.7	6466.8
广 西	1517.0	1899.1	2176.1	229.3	280.9	328.0
海 南	140.6	295.6	297.7	21.3	43.7	44.9
重 庆	2675.2	2883.5	3395.3	406.5	426.0	513.8
四 川	1847.7	2538.5	3334.8	279.5	375.5	504.0
贵 州	312.5	391.3	337.4	47.4	57.9	51.2
云 南	760.4	774.6	847.7	114.9	114.7	128.1
西 藏	31.2	29.3	28.6	4.7	4.3	4.3
陕 西	1045.6	1659.3	2078.7	158.4	245.4	316.0
甘 肃	265.8	115.4	145.8	40.6	17.1	22.1
青 海	90.4	28.8	31.1	13.7	4.2	4.7
宁 夏	164.8	247.7	180.5	24.9	36.5	27.4
新 疆	1030.8	1194.1	1089.3	155.8	176.3	164.2

分地区货物进口额

(按收发货人所在地分)

地　区	亿元人民币			亿美元		
	2016年	2017年	2018年	2016年	2017年	2018年
全国总计	**104967.2**	**124789.8**	**140873.7**	**15879.3**	**18437.9**	**21356.4**
北　京	15218.6	17977.0	22302.2	2303.3	2654.5	3382.3
天　津	3858.7	4693.0	4870.3	583.8	693.6	737.2
河　北	1063.8	1252.7	1308.7	161.0	185.0	198.9
山　西	444.8	472.6	559.5	67.3	69.9	85.0
内蒙古	478.5	609.9	655.7	72.4	90.0	99.3
辽　宁	2872.7	3707.9	4331.0	434.9	547.3	656.3
吉　林	940.5	955.6	1037.0	142.5	141.2	157.3
黑龙江	761.9	928.7	1453.7	115.0	137.4	219.6
上　海	16564.4	19125.1	20342.6	2504.2	2825.5	3084.7
江　苏	12570.2	15408.8	17144.7	1902.4	2277.5	2600.0
浙　江	4540.7	6165.6	7337.2	687.1	911.1	1113.2
安　徽	1056.0	1584.5	1764.2	159.7	234.3	267.7
福　建	3511.4	4477.1	4738.7	531.5	661.0	719.7
江　西	676.3	802.1	940.8	102.3	118.5	142.8
山　东	6428.6	7962.3	8732.9	972.6	1175.1	1322.5
河　南	1880.4	2062.0	1933.7	284.1	306.0	290.5
湖　北	881.6	1073.0	1234.0	133.5	158.5	187.1
湖　南	566.5	868.5	1052.8	85.5	128.6	159.6
广　东	23577.4	25976.2	28900.0	3567.0	3838.1	4380.3
广　西	1635.5	2013.3	1930.6	247.0	297.9	295.4
海　南	608.9	407.1	551.3	92.2	60.1	82.6
重　庆	1463.9	1624.6	1827.3	221.0	240.1	276.6
四　川	1413.8	2066.4	2613.0	213.6	305.5	395.4
贵　州	63.1	160.0	163.3	9.6	23.7	24.8
云　南	556.5	807.9	1125.3	84.1	119.8	170.8
西　藏	20.4	29.3	18.9	3.1	4.3	2.9
陕　西	931.2	1060.0	1435.1	141.1	156.6	217.2
甘　肃	183.9	210.8	248.8	27.7	31.2	37.9
青　海	10.5	15.7	14.9	1.6	2.3	2.3
宁　夏	50.4	93.8	68.7	7.7	13.9	10.4
新　疆	135.8	198.2	236.8	20.6	29.4	35.9

分地区货物进出口总额

(按境内目的地、货源地分)

地 区	亿元人民币			亿美元		
	2016年	2017年	2018年	2016年	2017年	2018年
全国总计	**243386.5**	**278101.0**	**305050.1**	**36855.6**	**41071.6**	**46230.3**
北 京	8079.8	8228.0	8382.9	1223.2	1216.2	1273.7
天 津	7063.9	8240.0	9367.5	1069.7	1216.9	1417.4
河 北	4945.5	5528.9	5758.0	749.9	815.4	874.1
山 西	1243.2	1407.3	1625.3	188.4	207.9	246.6
内蒙古	872.4	1076.7	1308.8	132.2	158.9	198.5
辽 宁	6343.9	7625.3	8828.4	961.3	1125.3	1339.2
吉 林	1269.9	1340.2	1419.4	192.4	197.9	215.3
黑龙江	920.6	1131.1	1567.7	139.4	167.1	237.2
上 海	26742.0	30286.4	32049.5	4046.1	4473.5	4858.2
江 苏	36105.5	43096.4	47308.7	5471.4	6364.9	7172.4
浙 江	22658.3	26020.6	29121.6	3434.5	3839.7	4415.4
安 徽	2704.2	3452.5	3924.1	409.7	509.9	595.2
福 建	9029.2	10373.0	11403.5	1368.0	1530.8	1729.9
江 西	2331.5	2502.3	2716.1	353.6	369.2	412.0
山 东	18054.3	21427.9	24019.3	2734.0	3162.9	3640.9
河 南	4904.4	5487.3	5820.0	741.1	813.7	875.2
湖 北	2574.1	3127.7	3385.6	390.2	462.0	513.1
湖 南	1531.8	2029.5	2341.9	231.5	300.1	354.6
广 东	70036.9	75410.4	80002.7	10601.2	11136.6	12117.5
广 西	2905.2	3558.6	3994.2	439.1	526.0	608.0
海 南	804.3	925.6	1201.9	121.7	136.5	181.0
重 庆	3422.2	3828.0	4505.8	518.5	565.7	681.9
四 川	3176.8	4503.7	6142.7	480.6	666.2	930.6
贵 州	343.3	548.5	550.3	52.0	81.2	83.5
云 南	1152.0	1443.6	1794.5	174.1	213.9	272.0
西 藏	39.1	41.5	41.9	5.9	6.1	6.4
陕 西	1945.6	2741.9	3443.1	294.7	405.6	522.7
甘 肃	296.1	337.5	426.7	44.7	50.0	64.8
青 海	34.4	30.5	36.6	5.2	4.5	5.5
宁 夏	204.7	292.8	266.1	31.0	43.3	40.5
新 疆	1651.3	2057.5	2295.4	250.0	303.9	347.1

分地区货物出口额

（按境内目的地、货源地分）

地　区	亿人民币			亿美元		
	2016年	2017年	2018年	2016年	2017年	2018年
全国总计	**138419.3**	**153311.2**	**164176.7**	**20976.3**	**22633.7**	**24874.0**
北　京	1681.6	1792.9	1864.5	254.6	264.8	283.2
天　津	2745.6	2889.7	3031.2	416.6	426.4	460.6
河　北	2897.6	2965.9	3263.2	440.0	437.3	495.0
山　西	825.9	938.7	1089.0	125.3	138.6	165.0
内蒙古	342.0	393.6	492.9	52.0	58.1	74.8
辽　宁	2954.9	3349.2	3823.3	448.1	494.3	580.5
吉　林	323.9	356.4	368.5	49.1	52.6	55.9
黑龙江	324.4	357.2	317.6	49.2	52.7	48.1
上　海	10979.3	11794.6	11939.7	1663.8	1741.3	1810.5
江　苏	21822.0	25399.1	27523.4	3309.6	3749.7	4172.1
浙　江	18032.0	19822.0	21630.1	2734.5	2924.0	3279.7
安　徽	1712.4	2033.3	2406.6	259.7	300.1	364.9
福　建	5751.5	6251.7	6931.9	872.3	922.4	1050.6
江　西	1590.4	1682.3	1776.3	241.5	248.1	269.4
山　东	9524.1	10657.5	11442.6	1443.1	1573.0	1734.7
河　南	2998.5	3381.6	3847.0	453.2	501.2	578.6
湖　北	1632.9	1964.3	2090.9	247.6	290.1	316.7
湖　南	943.8	1195.5	1389.8	142.7	176.7	210.3
广　东	43201.7	45807.0	46784.2	6541.4	6763.1	7081.4
广　西	834.8	975.4	1170.8	126.3	144.0	177.2
海　南	228.8	291.3	307.3	34.7	43.0	46.4
重　庆	2211.6	2560.5	3036.9	335.6	378.3	459.7
四　川	1730.4	2377.4	3157.8	262.0	351.7	477.7
贵　州	263.2	371.5	378.4	39.9	55.0	57.4
云　南	586.0	652.6	695.2	88.6	96.6	105.3
西　藏	31.2	25.0	26.8	4.7	3.7	4.0
陕　西	1043.6	1610.3	1997.0	158.0	238.1	303.6
甘　肃	126.2	114.4	171.3	19.2	16.9	25.9
青　海	23.6	19.1	21.8	3.6	2.8	3.3
宁　夏	135.3	180.7	181.2	20.5	26.7	27.5
新　疆	919.8	1100.2	1019.6	139.1	162.5	153.8

分地区货物进口额

(按境内目的地、货源地分)

地 区	亿人民币			亿美元		
	2016年	2017年	2018年	2016年	2017年	2018年
全国总计	**104967.2**	**124789.8**	**140873.4**	**15879.3**	**18437.9**	**21356.3**
北 京	6398.2	6435.1	6518.5	968.7	951.4	990.6
天 津	4318.3	5350.3	6336.4	653.2	790.5	956.9
河 北	2047.8	2563.0	2494.8	309.9	378.0	379.1
山 西	417.3	468.6	536.3	63.1	69.3	81.6
内蒙古	530.4	683.1	816.0	80.3	100.8	123.6
辽 宁	3389.0	4276.2	5005.1	513.1	631.1	758.7
吉 林	946.0	983.8	1050.9	143.3	145.4	159.4
黑龙江	596.2	773.9	1250.1	90.2	114.4	189.1
上 海	15762.6	18491.7	20109.8	2382.3	2732.2	3047.8
江 苏	14283.5	17697.2	19785.3	2161.8	2615.2	3000.3
浙 江	4626.3	6198.5	7491.5	700.0	915.8	1135.7
安 徽	991.9	1419.2	1517.5	150.0	209.8	230.3
福 建	3277.7	4121.3	4471.7	495.7	608.3	679.3
江 西	741.1	820.0	939.8	112.1	121.1	142.5
山 东	8530.3	10770.4	12576.7	1290.8	1589.9	1906.2
河 南	1905.9	2105.7	1973.0	287.9	312.5	296.6
湖 北	941.2	1163.4	1294.7	142.5	171.9	196.4
湖 南	588.1	834.0	952.0	88.8	123.4	144.2
广 东	26835.2	29603.5	33218.5	4059.9	4373.4	5036.1
广 西	2070.4	2583.1	2823.4	312.8	382.0	430.7
海 南	575.5	634.3	894.7	87.1	93.5	134.6
重 庆	1210.6	1267.4	1468.9	183.0	187.4	222.2
四 川	1446.4	2126.3	2984.9	218.6	314.5	452.9
贵 州	80.0	177.0	171.9	12.1	26.2	26.1
云 南	566.0	791.0	1099.2	85.6	117.3	166.8
西 藏	7.9	16.5	15.0	1.2	2.4	2.3
陕 西	902.0	1131.6	1446.0	136.7	167.5	219.0
甘 肃	169.8	223.0	255.4	25.5	33.1	38.9
青 海	10.7	11.4	14.8	1.6	1.7	2.2
宁 夏	69.4	112.0	84.9	10.5	16.6	12.9
新 疆	731.5	957.3	1275.8	110.9	141.4	193.3

分地区外商投资企业货物进出口总额

(2018年)

地 区	万元			万美元		
	进出口总额	出口额	进口额	进出口总额	出口额	进口额
全国总计	**1299112382**	**684072842**	**615039540**	**196807053**	**103601588**	**93205464**
北 京	47850555	9942456	37908099	7257205	1506238	5750966
天 津	39191063	16600819	22590244	5946280	2522737	3423543
河 北	6522946	3698932	2824014	991894	562176	429718
山 西	8070226	5105594	2964632	1222125	771361	450764
内蒙古	727938	428199	299739	110435	65148	45287
辽 宁	32735554	13568526	19167028	4968576	2057446	2911130
吉 林	6827270	942134	5885136	1037357	143011	894346
黑龙江	1335250	729076	606174	203235	110997	92238
上 海	219416145	88706683	130709462	33262722	13441455	19821267
江 苏	269352798	148101805	121250993	40823628	22435730	18387898
浙 江	57345463	35080000	22265462	8700618	5322415	3378204
安 徽	12837860	7072304	5765557	1947499	1072921	874578
福 建	44843694	26521724	18321970	6804285	4021306	2782979
江 西	9356304	4767897	4588407	1418579	722268	696310
山 东	56580220	34034884	22545336	8578903	5158187	3420717
河 南	35623911	22831427	12792484	5331696	3414290	1917406
湖 北	8975552	4777291	4198261	1362508	725349	637159
湖 南	6023671	3088596	2935075	913952	467545	446406
广 东	324054510	193833543	130220967	49062002	29351330	19710672
广 西	10493276	4870790	5622486	1590269	737426	852842
海 南	5889662	2268787	3620874	881570	341659	539911
重 庆	29497131	21312067	8185063	4464531	3226483	1238048
四 川	38930677	21563282	17367395	5887679	3261247	2626432
贵 州	1443566	789120	654446	219936	120274	99662
云 南	389814	218075	171739	58665	32854	25812
西 藏	646	-	646	96	-	96
陕 西	24196038	12921027	11275011	3669744	1964501	1705243
甘 肃	21930	6996	14934	3345	1066	2278
青 海	3137	1874	1262	471	286	185
宁 夏	465699	238363	227335	70517	36214	34303
新 疆	109879	50570	59309	16732	7669	9063

货物进出口总额(按主要国家和地区分)

国家和地区	亿元人民币			亿美元		
	2016年	2017年	2018年	2016年	2017年	2018年
总　　额	**243386**	**278101**	**305050**	**36856**	**41072**	**46230**
#印度	4629	5721	6296	702	844	955
日本	18174	20510	21615	2751	3031	3277
韩国	16690	18978	20669	2527	2803	3134
南非	2319	2655	2870	351	392	435
俄罗斯联邦	4597	5705	7076	696	842	1071
巴西	4475	5953	7333	678	878	1112
加拿大	3014	3511	4194	457	518	635
美国	34317	39531	41798	5197	5837	6335
澳大利亚	7150	9247	10071	1082	1364	1528
东盟	29883	34888	38788	4524	5155	5879
欧盟	36141	41747	45041	5474	6170	6822
#中国香港	20075	19385	20530	3040	2865	3106
中国台湾	11835	13528	14926	1791	1999	2262

外商直接投资实际使用金额(按主要国家和地区分)

单位：亿美元

国家和地区	2012年	2013年	2014年	2015年	2016年	2017年	2018年
总　　额	**1117**	**1176**	**1196**	**1263**	**1260**	**1310**	**1350**
#日本	74	71	43	32	31	33	38
新加坡	63	72	58	69	60	48	52
韩国	30	31	40	40	48	37	47
英国	4	4	7	5	14	10	25
德国	15	21	21	16	27	15	37
法国	7	8	7	12	9	8	10
开曼群岛	20	17	13	14	52	22	41
英属维尔京群岛	78	62	62	74	67	40	47
加拿大	4	5	4	2	3	3	3
美国	26	28	24	21	24	26	27
澳大利亚	3	3	2	3	3	3	3
#中国香港	656	734	813	864	815	945	899
中国台湾	28	21	20	15	20	18	14

实际使用外资额

年　份	总　计 (亿美元)	对外借款	外　商 直接投资	外　商 其他投资
1979–1982	130.6	106.9	17.7	6.0
1983	22.6	10.7	9.2	2.8
1984	28.7	12.9	14.2	1.6
1985	47.6	25.1	19.6	3.0
“七五”时期	**466.6**	**301.3**	**146.3**	**19.0**
1986	76.3	50.1	22.4	3.7
1987	84.5	58.1	23.1	3.3
1988	102.3	64.9	31.9	5.5
1989	100.6	62.9	33.9	3.8
1990	102.9	65.3	34.9	2.7
“八五”时期	**1610.6**	**455.8**	**1141.8**	**13.0**
1991	115.5	68.9	43.7	3.0
1992	192.0	79.1	110.1	2.8
1993	389.6	111.9	275.2	2.6
1994	432.1	92.7	337.7	1.8
1995	481.3	103.3	375.2	2.9
“九五”时期	**2897.9**	**559.0**	**2134.8**	**204.0**
1996	548.1	126.7	417.3	4.1
1997	644.1	120.2	452.6	71.3
1998	585.6	110.0	454.6	20.9
1999	526.6	102.1	403.2	21.3
2000	593.6	100.0	407.2	86.4
“十五”时期	**2887.0**		**2740.8**	**146.2**
2001	496.7		468.8	27.9
2002	550.1		527.4	22.7
2003	561.4		535.1	26.4
2004	640.7		606.3	34.4
2005	638.1		603.3	34.8
“十一五”时期	**4440.9**		**4287.5**	**153.4**
2006	698.8		658.2	40.6
2007	783.4		747.7	35.7
2008	952.5		924.0	28.6
2009	918.0		900.3	17.7
2010	1088.2		1057.4	30.9
“十二五”时期	**5956.9**		**5911.4**	**45.4**
2011	1177.0		1160.1	16.9
2012	1132.9		1117.2	15.8
2013	1187.2		1175.9	11.3
2014	1197.1		1195.6	1.4
2015	1262.7		1262.7	
“十三五”时期				
2016	1260.0		1260.0	
2017	1310.4		1310.4	
2018	1349.7		1349.7	

对外经济合作

年 份	对外承包工程			对外劳务合作	
	合同数（份）	合同金额（亿美元）	完成营业额（亿美元）	派出劳务人数（万人）	年末在外人数（万人）
1979	27	0.3			
1980	138	1.4	1.2（1979—1981）		
1981	250	2.8			
1982	195	3.5	1.0		
1983	280	8.0	1.9		
1984	344	15.4	4.9		2.8
1985	465	11.2	6.6		2.5
“七五”时期	**3440**	**85.6**	**63.1**		**17.0**
1986	486	11.9	8.2		1.9
1987	616	16.5	11.1		3.2
1988	642	18.1	12.5		4.0
1989	776	17.8	14.8		4.3
1990	920	21.3	16.4		3.6
“八五”时期	**6988**	**264.8**	**180.3**		**71.5**
1991	1171	25.2	19.7		6.8
1992	1164	52.5	24.0		10.6
1993	1393	51.9	36.7		13.1
1994	1702	60.3	48.8		18.4
1995	1558	74.8	51.1		22.6
“九五”时期	**11165**	**474.1**	**365.3**		**151.9**
1996	1634	77.3	58.2		24.7
1997	2085	85.2	60.4		28.6
1998	2322	92.4	77.7		29.1
1999	2527	102.0	85.2		32.7
2000	2597	117.2	83.8		36.9
“十五”时期	**29776**	**992.2**	**731.6**		**209.3**
2001	5836	130.4	89.0		41.5
2002	4036	150.6	111.9		41.0
2003	3708	176.7	138.4		43.0
2004	6694	238.4	174.7	17.3	41.9
2005	9502	296.1	217.6	18.3	41.9
“十一五”时期	**41513**	**5087.6**	**2971.2**	**102.2**	**236.8**
2006	12996	660.0	299.9	21.5	47.5
2007	6282	776.2	406.4	21.5	50.5
2008	5411	1045.6	566.1	22.5	46.7
2009	7280	1262.1	777.1	18.0	45.0
2010	9544	1343.7	921.7	18.7	47.0
“十二五”时期	**41071**	**8723.2**	**6536.4**	**131.3**	**269.2**
2011	6381	1423.3	1034.2	20.9	48.8
2012	6710	1565.3	1166.0	27.8	50.6
2013	11578	1716.3	1371.4	25.6	48.3
2014	7740	1917.6	1424.1	29.3	59.7
2015	8662	2100.7	1540.7	27.7	61.8
“十三五”时期					
2016	19157	2440.1	1594.2	26.4	59.6
2017	22774	2652.8	1685.9	30.0	60.2
2018	10985	2418.0	1690.4	26.5	60.6

注：2009年起，“对外承包工程”数据包含了“对外设计咨询”。

农林牧渔业总产值

单位：亿元

年份	农林牧渔业总产值	#农业	#林业	#牧业	#渔业
1978	1397.0	1117.5	48.1	209.3	22.1
1980	1922.6	1454.1	81.4	354.2	32.9
1985	3619.5	2506.4	188.7	798.3	126.1
1990	7662.1	4954.3	330.3	1967.0	410.6
1991	8157.0	5146.4	367.9	2159.2	483.5
1992	9084.7	5588.0	422.6	2460.5	613.5
1993	10995.5	6605.1	494.0	3014.4	882.0
1994	15750.5	9169.2	611.1	4672.0	1298.2
1995	20340.9	11884.6	709.9	6045.0	1701.3
1996	22353.7	13539.8	778.0	6015.5	2020.4
1997	23788.4	13852.5	817.8	6835.4	2282.7
1998	24541.9	14241.9	851.3	7025.8	2422.9
1999	24519.1	14106.2	886.3	6997.6	2529.0
2000	24915.8	13873.6	936.5	7393.1	2712.6
2001	26179.6	14462.8	938.8	7963.1	2815.0
2002	27390.8	14931.5	1033.5	8454.6	2971.1
2003	29691.8	14870.1	1239.9	9538.8	3137.6
2004	36239.0	18138.4	1327.1	12173.8	3605.6
2005	39450.9	19613.4	1425.5	13310.8	4016.1
2006	40810.8	21522.3	1610.8	12083.9	3970.5
2007	48651.8	24444.7	1889.9	16068.6	4427.9
2008	57420.8	27679.9	2180.3	20354.2	5137.5
2009	59311.3	29983.8	2324.4	19184.6	5514.7
2010	67763.1	35909.1	2575.0	20461.1	6263.4
2011	78837.0	40339.6	3092.4	25194.2	7337.4
2012	86342.2	44845.7	3407.0	26491.2	8403.9
2013	93173.7	48943.9	3847.4	27572.4	9254.5
2014	97822.5	51851.1	4190.0	27963.4	9877.5
2015	101893.5	54205.3	4358.4	28649.3	10339.1
2016	106478.7	55659.9	4635.9	30461.2	10892.9
2017	109331.7	58059.8	4980.6	29361.2	11577.1
2018	113579.5	61452.6	5432.6	28697.4	12131.5

注：1.本表按当年价格计算，从2003年起执行新国民经济行业分类标准，总产值包括农林牧渔专业及辅助性活动产值(下表同)。

2.2007-2017年农林牧渔业总产值根据第三次全国农业普查结果进行了修订（下表同）。

农林牧渔业总产值指数

(1978=100)

年　份	农林牧渔业总产值	#农　业	#林　业	#牧　业	#渔　业
1978	100.0	100.0	100.0	100.0	100.0
1979	107.6	106.7	101.3	114.6	96.6
1980	109.1	106.4	113.7	122.6	103.9
1981	116.1	113.6	118.4	129.9	108.5
1982	129.2	126.1	128.5	147.3	121.9
1983	139.3	136.8	141.7	153.1	132.3
1984	156.4	152.5	168.6	173.6	155.6
1985	161.6	152.2	176.2	203.4	185.1
1986	167.2	156.4	169.9	214.8	223.2
1987	176.9	166.4	169.5	221.7	263.5
1988	183.8	168.5	173.4	249.7	294.1
1989	189.5	172.7	174.1	263.5	315.1
1990	203.9	186.5	179.5	282.0	346.7
1991	211.4	188.2	193.7	306.9	373.2
1992	224.9	196.2	208.6	333.9	430.3
1993	242.5	206.5	225.4	369.8	509.5
1994	263.3	213.2	245.3	431.4	611.4
1995	291.9	230.1	257.7	495.4	730.3
1996	319.3	248.0	272.2	551.6	832.4
1997	340.8	259.1	281.2	607.3	928.2
1998	361.1	271.9	289.4	651.9	1009.9
1999	377.9	283.6	298.6	681.6	1082.5
2000	391.5	287.6	314.7	724.5	1152.9
2001	408.1	297.7	315.2	770.1	1197.8
2002	428.1	309.3	337.6	816.3	1270.9
2003	444.8	310.8	360.9	875.9	1338.3
2004	478.2	337.2	368.2	939.0	1418.6
2005	505.5	351.0	380.0	1012.2	1510.8
2006	532.8	370.0	401.3	1062.8	1601.4
2007	553.3	383.7	440.5	1096.5	1664.8
2008	584.5	401.3	475.7	1169.7	1760.7
2009	611.2	415.0	507.3	1234.5	1858.8
2010	638.0	432.7	525.3	1285.8	1960.0
2011	666.1	456.7	565.0	1308.1	2041.0
2012	698.7	476.5	603.0	1376.6	2144.0
2013	726.4	497.3	647.4	1404.8	2252.9
2014	757.8	521.6	688.8	1440.7	2342.5
2015	788.5	549.8	730.8	1447.4	2443.8
2016	816.5	573.0	790.6	1463.1	2514.5
2017	848.9	599.7	845.1	1494.2	2584.8
2018	878.5	623.0	900.2	1519.3	2654.6
平均每年增长(%)					
1979-2018年	5.6	4.7	5.6	7.0	8.5
1991-2018年	5.4	4.4	5.9	6.2	7.5
2001-2018年	4.6	4.4	6.0	4.2	4.7

注：本表按可比价格计算。

分地区农林牧渔业总产值及增长速度

(2018年)

地 区	农林牧渔业总产值(亿元)	#农 业	#林 业	#牧 业	#渔 业	农林牧渔业总产值比上年增长(%)
全国总计	**113579.5**	**61452.6**	**5432.6**	**28697.4**	**12131.5**	**3.5**
北 京	296.8	114.7	95.1	72.0	6.1	-6.0
天 津	390.5	197.2	12.7	95.8	71.1	0.9
河 北	5707.0	3085.9	186.6	1813.8	207.5	3.0
山 西	1460.6	894.9	99.9	361.5	6.9	2.2
内蒙古	2985.3	1512.5	100.3	1294.3	29.2	3.0
辽 宁	4061.9	1749.4	149.5	1346.2	628.5	2.6
吉 林	2184.3	993.0	73.3	1001.6	39.0	2.2
黑龙江	5624.3	3635.0	186.4	1542.4	105.7	3.5
上 海	289.6	150.1	15.8	48.3	56.2	-2.3
江 苏	7192.5	3735.0	147.3	1091.3	1707.9	0.9
浙 江	3157.3	1518.0	177.0	331.8	1043.3	1.7
安 徽	4672.7	2253.7	332.9	1315.8	505.7	2.6
福 建	4229.5	1653.4	389.0	718.4	1318.2	3.5
江 西	3148.6	1549.2	319.6	672.2	473.9	3.5
山 东	9397.4	4678.3	181.6	2432.7	1425.9	3.0
河 南	7757.9	4973.7	129.0	2067.7	122.7	3.9
湖 北	6207.8	3033.8	235.2	1386.5	1106.0	3.4
湖 南	5361.6	2664.3	387.1	1464.6	417.2	3.6
广 东	6318.1	3089.6	390.6	1184.7	1383.8	4.2
广 西	4909.2	2717.5	379.9	1072.3	504.3	5.6
海 南	1535.7	729.5	110.4	245.3	387.4	4.1
重 庆	2052.4	1292.7	101.1	520.1	100.4	2.5
四 川	7195.6	4153.7	358.7	2246.1	247.9	3.9
贵 州	3619.5	2288.7	253.3	846.3	54.8	7.0
云 南	4108.9	2234.7	396.9	1237.1	98.3	6.3
西 藏	195.5	88.1	3.2	98.4	0.3	5.5
陕 西	3240.0	2245.0	104.6	682.8	29.8	3.3
甘 肃	1659.4	1166.1	33.1	318.9	2.0	3.7
青 海	405.9	169.2	10.4	216.0	3.6	4.6
宁 夏	575.8	344.6	9.2	176.1	19.7	4.0
新 疆	3637.8	2541.2	62.7	796.4	28.1	5.1

注：本表绝对数按当年价格计算，增长速度按可比价格计算。

农业机械总动力、耕地灌溉面积和化肥施用量

年份	农业机械总动力（万千瓦）	耕地灌溉面积（万公顷）	化肥施用量（万吨）
1978	11750	4496.5	884
1979	13380	4500.3	1086
1980	14746	4488.8	1269
1981	15680	4457.4	1335
1982	16614	4417.7	1513
1983	18022	4464.4	1660
1984	19497	4445.3	1740
1985	20913	4403.6	1776
1986	22950	4422.6	1931
1987	24836	4440.3	1999
1988	26575	4437.6	2142
1989	28067	4491.7	2357
1990	28708	4740.3	2590
1991	29389	4782.2	2805
1992	30308	4859.0	2930
1993	31817	4872.8	3152
1994	33803	4875.9	3318
1995	36118	4928.1	3594
1996	38547	5038.1	3828
1997	42016	5123.9	3981
1998	45208	5229.6	4084
1999	48996	5315.8	4124
2000	52574	5382.0	4146
2001	55172	5424.9	4254
2002	57930	5435.5	4339
2003	60387	5401.4	4412
2004	64028	5447.8	4637
2005	68398	5502.9	4766
2006	72522	5575.0	4928
2007	76590	5651.8	5108
2008	82190	5847.2	5239
2009	87496	5926.1	5404
2010	92780	6034.8	5562
2011	97735	6168.2	5704
2012	102559	6249.1	5839
2013	103907	6347.3	5912
2014	108057	6454.0	5996
2015	111728	6587.3	6023
2016	97246	6714.1	5984
2017	98783	6781.6	5859
2018	100000	6809.8	5653

注：1.因指标口径调整，从2016年开始，农业机械总动力中不包括三轮汽车和低速载货汽车动力。
2.化肥施用量按折纯量计算。
3.2018年农业机械总动力数据为初步数。

主要农作物播种面积及比例

年份	农作物总播种面积(万公顷)	#粮食	#棉花	#油料	占总播种面积比例(%)		
					粮食	棉花	油料
1978	15010.4	12058.7	486.6	622.2	80.3	3.2	4.1
1979	14847.7	11926.3	451.2	705.1	80.3	3.0	4.7
1980	14638.0	11723.4	492.0	792.8	80.1	3.4	5.4
1981	14515.7	11495.8	518.5	913.4	79.2	3.6	6.3
1982	14475.5	11346.2	582.8	934.3	78.4	4.0	6.5
1983	14399.3	11404.7	607.7	839.0	79.2	4.2	5.8
1984	14422.1	11288.4	692.3	867.8	78.3	4.8	6.0
1985	14362.6	10884.5	514.0	1180.0	75.8	3.6	8.2
1986	14420.4	11093.3	430.6	1141.5	76.9	3.0	7.9
1987	14495.7	11126.8	484.4	1118.1	76.8	3.3	7.7
1988	14486.9	11012.3	553.5	1061.9	76.0	3.8	7.3
1989	14655.4	11220.5	520.3	1050.4	76.6	3.6	7.2
1990	14836.2	11346.6	558.8	1090.0	76.5	3.8	7.3
1991	14958.6	11231.4	653.8	1153.0	75.1	4.4	7.7
1992	14900.7	11056.0	683.5	1148.9	74.2	4.6	7.7
1993	14774.1	11050.9	498.5	1114.2	74.8	3.4	7.5
1994	14824.1	10954.4	552.8	1208.1	73.9	3.7	8.1
1995	14987.9	11006.0	542.2	1310.2	73.4	3.6	8.7
1996	15238.1	11254.8	472.2	1255.5	73.9	3.1	8.2
1997	15396.9	11291.2	449.1	1238.1	73.3	2.9	8.0
1998	15570.6	11378.7	445.9	1291.9	73.1	2.9	8.3
1999	15637.3	11316.1	372.6	1390.6	72.4	2.4	8.9
2000	15630.0	10846.3	404.1	1540.0	69.4	2.6	9.9
2001	15570.8	10608.0	481.0	1463.1	68.1	3.1	9.4
2002	15463.6	10389.1	418.4	1476.6	67.2	2.7	9.5
2003	15241.5	9941.0	511.1	1499.0	65.2	3.4	9.8
2004	15355.3	10160.6	569.3	1443.1	66.2	3.7	9.4
2005	15548.8	10427.8	506.2	1431.8	67.1	3.3	9.2
2006	15214.9	10495.8	581.6	1173.8	68.7	3.8	7.7
2007	15039.6	10599.9	519.9	1234.4	70.5	3.5	8.2
2008	15369.0	10754.5	527.8	1323.2	70.0	3.4	8.6
2009	15559.0	11025.5	448.5	1344.5	70.9	2.9	8.6
2010	15678.5	11169.5	436.6	1369.5	71.2	2.8	8.7
2011	15985.9	11298.0	452.4	1347.1	70.7	2.8	8.4
2012	16182.7	11436.8	436.0	1343.5	70.7	2.7	8.3
2013	16345.3	11590.8	416.2	1343.8	70.9	2.5	8.2
2014	16496.6	11745.5	417.6	1339.5	71.2	2.5	8.1
2015	16682.9	11896.3	377.5	1331.4	71.3	2.3	8.0
2016	16693.9	11923.0	319.8	1319.1	71.4	1.9	7.9
2017	16633.2	11798.9	319.5	1322.3	70.9	1.9	7.9
2018	16590.2	11703.8	335.4	1287.2	70.5	2.0	7.8

主要农产品产量(一)

单位：万吨

年 份	粮 食	谷 物	#稻 谷	#小 麦	#玉 米	豆 类	薯 类
1978	30477		13693	5384	5595		3174
1979	33212		14375	6273	6004		2846
1980	32056		13991	5521	6260		2873
1981	32502		14396	5964	5921		2597
1982	35450		16160	6847	6056		2705
1983	38728		16887	8139	6821		2925
1984	40731		17826	8782	7341		2848
1985	37911		16857	8581	6383		2604
1986	39151		17222	9004	7086		2534
1987	40298		17426	8590	7924		2821
1988	39408		16911	8543	7735		2697
1989	40755		18013	9081	7893		2730
1990	44624		18933	9823	9682		2743
1991	43529	39566	18381	9595	9877	1247	2716
1992	44266	40170	18622	10159	9538	1252	2844
1993	45649	40517	17751	10639	10270	1950	3181
1994	44510	39389	17593	9930	9928	2096	3025
1995	46662	41612	18523	10221	11199	1788	3263
1996	50454	45127	19510	11057	12747	1790	3536
1997	49417	44349	20073	12329	10431	1876	3192
1998	51230	45625	19871	10973	13295	2001	3604
1999	50839	45304	19849	11388	12809	1894	3641
2000	46218	40522	18791	9964	10600	2010	3685
2001	45264	39648	17758	9387	11409	2053	3563
2002	45706	39799	17454	9029	12131	2241	3666
2003	43070	37429	16066	8649	11583	2128	3513
2004	46947	41157	17909	9195	13029	2232	3558
2005	48402	42776	18059	9745	13937	2158	3469
2006	49804	45099	18172	10847	15160	2004	2701
2007	50414	45963	18638	10953	15512	1709	2742
2008	53434	48569	19261	11293	17212	2022	2843
2009	53941	49243	19620	11583	17326	1905	2793
2010	55911	51197	19723	11614	19075	1872	2843
2011	58849	54062	20288	11863	21132	1863	2924
2012	61223	56659	20653	12254	22956	1681	2883
2013	63048	58650	20629	12371	24845	1542	2855
2014	63965	59602	20961	12832	24976	1565	2799
2015	66060	61818	21214	13264	26499	1513	2729
2016	66044	61667	21109	13327	26361	1651	2726
2017	66161	61521	21268	13433	25907	1842	2799
2018	65789	61004	21213	13144	25717	1920	2865

主要农产品产量(二)

单位：万吨

年 份	棉 花	油 料	#花 生	#油菜籽	#芝 麻	麻 类	#黄红麻
1978	216.7	521.8	237.7	186.8	32.2	135.1	108.8
1979	220.7	643.5	282.2	240.2	41.7	136.1	108.9
1980	270.7	769.1	360.0	238.4	25.9	143.6	109.8
1981	296.8	1020.5	382.6	406.5	51.0	157.6	126.0
1982	359.8	1181.7	391.6	565.6	34.2	123.9	106.0
1983	463.7	1055.0	395.1	428.7	34.9	124.8	101.9
1984	625.8	1191.0	481.5	420.5	47.6	178.8	149.2
1985	414.7	1578.4	666.4	560.7	69.1	444.8	411.9
1986	354.0	1473.8	588.2	588.1	61.8	192.7	142.0
1987	424.5	1527.8	617.1	660.5	52.6	208.4	113.7
1988	414.9	1320.3	569.3	504.4	40.4	180.9	107.8
1989	378.8	1295.2	536.3	543.6	33.8	112.4	66.0
1990	450.8	1613.2	636.8	695.8	46.9	109.7	72.6
1991	567.5	1638.3	630.3	743.6	43.5	88.4	51.3
1992	450.8	1641.2	595.3	765.3	51.6	93.8	61.9
1993	373.9	1803.9	842.1	693.9	56.3	96.0	67.2
1994	434.1	1989.6	968.2	749.2	54.8	74.7	35.5
1995	476.8	2250.3	1023.5	977.7	58.3	89.7	37.1
1996	420.3	2210.6	1013.8	920.1	57.5	79.5	36.5
1997	460.3	2157.4	964.8	957.8	56.6	74.9	43.0
1998	450.1	2313.9	1188.6	830.1	65.6	49.5	24.8
1999	382.9	2601.2	1263.9	1013.2	74.3	47.2	16.4
2000	441.7	2954.8	1443.7	1138.1	81.1	52.9	12.6
2001	532.4	2864.9	1441.6	1133.1	80.4	68.1	10.6
2002	491.6	2897.2	1481.8	1055.2	89.5	96.4	15.9
2003	486.0	2811.0	1342.0	1142.0	59.3	85.3	10.0
2004	632.4	3065.9	1434.2	1318.2	70.4	107.4	8.7
2005	571.4	3077.1	1434.2	1305.2	62.5	110.5	8.3
2006	753.3	2640.3	1288.7	1096.6	66.2	89.1	8.7
2007	759.7	2787.0	1381.5	1138.2	52.0	66.1	9.6
2008	723.2	3036.8	1463.5	1240.3	51.5	56.1	8.0
2009	623.6	3139.4	1460.4	1353.6	53.5	31.9	7.1
2010	577.0	3156.8	1513.6	1278.8	46.2	24.2	6.5
2011	651.9	3212.5	1530.2	1313.7	45.8	22.3	7.0
2012	660.8	3285.6	1579.2	1340.1	46.6	19.6	6.3
2013	628.2	3287.4	1608.2	1352.3	43.8	17.6	5.7
2014	629.9	3371.9	1590.1	1391.4	43.7	16.5	5.1
2015	590.7	3390.5	1596.1	1385.9	45.0	15.6	4.8
2016	534.3	3400.0	1636.1	1312.8	35.2	18.1	3.4
2017	565.3	3475.2	1709.2	1327.4	36.6	21.8	2.9
2018	610.3	3433.4	1733.3	1328.1	43.1	20.3	2.9

主要农产品产量(三)

单位：万吨

年 份	糖 料			茶 叶	烟 叶	
		甘 蔗	甜 菜			#烤 烟
1978	2381.9	2111.6	270.2	26.8	124.2	105.2
1979	2461.3	2150.8	310.6	27.7	94.1	80.6
1980	2911.3	2280.7	630.5	30.4	84.5	71.7
1981	3602.8	2966.8	636.0	34.3	149.7	127.9
1982	4359.4	3688.2	671.2	39.7	217.9	184.8
1983	4032.3	3114.1	918.2	40.1	138.1	115.1
1984	4780.4	3951.9	828.4	41.4	178.9	154.3
1985	6046.8	5154.9	891.9	43.2	242.5	207.5
1986	5852.5	5021.9	830.6	46.0	170.7	137.4
1987	5550.4	4736.3	814.0	50.8	194.3	163.6
1988	6187.5	4906.4	1281.0	54.5	273.4	233.7
1989	5803.8	4879.5	924.3	53.5	283.0	240.5
1990	7214.5	5762.0	1452.5	54.0	262.7	225.9
1991	8418.7	6789.8	1628.9	54.2	303.1	267.0
1992	8808.0	7301.1	1506.9	56.0	349.9	311.9
1993	7624.2	6419.4	1204.8	60.0	345.1	303.6
1994	7345.2	6092.7	1252.6	58.8	223.8	194.0
1995	7940.1	6541.7	1398.4	58.9	231.4	207.2
1996	8360.2	6818.7	1541.5	59.3	323.4	294.6
1997	9386.5	7889.7	1496.8	61.3	425.1	390.8
1998	9790.4	8343.8	1446.6	66.5	236.4	208.8
1999	8334.1	7470.3	863.9	67.6	246.9	218.5
2000	7635.3	6828.0	807.3	68.3	255.2	223.8
2001	8655.1	7566.3	1088.9	70.2	235.0	204.5
2002	10292.7	9010.7	1282.0	74.5	244.7	213.5
2003	9641.6	9023.5	618.2	76.8	225.7	201.5
2004	9570.7	8984.9	585.7	83.5	240.6	216.3
2005	9451.9	8663.8	788.1	93.5	268.3	243.5
2006	10460.0	9709.2	750.8	102.8	245.6	225.5
2007	12082.4	11179.4	902.9	101.0	242.2	224.9
2008	13006.0	12152.1	853.9	125.5	275.9	258.2
2009	11746.9	11200.4	546.5	135.1	296.2	275.0
2010	11303.4	10598.2	705.1	146.2	283.2	261.2
2011	11663.1	10867.4	795.8	160.8	299.8	278.6
2012	12451.8	11574.6	877.2	176.1	324.6	302.3
2013	12555.0	11926.4	628.7	188.7	322.0	304.0
2014	12088.7	11578.8	509.9	204.9	284.7	269.7
2015	11215.2	10706.4	508.8	227.7	267.7	249.5
2016	11176.0	10321.5	854.5	231.3	257.4	244.5
2017	11378.8	10440.4	938.4	246.0	239.1	227.9
2018	11937.4	10809.7	1127.7	261.0	224.1	211.0

主要农产品产量(四)

单位：万吨

年 份	水 果	#苹 果	#柑 橘	#梨	#香 蕉	蔬 菜
1978	657.0	227.5	38.3	151.7	8.5	
1979	701.5	286.9	58.2	143.8	7.4	
1980	679.3	236.3	71.3	146.6	6.1	
1981	780.1	300.6	79.8	159.3	12.6	
1982	771.3	243.0	93.9	175.5	20.1	
1983	948.7	354.1	129.6	179.5	20.7	
1984	984.5	294.1	149.9	210.0	30.0	
1985	1163.9	361.4	180.8	213.7	63.1	
1986	1347.7	333.7	254.8	234.8	125.1	
1987	1667.9	426.4	322.4	248.9	202.9	
1988	1666.1	434.4	256.0	272.1	183.0	
1989	1831.9	449.9	456.1	256.5	140.4	
1990	1874.4	431.9	485.5	235.3	145.6	
1991	2176.1	454.0	633.3	249.8	198.1	
1992	2440.1	655.6	516.0	284.6	245.1	
1993	3011.2	907.0	656.1	321.7	270.1	
1994	3499.8	1112.9	680.5	404.3	289.8	
1995	4214.6	1400.8	822.5	494.2	312.5	25726.7
1996	4652.8	1704.7	845.7	580.7	253.6	30123.1
1997	5089.3	1721.9	1010.2	641.5	289.2	35962.4
1998	5452.9	1948.1	859.0	727.5	351.8	38491.9
1999	6237.6	2080.2	1078.7	774.2	419.4	40513.5
2000	6225.1	2043.1	878.3	841.2	494.1	44467.9
2001	6658.0	2001.5	1160.7	879.6	527.2	48422.4
2002	6952.0	1924.1	1199.0	930.9	555.7	52860.6
2003	14517.4	2110.2	1345.4	979.8	590.3	54032.3
2004	15340.9	2367.5	1495.8	1064.2	605.6	55064.7
2005	16120.1	2401.1	1591.9	1132.4	651.8	56451.5
2006	17102.0	2605.9	1789.8	1198.6	690.1	53953.1
2007	16800.1	2734.7	1837.7	1222.8	764.0	51767.7
2008	18108.8	2899.5	2297.0	1296.4	748.4	54458.0
2009	19093.7	3047.5	2471.7	1343.6	829.6	55300.3
2010	20095.4	3164.9	2581.7	1409.5	884.1	53030.9
2011	21018.6	3367.3	2864.1	1448.6	946.1	59766.6
2012	22091.5	3581.4	3089.4	1550.4	1036.0	61624.5
2013	22748.1	3629.8	3196.4	1544.4	1103.0	63198.0
2014	23302.6	3735.4	3362.2	1581.9	1062.2	64948.6
2015	24524.6	3889.9	3617.5	1652.7	1062.7	66425.1
2016	24405.2	4039.3	3591.5	1596.3	1094.0	67434.2
2017	25241.9	4139.0	3816.8	1641.0	1117.0	69192.7
2018	25688.4	3923.3	4138.1	1607.8	1122.2	70346.7

注：2003年起水果产量含果用瓜。

主要林产品产量

年份	木材 (万立方米)	橡胶 (万吨)	松脂 (万吨)	生漆 (万吨)	油桐籽 (万吨)	油茶籽 (万吨)
1978	5162	10.2	33.8	0.2	39.1	47.9
1980	5359	11.3	42.1	0.3	30.3	49.0
1985	6323	18.8	34.4	0.2	37.9	61.9
1990	5571	26.4	43.5	0.3	36.0	52.3
1995	6767	42.4	54.8	0.3	40.2	62.3
1996	6710	40.2	58.1	0.4	41.0	69.6
1997	6395	45.2	70.3	0.4	45.3	85.7
1998	5966	46.2	54.5	0.5	43.2	72.3
1999	5237	49.0	57.1	0.5	44.8	79.3
2000	4724	48.0	55.1	0.5	45.3	82.3
2001	4552	47.7	56.4	0.5	40.7	82.5
2002	4436	52.7	56.7	0.7	38.9	85.3
2003	4759	56.5	62.6	0.9	37.3	77.9
2004	5197	57.5	67.3	1.0	38.1	87.5
2005	5560	51.4	76.7	1.4	36.9	87.5
2006	6612	53.8	90.9	2.1	38.3	92.0
2007	6977	58.8	96.6	1.3	36.1	93.9
2008	8108	54.8	84.9	1.6	37.1	99.0
2009	7068	61.9	104.7	2.0	36.7	116.9
2010	8090	69.3	111.6	2.0	43.4	109.2
2011	8146	75.1	115.7	1.9	43.8	148.0
2012	8175	80.2	121.5	2.6	42.7	172.8
2013	8438	86.5	130.8	2.5	41.9	177.7
2014	8233	84.0	131.0	2.2	41.6	202.3
2015	7218	81.6	132.6	2.3	41.2	216.3
2016	7776	81.6	132.9	2.2	40.9	216.4
2017	8398	81.7	144.4	1.8	37.0	243.2
2018	8811	82.4	137.5	1.9	34.8	263.0

水产品产量

单位：万吨

年 份	水产品总产量	海水产品	捕 捞	养 殖	淡水产品	捕 捞	养 殖
1978	465.4	359.5	314.5	45.0	105.9	29.6	76.2
1980	449.7	325.7	281.3	44.4	124.0	33.9	90.2
1985	705.2	419.7	348.5	71.2	285.4	47.6	237.8
1990	1427.3	895.7	611.5	284.2	531.6	85.6	445.9
1995	2953.0	1861.3	1139.8	721.5	1091.8	151.0	940.8
1996	3280.7	2011.5	1245.6	765.9	1269.2	175.4	1093.8
1997	3118.6	1888.1	1196.4	691.7	1230.5	163.5	1067.0
1998	3382.7	2044.5	1292.6	752.0	1338.1	197.5	1140.6
1999	3570.1	2145.3	1293.4	851.9	1424.9	198.0	1226.9
2000	3706.2	2203.9	1275.9	928.0	1502.3	193.4	1308.9
2001	3795.9	2233.5	1244.1	989.4	1562.4	186.2	1376.2
2002	3954.9	2298.5	1238.0	1060.5	1656.4	194.7	1461.7
2003	4077.0	2332.8	1237.0	1095.9	1744.2	213.3	1530.9
2004	4246.6	2404.5	1253.2	1151.3	1842.1	209.6	1632.5
2005	4419.9	2465.9	1255.1	1210.8	1954.0	221.0	1733.0
2006	4583.6	2509.6	1245.5	1264.2	2074.0	220.4	1853.6
2007	4747.5	2550.9	1243.6	1307.3	2196.6	225.6	1971.0
2008	4895.6	2598.3	1258.0	1340.3	2297.3	224.8	2072.5
2009	5116.4	2681.6	1276.3	1405.2	2434.9	218.4	2216.5
2010	5373.0	2797.5	1315.2	1482.3	2575.5	228.9	2346.5
2011	5603.2	2908.1	1356.7	1551.3	2695.2	223.2	2471.9
2012	5502.1	2889.6	1314.4	1575.2	2612.5	204.0	2408.5
2013	5744.2	2992.4	1327.7	1664.7	2751.9	204.2	2547.7
2014	6001.9	3136.3	1403.9	1732.4	2865.7	202.5	2663.2
2015	6211.0	3232.3	1435.7	1796.6	2978.7	199.3	2779.3
2016	6379.5	3301.3	1386.0	1915.3	3078.2	200.3	2877.9
2017	6445.3	3321.7	1321.0	2000.7	3123.6	218.3	2905.3
2018	6457.7	3301.4	1270.2	2031.2	3156.2	196.4	2959.8

牲畜存栏、出栏数

单位：万头(只)

年 份	大牲畜年底头数	牛	马	驴	骡	骆 驼
1996	13360.2	11031.8	871.5	944.4	478.0	34.5
1997	14541.8	12182.2	891.2	952.8	480.6	35.0
1998	14803.2	12441.9	898.1	955.8	473.9	33.5
1999	15024.8	12698.3	891.4	934.8	467.3	33.0
2000	14638.1	12353.2	876.6	922.7	453.0	32.6
2001	13980.9	11809.2	826.0	881.5	436.2	27.9
2002	13672.3	11567.8	808.8	849.9	419.4	26.4
2003	13467.3	11434.4	790.0	820.7	395.7	26.5
2004	13191.4	11235.4	763.9	791.9	374.0	26.2
2005	12894.8	10990.8	740.0	777.2	360.4	26.6
2006	12325.7	10503.1	719.3	730.9	345.5	26.9
2007	11998.2	10397.5	646.7	638.9	291.0	24.1
2008	11529.7	10068.0	594.7	600.4	243.8	22.8
2009	11380.8	10035.9	562.3	540.4	219.7	22.6
2010	11074.6	9820.0	529.9	510.1	191.5	23.0
2011	10580.0	9384.0	515.4	485.3	171.1	24.3
2012	10248.4	9137.3	465.2	462.4	159.0	24.5
2013	10008.6	8985.8	431.7	425.7	138.0	27.4
2014	9952.0	9007.3	415.8	383.6	117.4	28.0
2015	9929.8	9055.8	397.5	342.4	104.1	30.1
2016	9559.9	8834.5	351.2	259.3	84.5	30.5
2017	9763.6	9038.7	343.6	267.8	81.1	32.3
2018	9625.5	8915.3	347.3	253.3	75.8	33.8

年 份	肉猪出栏头 数	猪年底头 数	牛出栏头 数	羊年底只 数	山 羊	绵 羊
1996	41225.2	36283.6	2685.9	23728.3	12315.8	11412.5
1997	46483.7	40034.8	3283.9	25575.7	13480.1	12095.6
1998	50215.1	42256.3	3587.1	26903.5	14168.3	12735.2
1999	51977.2	43144.2	3766.2	27925.8	14816.3	13109.5
2000	51862.3	41633.6	3806.9	27948.2	14945.6	13002.6
2001	53281.1	41950.5	3794.8	27625.0	14562.3	13062.8
2002	54143.9	41776.2	3896.2	28240.9	14841.2	13399.7
2003	55701.8	41381.8	4000.1	29307.4	14967.9	14339.5
2004	57278.5	42123.4	4101.0	30426.0	15195.5	15230.5
2005	60367.4	43319.1	4148.7	29792.7	14659.0	15133.7
2006	61209.0	41854.4	4226.8	28337.6	13956.1	14381.5
2007	56640.9	43933.2	4307.0	28606.7	14564.1	14042.5
2008	61278.9	46433.1	4243.1	28823.7	15067.0	13756.7
2009	64990.9	47177.2	4292.3	29063.0	14734.0	14328.9
2010	67332.7	46765.2	4318.3	28730.2	14195.0	14535.2
2011	67030.0	47074.8	4200.6	28664.1	14087.4	14576.7
2012	70724.5	48030.2	4219.3	28512.7	13932.3	14580.4
2013	72768.0	47893.1	4189.9	28935.2	13657.5	15277.7
2014	74951.5	47160.2	4200.4	30391.3	14167.5	16223.8
2015	72415.6	45802.9	4211.4	31174.3	14507.5	16666.8
2016	70073.9	44209.2	4265.0	29930.5	13691.8	16238.8
2017	70202.1	44158.9	4340.3	30231.7	13823.8	16407.9
2018	69382.4	42817.1	4397.5	29713.5	13574.7	16138.8

畜产品产量

年份	肉类产量（万吨）	#猪牛羊肉	猪肉	牛肉	羊肉	奶类（万吨）	#牛奶
1996	4584.0	3694.7	3158.0	355.7	181.0	735.8	629.4
1997	5268.8	4249.9	3596.3	440.9	212.8	681.1	601.1
1998	5723.8	4598.2	3883.7	479.9	234.6	745.4	662.9
1999	5949.0	4762.3	4005.6	505.4	251.3	806.9	717.6
2000	6013.9	4743.2	3966.0	513.1	264.1	919.1	827.4
2001	6105.8	4832.1	4051.7	508.6	271.8	1122.9	1025.5
2002	6234.3	4928.4	4123.1	521.9	283.5	1400.4	1299.8
2003	6443.3	5089.8	4238.6	542.5	308.7	1848.6	1746.3
2004	6608.7	5234.3	4341.0	560.4	332.9	2368.4	2260.6
2005	6938.9	5473.5	4555.3	568.1	350.1	2864.8	2753.4
2006	7099.9	5608.4	4650.3	590.3	367.7	3051.6	2944.6
2007	6916.4	5319.8	4307.9	626.2	385.7	3055.2	2947.1
2008	7370.9	5692.9	4682.0	617.7	393.2	3236.2	3010.6
2009	7706.7	5958.5	4932.8	626.2	399.4	3153.9	2995.1
2010	7993.6	6173.5	5138.4	629.1	406.0	3211.3	3038.9
2011	8023.0	6140.3	5131.6	610.7	398.0	3262.8	3109.9
2012	8471.1	6462.8	5443.5	614.7	404.5	3306.7	3174.9
2013	8632.8	6641.6	5618.6	613.1	409.9	3118.9	3000.8
2014	8817.9	6864.2	5820.8	615.7	427.6	3276.5	3159.9
2015	8749.5	6702.2	5645.4	616.9	439.9	3295.5	3179.8
2016	8628.3	6502.6	5425.5	616.9	460.3	3173.9	3064.0
2017	8654.4	6557.5	5451.8	634.6	471.1	3148.6	3038.6
2018	8624.6	6522.9	5403.7	644.1	475.1	3176.8	3074.6

年份	绵羊毛（吨）	#细羊毛	#半细羊毛	山羊粗毛（吨）	山羊绒（吨）	禽蛋（万吨）	蜂蜜（万吨）
1996	298102	121020	74099	35284	9585	1965.2	18.3
1997	255059	116054	55683	25865	8626	1897.1	21.1
1998	277545	115752	68775	31417	9799	2021.3	20.7
1999	283152	114103	73700	31849	10180	2134.7	23.0
2000	292502	117386	84921	33266	11057	2182.0	24.6
2001	298254	114651	88075	34241	10968	2210.1	25.2
2002	307588	112193	102419	35459	11765	2265.7	26.5
2003	338058	120263	110249	36692	13528	2333.1	28.9
2004	373902	130413	119514	37727	14515	2370.6	29.3
2005	393172	127862	123068	36904	15435	2438.1	29.3
2006	387643	131543	116043	35171	16223	2424.0	33.4
2007	371075	124262	108635	35333	15665	2546.7	38.0
2008	369665	119279	105272	35477	16534	2699.6	38.5
2009	358121	124365	109013	35910	16593	2751.9	39.7
2010	385125	123504	113998	36226	17848	2776.9	38.2
2011	386487	132877	113305	38070	17126	2830.4	41.2
2012	393725	124716	127313	40505	17211	2885.4	43.8
2013	402081	131730	128335	40215	17307	2905.5	43.7
2014	407230	122251	132693	38655	18465	2930.3	46.3
2015	413134	130537	134905	35487	18684	3046.1	47.3
2016	411642	129164	137973	35785	18844	3160.5	55.5
2017	410523	127921	133458	32863	17852	3096.3	54.3
2018	356608	117891	120430	26965	15438	3128.3	44.7

分地区主要农产品产量(一)

(2018年) 单位：万吨

地 区	粮 食	棉 花	油 料	糖 料	蔬 菜	水 果
全国总计	**65789.2**	**610.3**	**3433.4**	**11937.4**	**70346.7**	**25688.4**
北 京	34.1	0.0	0.4		130.6	61.5
天 津	209.7	1.8	0.6	0.0	254.0	62.5
河 北	3700.9	23.9	121.4	94.1	5154.5	1347.9
山 西	1380.4	0.4	15.5	0.1	821.9	750.5
内蒙古	3553.3	0.0	201.5	515.9	1006.5	264.2
辽 宁	2192.4	0.0	78.1	11.8	1852.3	788.9
吉 林	3632.7		87.5	2.5	438.2	148.1
黑龙江	7506.8		11.2	53.0	634.4	170.8
上 海	103.7	0.0	0.7	0.2	294.5	54.3
江 苏	3660.3	2.1	86.0	5.3	5625.9	934.1
浙 江	599.1	0.8	29.4	40.6	1888.4	743.6
安 徽	4007.3	8.9	158.0	10.1	2118.2	643.8
福 建	498.6	0.0	21.2	26.1	1493.0	683.1
江 西	2190.7	7.2	120.8	64.6	1537.0	684.4
山 东	5319.5	21.7	310.9		8192.0	2788.8
河 南	6648.9	3.8	631.0	15.4	7260.7	2492.8
湖 北	2839.5	14.9	302.5	27.8	3963.9	998.0
湖 南	3022.9	8.6	234.4	33.8	3822.0	1016.8
广 东	1193.5		106.3	1412.7	3330.2	1669.2
广 西	1372.8	0.1	66.7	7292.8	3432.2	2116.6
海 南	147.1		8.4	132.5	566.8	430.4
重 庆	1079.3		63.7	9.1	1932.7	431.3
四 川	3493.7	0.4	362.5	36.4	4438.0	1080.7
贵 州	1059.7	0.1	112.6	62.5	2613.4	369.5
云 南	1860.5	0.0	61.0	1640.1	2205.7	813.4
西 藏	104.4		5.9		72.6	0.3
陕 西	1226.0	1.0	61.0	0.1	1808.4	1835.1
甘 肃	1151.4	3.5	70.4	25.2	1292.6	609.3
青 海	103.1		28.5	0.0	150.3	3.5
宁 夏	392.6		7.3		550.8	197.2
新 疆	1504.2	511.1	67.8	424.7	1465.1	1497.8

注：水果产量含果用瓜。

分地区主要农产品产量(二)

(2018年)　　　　单位：万吨

地　区	肉　类	#猪　肉	#牛　肉	#羊　肉	奶　类
全国总计	**8624.6**	**5403.7**	**644.1**	**475.1**	**3176.8**
北　京	17.5	13.5	0.9	0.6	31.1
天　津	33.9	21.2	2.9	1.2	48.0
河　北	466.7	286.3	56.5	30.5	391.1
山　西	93.1	62.5	6.5	8.1	81.7
内蒙古	267.3	71.8	61.4	106.3	571.8
辽　宁	377.1	210.1	27.5	6.6	132.6
吉　林	253.6	127.0	40.7	4.6	39.0
黑龙江	247.5	149.9	42.6	12.5	458.5
上　海	13.5	11.3	0.0	0.3	33.4
江　苏	328.5	205.5	2.8	7.8	50.0
浙　江	104.6	74.0	1.2	2.3	15.8
安　徽	421.7	243.9	8.7	17.1	30.8
福　建	256.1	113.1	1.9	2.0	14.3
江　西	325.7	246.3	12.5	2.1	9.6
山　东	854.7	421.0	76.4	36.8	232.5
河　南	669.4	479.0	34.8	26.9	208.9
湖　北	430.9	333.2	15.8	9.7	12.8
湖　南	541.7	446.8	17.9	14.9	6.2
广　东	449.9	281.5	4.1	2.0	13.9
广　西	426.8	263.9	12.3	3.4	8.9
海　南	79.9	45.6	1.9	1.1	0.2
重　庆	182.3	132.2	7.2	6.8	4.9
四　川	664.7	481.2	34.5	26.3	64.3
贵　州	213.7	164.8	19.9	5.0	4.6
云　南	427.2	323.8	36.0	18.6	65.7
西　藏	28.4	1.0	20.9	5.9	40.8
陕　西	114.5	86.6	8.2	9.6	159.7
甘　肃	101.2	50.6	21.4	23.6	41.1
青　海	36.5	9.2	13.2	13.1	33.5
宁　夏	34.1	8.8	11.5	9.9	169.4
新　疆	162.0	38.1	42.0	59.4	201.7

农作物受灾和成灾面积

年 份	受 灾 面 积 (万公顷)	#水 灾	#旱 灾	成 灾 面 积 (万公顷)	#水 灾	#旱 灾	成灾面积占受灾面积 (%)
1978	5081	311	3264	2446	201	1656	48.1
1979	3937	676	2465	1579	287	932	40.1
1980	5003	969	2190	2978	607	1417	59.5
1981	3979	862	2569	1874	397	1213	47.1
1982	3313	836	2070	1612	440	997	48.6
1983	3471	1216	1609	1621	575	759	46.7
1984	3189	1063	1582	1561	539	701	48.9
1985	4437	1420	2299	2271	895	1006	51.2
1986	4714	916	3104	2366	560	1476	50.2
1987	4209	869	2492	2039	410	1303	48.5
1988	5087	1195	3290	2450	613	1530	48.2
1989	4699	1133	2936	2445	592	1526	52.0
1990	3847	1180	1817	1782	560	781	46.3
1991	5547	2460	2491	2781	1461	1056	50.1
1992	5133	942	3298	2589	446	1705	50.4
1993	4883	1639	2110	2313	861	866	47.4
1994	5505	1733	3042	3138	1074	1705	57.0
1995	4582	1273	2346	2227	760	1040	48.6
1996	4699	1815	2015	2123	1086	625	45.2
1997	5343	1142	3352	3031	584	2001	56.7
1998	5015	2229	1424	2518	1379	506	50.2
1999	4998	902	3016	2673	507	1661	53.5
2000	5469	732	4054	3437	432	2678	62.9
2001	5221	604	3847	3179	361	2370	60.9
2002	4695	1229	2212	2716	739	1317	57.9
2003	5451	1921	2485	3252	1229	1447	59.7
2004	3711	731	1725	1630	375	848	43.9
2005	3882	1093	1603	1997	605	848	51.4
2006	4109	800	2074	2463	457	1341	59.9
2007	4899	1046	2939	2506	510	1617	51.2
2008	3999	648	1214	2228	366	680	55.7
2009	4721	761	2926	2123	316	1320	45.0
2010	3743	1752	1326	1854	702	899	49.5
2011	3247	686	1630	1244	284	660	38.3
2012	2496	773	934	1147	414	351	46.0
2013	3135	876	1410	1430	486	585	45.6
2014	2489	472	1227	1268	270	568	50.9
2015	2177	562	1061	1238	333	586	56.9
2016	2622	853	987	1367	434	613	52.1
2017	1848	541	987	920	302	444	49.8
2018	2081	395	771	1057	255	262	50.8

规模以上工业企业工业增加值增长速度

单位：%

分　　类	2012年	2013年	2014年	2015年	2016年	2017年	2018年
工业增加值	**10.0**	**9.7**	**8.3**	**6.1**	**6.0**	**6.6**	**6.2**
在总计中:							
国有控股企业	6.4	6.9	4.9	1.4	2.0	6.5	6.2
在总计中:							
股份合作企业	6.5	6.9	7.2	4.6	6.2	-4.6	1.0
股份制企业	11.8	11.0	9.7	7.3	6.9	6.6	6.6
外商及港澳台投资企业	6.3	8.3	6.3	3.7	4.5	6.9	4.8
在总计中:							
私营企业	14.6	12.4	10.2	8.6	7.5	5.9	6.2
在总计中:							
采矿业		6.4	4.5	2.7	-1.0	-1.5	2.3
制造业		10.5	9.4	7.0	6.8	7.2	6.5
电力、热力、燃气及水生产和供应业		6.8	3.2	1.4	5.5	8.1	9.9

注：1.本表按可比价格计算。

2.本表统计范围为年主营业务收入2000万元以上的工业企业。

规模以上工业企业主要经济指标

年　份	企　业 单位数 (万个)	资产总计 (亿元)	主营业务 收　入 (亿元)	利润总额 (亿元)
1978	34.8	4525		
1980	37.7	4233	4459	692
1985	46.3	6972	7899	929
1990	50.4	15953	16793	560
1995	59.2	79234	52936	1635
1996	57.9	90016	57970	1490
1997	53.4	103400	63451	1703
1998	16.5	108822	64149	1458
1999	16.2	116969	69852	2288
2000	16.3	126211	84152	4393
2001	17.1	135403	93733	4733
2002	18.2	146218	109486	5784
2003	19.6	168808	143172	8337
2004	27.6	215358	198909	11929
2005	27.2	244784	248544	14803
2006	30.2	291215	313592	19504
2007	33.7	353037	399717	27155
2008	42.6	431306	500020	30562
2009	43.4	493693	542522	34542
2010	45.3	592882	697744	53050
2011	32.6	675797	841830	61396
2012	34.4	768421	929292	61910
2013	37.0	870751	1038659	68379
2014	37.8	956777	1107033	68155
2015	38.3	1023398	1109853	66187
2016	37.9	1085866	1158999	71921
2017	37.3	1121910	1133161	74916
2018	37.8	1134382	1022241	66351

注：1.1997年及以前为乡及乡以上独立核算工业企业数据，其中企业单位数包括非独立核算企业；1998-2006年为全部国有及年主营业务收入在500万元及以上非国有工业企业数据；2007-2010年为年主营业务收入在500万元及以上工业企业数据；2011年及以后年份为年主营业务收入在2000万元及以上工业企业数据。

2.主营业务收入、利润总额等主要指标数据与上年数据之间存在不可比因素，其主要原因是：（1）根据统计制度，每年定期对规模以上工业企业调查范围进行调整。每年有部分企业达到规模标准纳入调查范围，也有部分企业因规模变小而退出调查范围，还有新建投产企业、破产、注（吊）销企业等变化。（2）加强统计执法，对统计执法检查中发现的不符合规模以上工业统计要求的企业进行了清理，对相关基数依规进行了修正。（3）加强数据质量管理，剔除跨地区、跨行业重复统计数据。根据国家统计局最新开展的企业组织结构调查情况，对企业集团（公司）跨地区、跨行业重复计算进行了剔重。（4）"营改增"政策实施后，服务业企业改交增值税且税率较低，工业企业逐步将内部非工业生产经营活动剥离，转向服务业，使工业企业财务数据有所减小。

3.2018年数据为快报数。

分地区规模以上工业企业主要经济指标(一)

(2018年)　　　　单位：亿元

地　区	主营业务收　入	主营业务成　本	销售费用	管理费用	财务费用	利润总额
全国总计	**1022241.1**	**857474.1**	**30924.4**	**46125.1**	**11904.9**	**66351.4**
北　京	21435.7	17812.7	1199.4	1088.8	204.7	1530.0
天　津	17549.7	14743.6	493.6	773.1	160.9	1200.7
河　北	37835.5	32614.0	869.7	1331.8	568.4	2211.7
山　西	19252.1	15243.4	620.8	1044.6	690.7	1355.9
内蒙古	14023.1	10857.1	434.3	561.4	462.4	1409.4
辽　宁	26489.9	22092.7	774.6	1121.3	445.7	1460.3
吉　林	13637.5	11083.0	659.1	703.1	145.6	817.0
黑龙江	9078.0	7210.5	313.6	492.8	124.3	487.0
上　海	38445.7	30916.6	1465.4	2633.0	96.6	3338.4
江　苏	128085.6	108782.4	3755.3	5761.7	1047.2	8491.9
浙　江	68653.8	57544.3	2161.7	3949.2	759.9	4452.1
安　徽	39354.9	33685.7	1017.2	1545.2	442.6	2448.2
福　建	51298.0	44205.3	1233.4	1786.2	412.2	3537.1
江　西	32077.4	27781.8	660.4	998.6	223.4	2157.8
山　东	92703.6	79589.5	2653.7	3463.0	1289.5	4872.2
河　南	46627.6	39809.6	1045.7	1533.3	709.3	3053.4
湖　北	42358.1	35453.6	1287.6	1812.4	405.7	2755.4
湖　南	34850.5	29000.0	1137.7	1708.4	383.9	1726.9
广　东	135616.1	113816.8	4750.0	7732.2	686.9	8309.7
广　西	18707.9	16052.6	423.8	628.1	202.0	1100.1
海　南	2202.3	1710.0	131.8	75.6	43.9	145.3
重　庆	19674.7	16751.8	615.7	845.2	193.9	1218.7
四　川	40646.7	33829.1	1363.8	1674.1	561.6	2717.9
贵　州	9390.8	7107.4	335.9	403.8	214.5	879.2
云　南	13227.4	10283.7	382.9	503.1	302.0	925.2
西　藏	257.6	199.4	9.0	20.2	8.1	17.4
陕　西	23060.4	18136.6	590.7	957.4	342.3	2436.3
甘　肃	8888.9	7658.9	142.2	255.9	217.0	270.4
青　海	2177.9	1763.0	57.0	109.1	111.9	62.7
宁　夏	4305.6	3592.1	86.2	178.3	167.7	174.2
新　疆	10328.2	8146.9	252.3	434.1	280.1	788.8

注：本表为快报数据。

分地区规模以上工业企业主要经济指标(二)

(2018年)　　单位：亿元

地　区	亏损企业亏损总额	流动资产合计	应收账款	存　货	产成品	资产总计	负债合计
全国总计	**7940.8**	**554165.1**	**143418.2**	**116671.3**	**43119.1**	**1134382.2**	**641273.8**
北　京	397.0	17938.5	4473.1	2617.6	990.8	48009.5	21437.1
天　津	244.9	10728.5	2694.0	2234.4	803.4	20939.6	12133.6
河　北	293.7	20295.7	4308.2	4533.4	1592.3	44371.8	26715.3
山　西	327.6	15233.9	2691.3	2157.2	783.1	37707.0	27194.0
内蒙古	293.5	10632.1	1968.9	1640.1	621.1	30626.9	19460.4
辽　宁	350.4	17859.1	3924.5	4393.5	1476.8	35637.8	22562.2
吉　林	223.1	8371.8	1533.4	1868.9	649.3	17968.0	10126.4
黑龙江	144.5	6679.9	1425.7	1343.7	416.1	14981.6	8732.5
上　海	237.6	24768.0	7365.6	5228.8	1650.1	42661.8	20060.7
江　苏	715.6	66896.9	22059.9	14426.7	5534.3	119590.9	62924.3
浙　江	436.1	42716.0	12840.7	9056.6	3665.2	77666.7	43113.7
安　徽	184.5	18564.2	5802.1	3808.6	1501.0	37599.7	21612.4
福　建	169.1	18861.6	4898.6	4351.0	1742.8	36232.5	18523.4
江　西	86.9	11391.4	2798.0	2585.8	990.4	24085.5	12454.3
山　东	598.5	52528.1	9914.3	11485.3	4458.4	102275.6	62247.1
河　南	333.3	23696.6	5468.7	4594.0	1668.4	50431.7	28263.9
湖　北	209.1	18555.4	4734.4	4051.0	1591.1	39895.1	20307.7
湖　南	174.8	12443.9	3589.3	3060.5	1012.2	27195.3	14011.6
广　东	838.8	75060.2	22927.0	15784.3	5858.8	124284.2	69812.1
广　西	135.2	8432.6	1764.2	1928.2	822.0	17158.8	10813.5
海　南	36.8	1284.7	220.1	200.9	72.4	3090.5	1600.0
重　庆	140.9	8982.2	2990.7	1775.1	699.4	19172.5	11053.7
四　川	296.7	19059.7	5107.4	3860.8	1429.9	44075.9	24885.2
贵　州	144.1	6723.3	1039.5	1345.0	338.2	15068.0	9293.4
云　南	162.6	7528.1	1230.3	2397.7	559.2	20562.1	12479.4
西　藏	24.1	423.7	42.1	32.1	8.1	1570.0	833.2
陕　西	190.2	12254.6	2402.8	2287.6	947.0	32432.5	17486.7
甘　肃	152.1	4448.3	814.3	1239.3	424.6	12148.6	7896.8
青　海	108.0	2022.4	426.9	357.4	123.3	6337.5	4355.6
宁　夏	100.6	3208.3	674.9	704.8	217.0	9657.0	6410.8
新　疆	190.4	6575.3	1287.1	1321.1	472.4	20947.6	12472.7

主要工业产品产量(一)

年份	原煤 (亿吨)	原油 (万吨)	天然气 (亿立方米)	原盐 (万吨)	成品糖 (万吨)	卷烟 (亿支)
1978	6.18	10405.0	137.3	1953.0	227.0	1182.0
1979	6.40	10615.0	145.1	1477.0	250.0	1303.0
1980	6.20	10594.6	142.7	1728.0	257.0	1520.0
1981	6.20	10122.0	127.4	1832.0	317.0	1704.0
1982	6.70	10212.0	119.3	1638.0	338.0	1885.0
1983	7.20	10607.0	122.1	1613.0	377.0	1938.0
1984	7.90	11461.0	124.3	1642.0	380.0	2132.0
1985	8.72	12489.5	129.3	1479.0	451.0	2370.0
1986	8.90	13069.0	137.6	1766.0	525.0	2596.0
1987	9.30	13414.0	138.9	1764.0	506.0	2881.0
1988	9.80	13705.0	142.6	2264.0	461.0	3096.0
1989	10.50	13764.0	150.5	2829.0	501.0	3195.0
1990	10.80	13830.6	153.0	2023.0	582.0	3298.0
1991	10.90	14099.0	160.7	2410.0	640.0	3226.0
1992	11.20	14210.0	157.9	2838.0	829.0	3285.0
1993	11.50	14524.0	167.7	2943.0	771.0	3376.0
1994	12.40	14608.0	175.6	2996.0	592.0	3432.0
1995	13.61	15004.4	179.5	2977.7	558.6	3485.0
1996	13.97	15733.4	201.1	2903.6	640.2	3401.9
1997	13.88	16074.1	227.0	3082.7	702.6	3377.4
1998	13.32	16100.0	232.8	2242.5	826.0	3374.0
1999	13.64	16000.0	252.0	2812.4	861.0	3340.0
2000	13.84	16300.0	272.0	3128.0	700.0	3397.0
2001	14.72	16395.9	303.3	3410.5	653.1	3402.1
2002	15.50	16700.0	326.6	3602.4	926.0	3467.1
2003	18.35	16960.0	350.2	3437.7	1083.9	3580.9
2004	21.23	17587.3	414.6	4043.4	1033.7	18736.4
2005	23.65	18135.3	493.2	4661.1	912.4	19389.1
2006	25.70	18476.6	585.5	5663.1	949.1	20218.1
2007	27.60	18631.8	692.4	6167.0	1271.4	21438.8
2008	29.03	19044.0	803.0	6664.4	1432.6	22199.2
2009	31.15	18949.0	852.7	6662.8	1338.4	22901.5
2010	34.28	20301.4	957.9	7037.8	1117.6	23752.6
2011	37.64	20287.6	1053.4	6742.2	1187.4	24474.0
2012	39.45	20747.8	1106.1	6911.8	1409.5	25160.9
2013	39.74	20991.9	1208.6	7367.6	1592.8	25603.9
2014	38.74	21142.9	1301.6	7049.7	1642.7	26098.5
2015	37.47	21455.6	1346.1	6665.5	1474.1	25890.7
2016	34.11	19968.5	1368.7	6620.1	1443.3	23825.8
2017	35.24	19150.6	1480.3	6654.2	1472.0	23448.3
2018	36.83	18910.6	1602.7	5836.2	1524.1	23358.7

注：1.成品糖指标名称1997年及以前为糖，1998-2004年为机制糖，产量包括土糖。
2.卷烟2003年及以前计量单位为万箱。

主要工业产品产量(二)

年 份	纱 (万吨)	布 (亿米)	焦 炭 (万吨)	硫 酸 (万吨)	烧 碱 (万吨)	纯 碱 (万吨)
1978	238.2	110.3	4690.0	661.0	164.0	132.9
1979	263.5	121.5	4583.0	699.8	182.6	148.6
1980	292.6	134.7	4343.0	764.3	192.3	161.3
1981	317.0	142.7	3895.0	780.7	192.3	165.2
1982	335.4	153.5	4019.0	817.5	207.3	173.5
1983	327.0	148.8	4220.0	869.6	212.3	179.3
1984	321.9	137.0	4557.2	817.2	222.2	188.0
1985	353.5	146.7	4802.1	676.4	235.3	201.1
1986	397.8	164.7	5275.5	763.1	251.8	214.6
1987	436.8	173.1	5795.1	983.3	273.9	236.3
1988	465.7	187.9	6108.0	1111.3	300.5	260.9
1989	476.7	189.2	6624.0	1153.3	321.1	304.2
1990	462.6	188.8	7328.3	1196.9	335.4	379.5
1991	460.8	181.7	7351.6	1332.9	354.1	393.6
1992	501.7	190.7	7983.9	1408.7	379.5	455.0
1993	501.5	203.0	9282.5	1336.5	395.4	534.9
1994	489.5	211.3	9780.7	1536.5	429.6	581.4
1995	542.2	260.2	13424.5	1811.0	531.8	597.7
1996	512.2	209.1	13643.0	1883.6	573.8	669.3
1997	559.8	248.8	13731.0	2036.9	574.4	725.8
1998	542.0	241.0	12806.0	2171.0	539.4	744.0
1999	567.0	250.0	12073.7	2356.0	580.1	766.0
2000	657.0	277.0	12184.0	2427.0	667.9	834.0
2001	760.7	290.0	13130.7	2696.3	788.0	914.4
2002	850.0	322.4	14279.8	3050.4	878.0	1033.2
2003	983.6	353.5	17775.7	3371.2	945.3	1133.6
2004	1291.3	482.1	20619.0	3928.9	1041.1	1334.7
2005	1450.5	484.4	26511.7	4544.7	1240.0	1421.1
2006	1743.0	598.6	30074.4	5033.2	1511.8	1560.0
2007	1958.4	675.3	33105.3	5412.6	1759.3	1765.0
2008	2055.7	723.1	32313.9	5098.0	1926.0	1854.6
2009	2266.4	753.4	35744.1	5960.9	1832.4	1944.8
2010	2572.8	800.0	38657.8	7090.5	2228.4	2034.8
2011	2717.9	814.1	43433.0	7482.7	2473.5	2294.0
2012	2984.0	848.9	43831.5	7876.6	2696.8	2395.9
2013	3200.0	897.6	48179.4	8154.5	2927.4	2431.6
2014	3379.2	893.7	47980.9	8901.6	3063.5	2525.8
2015	3538.0	892.6	44822.5	8975.7	3020.7	2591.8
2016	3732.6	906.8	44911.5	9133.0	3201.7	2585.0
2017	3191.4	691.1	43142.6	9212.9	3329.2	2767.1
2018	2958.9	657.3	43820.0	9129.8	3420.2	2620.5

主要工业产品产量(三)

年　份	乙　烯 (万吨)	农用化肥 (万吨)	化学纤维 (万吨)	水　泥 (万吨)	平板玻璃 (万重量箱)	生　铁 (万吨)
1978	38.0	869.3	28.5	6524.0	1784.0	3479.0
1979	43.5	1065.4	32.6	7390.0	2083.0	3673.0
1980	49.0	1232.1	45.0	7986.0	2466.0	3802.0
1981	50.5	1239.0	52.7	8290.0	2701.0	3417.0
1982	56.5	1278.1	51.7	9520.0	3154.0	3551.0
1983	65.4	1378.9	54.1	10825.0	3647.0	3738.0
1984	64.8	1460.2	73.5	12302.0	4190.0	4001.0
1985	65.2	1322.2	94.8	14595.0	4942.0	4384.0
1986	69.5	1395.7	101.7	16606.0	5202.0	5064.0
1987	93.7	1672.2	117.5	18625.0	5803.0	5503.0
1988	123.2	1740.2	130.1	21014.0	7293.0	5704.0
1989	139.6	1802.5	148.1	21029.0	8442.0	5820.0
1990	157.2	1879.7	165.4	20971.0	8067.0	6238.0
1991	176.1	1979.5	191.0	25261.0	8712.0	6765.0
1992	200.3	2047.9	213.0	30822.0	9359.0	7589.0
1993	202.7	1956.3	237.4	36788.0	11086.0	8739.0
1994	212.9	2272.8	280.3	42118.0	11925.0	9741.0
1995	240.1	2548.1	341.2	47560.6	15731.7	10529.3
1996	304.0	2809.0	375.5	49118.9	16069.4	10722.5
1997	358.6	2821.0	471.6	51173.8	16630.7	11511.4
1998	377.3	3010.0	510.0	53600.0	17194.0	11863.7
1999	435.0	3251.0	600.0	57300.0	17419.8	12539.2
2000	470.0	3186.0	694.0	59700.0	18352.2	13101.5
2001	480.6	3383.0	841.4	66104.0	20964.1	15554.3
2002	543.0	3791.0	991.2	72500.0	23445.6	17084.6
2003	611.8	3881.3	1181.2	86208.1	27702.6	21366.7
2004	629.9	4804.8	1699.8	96682.0	37026.2	26831.0
2005	755.5	5177.9	1664.8	106884.8	40210.2	34375.2
2006	940.5	5345.1	2073.2	123676.5	46574.7	41245.2
2007	1027.8	5825.0	2413.8	136117.3	53918.1	47651.6
2008	987.6	6028.1	2453.3	142355.7	59890.4	47824.4
2009	1072.6	6385.0	2747.3	164397.8	58574.1	55283.5
2010	1421.3	6337.9	3090.0	188191.2	66330.8	59733.3
2011	1527.5	6419.4	3390.1	209925.9	79107.6	64050.9
2012	1486.8	6832.1	3837.4	220984.1	75050.5	66354.4
2013	1599.3	7026.2	4160.3	241923.9	79285.8	71149.9
2014	1696.7	6876.9	4389.8	249207.1	83128.2	71374.8
2015	1714.6	7432.0	4831.7	235918.8	78651.6	69141.3
2016	1781.1	6629.6	4886.4	241031.0	80408.5	70227.3
2017	1821.8	5891.7	4877.1	233084.1	83765.8	71361.9
2018	1841.0	5424.4	5011.1	220770.7	86863.5	77105.4

注：农用化肥按有效成分100%计算。

主要工业产品产量(四)

年　份	粗　钢 (万吨)	钢　材 (万吨)	原　铝 (万吨)	大中型 拖拉机 (万台)	汽　车 (万辆)	#轿　车
1978	3178.0	2208.0	29.6	11.4	14.9	
1979	3448.0	2497.0	36.2	12.6	18.6	
1980	3712.0	2716.0	39.6	9.8	22.2	0.5
1981	3560.0	2670.0	39.1	5.3	17.6	0.3
1982	3716.0	2902.0	39.6	4.0	19.6	0.5
1983	4002.0	3072.0	44.0	3.7	24.0	0.6
1984	4347.0	3372.0	47.2	4.0	31.6	0.7
1985	4679.0	3693.0	52.3	4.5	43.7	0.9
1986	5220.0	4058.0	55.5	2.9	37.0	1.2
1987	5628.0	4386.0	60.9	3.7	47.2	1.8
1988	5943.0	4689.0	71.2	4.7	64.5	3.0
1989	6159.0	4859.0	74.5	4.0	58.4	3.6
1990	6635.0	5153.0	84.7	3.9	51.4	3.5
1991	7100.0	5638.0	95.5	5.3	71.4	6.9
1992	8094.0	6697.0	109.1	5.7	106.7	16.2
1993	8956.0	7716.0	124.2	3.8	129.9	22.3
1994	9261.0	8428.0	146.2	4.7	136.7	26.9
1995	9536.0	8979.8	167.6	6.3	145.3	33.7
1996	10124.1	9338.0	177.1	8.4	147.5	38.3
1997	10894.2	9978.9	203.5	8.2	158.3	48.6
1998	11559.0	10737.8	233.6	6.8	163.0	50.7
1999	12426.0	12109.8	259.9	6.5	183.2	57.1
2000	12850.0	13146.0	279.4	4.1	207.0	60.7
2001	15163.4	16067.6	337.1	3.8	234.2	70.4
2002	18236.6	19251.6	432.1	4.5	325.1	109.2
2003	22233.6	24108.0	554.7	4.9	444.4	207.1
2004	28291.1	31975.7	669.0	11.4	509.1	227.6
2005	35324.0	37771.1	778.7	16.3	570.5	277.0
2006	41914.9	46893.4	926.6	19.9	727.9	386.9
2007	48928.8	56560.9	1234.0	20.3	888.9	479.8
2008	50305.8	60460.3	1316.5	28.4	930.6	503.8
2009	57218.2	69405.4	1288.6	37.1	1379.5	748.5
2010	63723.0	80276.6	1577.1	33.7	1826.5	957.6
2011	68528.3	88619.6	1961.4	40.2	1841.6	1012.7
2012	72388.2	95577.8	2314.1	52.7	1927.6	1077.0
2013	81313.9	108200.5	2543.8	66.6	2212.1	1210.4
2014	82230.6	112513.1	2885.8	64.4	2372.5	1248.3
2015	80382.5	103468.4	3141.0	68.8	2450.4	1163.0
2016	80760.9	104813.5	3264.5	61.8	2811.9	1211.1
2017	87074.1	104642.1	3329.0	34.4	2901.8	1194.5
2018	92800.9	110551.7	3580.2	24.3	2781.9	1160.1

注：2009年起电解铝指标名称改为原铝。

主要工业产品产量(五)

年　份	家　用 电冰箱 (万台)	房间空气 调节器 (万台)	程　控 交换机 (万线)	传真机 (万台)	移动通信 手持机 (万台)	微型计算机 设　备 (万台)
1978	2.8	0.02				
1979	3.2	0.86				
1980	4.9	1.3				
1981	5.6	1.4				
1982	10.0	2.4				
1983	18.9	3.5				
1984	54.7	6.1				
1985	144.8	12.4				
1986	225.0	9.7				4.2
1987	401.3	13.2				5.1
1988	757.6	25.9				11.6
1989	670.8	37.5				7.5
1990	463.1	24.1				8.2
1991	469.9	63.0				16.3
1992	485.8	158.0				12.6
1993	596.7	346.4				14.7
1994	768.1	393.4				24.6
1995	918.5	682.6	2091.6	136.1		83.6
1996	979.7	786.2	2274.8	137.9		138.8
1997	1044.4	974.0	2787.3	162.5		206.6
1998	1060.0	1156.9	4219.9	128.7		291.4
1999	1210.0	1337.6	4726.0	160.0		405.0
2000	1279.0	1826.7	7136.0	196.3	5247.9	672.0
2001	1351.3	2333.6	7223.5	318.2	8031.7	877.7
2002	1598.9	3135.1	5860.7	297.3	12146.4	1463.5
2003	2242.6	4820.9	7379.9	746.6	18231.4	3216.7
2004	3007.6	6390.3	7625.2	851.2	23751.6	5974.9
2005	2987.1	6764.6	7720.9	1068.2	30354.2	8084.9
2006	3530.9	6849.4	7404.6	1188.6	48013.8	9336.4
2007	4397.1	8014.3	5387.1	888.5	54857.9	12073.4
2008	4800.0	8147.4	4584.0	749.4	55945.1	15853.7
2009	5930.5	8078.3	4152.5	683.5	68193.4	18215.1
2010	7295.7	10887.5	3138.0	181.1	99827.4	24584.5
2011	8699.2	13912.5	3034.0	268.1	113257.7	32036.9
2012	8427.0	12398.7	2829.1	263.6	118154.6	31806.7
2013	9255.7	13069.3	2698.5	172.1	152343.9	35348.4
2014	8796.1	14463.3	2148.2	175.2	168202.8	35079.6
2015	7992.8	14200.4	1880.3	168.0	181261.4	31418.7
2016	8481.6	14342.4	1457.7	178.5	184845.7	29008.5
2017	8314.5	17861.5	937.9	230.2	188982.4	30678.4
2018	7993.2	20486.0	1006.6	174.9	179846.4	30700.2

注：1.2000年起微型电子计算机指标名称改为微型计算机设备。
　　2.移动通信手持机2016年产量根据有关专项调查进行了调整。

主要工业产品产量(六)

年 份	集成电路(亿块)	彩色电视机(万台)	复印和胶版印制设备(万台)	发电量(亿千瓦小时)	#火电	#水电
1978	0.3	0.4		2565.5	2119.6	445.9
1979		1.0		2819.5	2318.5	501.0
1980	0.2	3.2		3006.3	2424.2	582.1
1981	0.1	15.2		3092.7	2437.2	655.5
1982	0.1	28.8		3276.8	2532.8	744.0
1983	0.3	53.1		3514.4	2650.8	863.6
1984	0.4	134.0		3769.9	2902.1	867.8
1985	0.6	435.3	2.4	4106.9	3183.2	923.7
1986	0.6	414.6	1.8	4495.3	3550.0	945.3
1987	1.0	672.7	1.8	4972.7	3972.6	1000.1
1988	1.3	1037.7		5452.1	4360.6	1091.5
1989	1.3	940.0		5848.1	4664.2	1183.9
1990	1.1	1033.0		6212.0	4944.8	1267.2
1991	1.7	1205.1		6775.5	5524.6	1250.9
1992	1.6	1333.1	4.4	7539.4	6214.7	1324.7
1993	2.0	1435.8	6.1	8382.6	6838.8	1543.8
1994	4.8	1689.2	4.1	9280.8	7459.2	1821.6
1995	55.2	2057.7	21.8	10077.3	8043.2	1905.8
1996	38.9	2537.6	63.9	10813.1	8777.0	1879.7
1997	25.5	2711.3	107.8	11355.5	9241.0	1959.8
1998	26.3	3497.0	117.9	11670.0	9267.0	1988.9
1999	41.5	4262.0	210.3	12393.0	9868.0	1965.8
2000	58.8	3936.0	156.6	13556.0	11141.9	2224.1
2001	63.6	4093.7	144.1	14808.0	11768.0	2774.3
2002	96.3	5155.0	207.4	16540.0	13274.0	2879.7
2003	148.3	6541.4	264.2	19105.8	15804.0	2836.8
2004	235.5	7431.8	324.6	22033.1	17956.0	3535.4
2005	270.0	8283.2	403.6	25002.6	20473.4	3970.2
2006	335.7	8375.4	467.8	28657.3	23696.0	4357.9
2007	411.6	8478.0	452.4	32815.5	27229.3	4852.6
2008	438.8	9187.1	517.7	34668.8	27072.3	5851.9
2009	414.4	9898.8	421.0	37146.5	29827.8	6156.4
2010	652.5	11830.0	534.8	42071.6	33319.3	7221.7
2011	719.5	12231.3	655.1	47130.2	38337.0	6989.5
2012	779.6	12823.5	609.7	49875.5	38928.1	8721.1
2013	903.5	12745.2	698.2	54316.4	42470.1	9202.9
2014	1015.5	14128.9	712.9	57944.6	44001.1	10728.8
2015	1087.2	14475.7	734.2	58145.7	42841.9	11302.7
2016	1318.0	15769.6	684.4	61331.6	44370.7	11840.5
2017	1564.6	15932.6	626.1	66044.5	47546.0	11978.7
2018	1739.5	18834.8	590.2	71117.7	50738.6	12342.3

注：2009年起复印机械指标名称改为复印和胶版印制设备。

分地区主要工业产品产量(一)

(2018年)

地　区	原　煤 (万吨)	原　油 (万吨)	天然气 (亿立方米)	布 (亿米)	农用化肥 (万吨)	水　泥 (万吨)	生　铁 (万吨)	粗　钢 (万吨)
全国总计	**368324.9**	**18910.6**	**1602.7**	**657.3**	**5424.4**	**220770.7**	**77105.4**	**92800.9**
北　京	176.2		17.3			397.0		
天　津		3085.5	33.9	0.7	15.0	619.4	1649.4	2023.0
河　北	5508.2	537.2	6.2	22.3	199.7	9554.3	21396.0	23723.4
山　西	92633.5		52.4	0.2	361.3	4415.6	4761.3	5386.2
内蒙古	97560.3	10.7	16.1		377.5	3052.3	1744.3	2307.6
辽　宁	3403.4	1036.9	5.9	1.1	33.1	4155.9	6331.8	6873.9
吉　林	1564.9	387.8	18.4	0.3	17.4	1480.0	1162.2	1204.6
黑龙江	6070.7	3224.2	43.5	0.1	38.3	1955.2	695.7	774.3
上　海		6.5	14.5	0.9	1.0	414.5	1476.8	1630.1
江　苏	1245.8	151.4	10.0	117.8	168.0	14717.8	6796.1	10422.1
浙　江				167.4	19.9	12323.5	873.8	1266.5
安　徽	11529.1		2.3	11.2	217.1	13248.2	2422.0	3103.9
福　建	941.3			110.8	68.2	8831.9	982.3	2085.7
江　西	622.3		0.2	7.9	5.3	8884.3	2204.2	2499.2
山　东	12632.1	2231.4	4.8	75.3	387.1	12619.0	6456.8	7177.2
河　南	11445.9	258.8	2.9	18.9	441.6	11020.0	2511.5	2892.0
湖　北	120.1	54.3	5.1	57.9	644.1	10695.3	2514.6	3071.8
湖　南	1857.5			3.2	52.7	10997.4	1963.2	2307.6
广　东		1393.5	102.5	27.4	14.1	16082.2	2016.0	2880.5
广　西	487.7	51.9	0.2	1.9	36.1	11827.1	1447.1	2262.1
海　南		30.4	1.1		61.5	2104.2		
重　庆	1212.3		61.2	2.2	146.9	6583.1	580.4	638.2
四　川	3708.2	8.1	369.8	16.0	370.5	13752.8	1978.6	2400.7
贵　州	14323.3		3.0	0.4	487.1	11121.8	342.0	418.4
云　南	4727.5				305.2	12119.8	1572.4	1925.0
西　藏						913.0		
陕　西	62974.0	3519.5	444.5	9.8	129.4	6286.6	1157.6	1178.7
甘　肃	3601.9	51.8	1.0		29.5	3883.3	614.0	802.4
青　海	821.3	223.3	64.1		478.6	1354.9	124.5	138.1
宁　夏	7840.1			0.8	39.1	1767.9	210.1	252.5
新　疆	21317.4	2647.4	321.8	2.9	279.1	3592.6	1121.0	1155.3

分地区主要工业产品产量(二)

(2018年)

地区	钢材(万吨)	汽车(万辆)	家用电冰箱(万台)	程控交换机(万线)	移动通信手持机(万台)	微型计算机设备(万台)	发电量(亿千瓦小时)
全国总计	**110551.7**	**2781.9**	**7993.2**	**1006.6**	**179846.4**	**30700.2**	**71117.7**
北京	179.9	165.3			9029.6	564.5	450.5
天津	4733.8	86.3	49.9		2680.3		711.5
河北	26916.9	121.1		25.0			3133.2
山西	4903.3	10.8			1979.4		3180.5
内蒙古	2259.5	0.5					5003.0
辽宁	6899.1	94.9	132.7	3.8	279.4		1982.7
吉林	1300.9	276.9					838.2
黑龙江	561.4	16.3					1029.2
上海	1983.3	297.8	46.1	27.7	4729.0	1448.8	839.7
江苏	12146.7	121.9	956.3	0.3	4924.6	6215.0	5085.1
浙江	3048.7	119.2	618.3	72.3	5317.6	204.1	3438.4
安徽	3195.0	82.4	2631.1		70.0	2022.3	2734.5
福建	2915.9	24.0			1362.1	1183.6	2494.2
江西	2571.3	55.0	89.1		4648.6	96.6	1281.3
山东	9427.8	87.9	888.4		3254.1	0.8	5825.6
河南	3661.0	58.9	125.6		20605.5		3050.1
湖北	3649.9	241.9	488.8		4373.6	1111.5	2835.8
湖南	2374.7	52.9		3.2	1614.7	67.1	1532.7
广东	4337.6	321.6	1598.7	873.5	80818.3	4733.8	4694.8
广西	2890.9	215.1			345.6		1752.0
海南		2.1					323.4
重庆	1187.7	172.6	139.7		18868.2	7074.1	799.5
四川	2896.7	74.7	85.3	0.9	9437.0	5903.6	3687.0
贵州	554.3	0.5	143.1		1956.0	2.0	2016.0
云南	1940.7	15.9			1897.6	72.4	3241.0
西藏							66.6
陕西	1445.2	62.1			1655.1		1855.6
甘肃	833.5	1.1					1531.4
青海	146.6						811.0
宁夏	266.8						1610.0
新疆	1322.7	2.5					3283.2

建筑业企业单位数、从业人员和产值

年 份	企 业 单位数 (个)	年 末 从业人员 (万人)	总 产 值		增 加 值	
			绝对数 (亿元)	指 数 (上年=100)	绝对数 (亿元)	指 数 (上年=100)
1980	6604	648.0	286.9			
1985	11150	911.5	675.1	130.5		
1990	13327	1010.7	1345.0	104.8		
1995	24133	1497.9	5793.8	124.5	1668.6	126.2
1996	41364	2121.9	8282.2	142.9	2405.6	144.2
1997	44017	2101.5	9126.5	110.2	2540.5	105.6
1998	45634	2030.0	10062.0	110.3	2783.8	109.6
1999	47234	2020.1	11152.9	110.8	3022.3	108.6
2000	47518	1994.3	12497.6	112.1	3341.1	110.5
2001	45893	2110.7	15361.6	122.9	4023.6	120.4
2002	47820	2245.2	18527.2	120.6	3822.4	116.8
2003	48688	2414.3	23083.9	124.6	4654.7	121.8
2004	59018	2500.3	29021.5	125.7	5615.8	120.6
2005	58750	2699.9	34552.1	119.1	6899.7	122.9
2006	60166	2878.2	41557.2	120.3	8116.4	117.6
2007	62074	3133.7	51043.7	122.8	9944.4	122.5
2008	71095	3315.0	62036.8	121.5	12488.9	121.5
2009	70817	3672.6	76807.7	123.8	15619.8	125.1
2010	71863	4160.4	96031.1	125.0	18983.5	121.5
2011	72280	3852.5	116463.3	121.3	22071.0	116.3
2012	75280	4267.2	137217.9	117.8	26583.3	120.4
2013	78919	4528.4	160366.1	116.9	33071.5	124.4
2014	81141	4537.0	176713.4	110.2	35270.1	106.6
2015	80911	5093.7	180757.5	102.3	36064.7	102.3
2016	83017	5184.5	193566.8	107.1	37626.8	104.3
2017	88074	5529.6	213943.6	110.5	39765.3	105.7
2018	95400	5563.3	235085.5	109.9	43695.0	109.9

注：1.本表1980—1992年为全民和集体所有制建筑业企业数据；1993—1995年为各种经济成分的建制镇以上企业数据；1996—2001年为资质等级(旧资质)四级及四级以上建筑业企业数据；2002年起为具有资质等级的施工总承包、专业承包建筑业企业(不含劳务分包建筑业企业)数据(下表同)。

2.2002、2008年建筑业增加值统计口径调整，绝对数与上年度不可比，指数按可比口径计算。

建筑业企业生产完成情况

项 目	单 位	2013年	2014年	2015年	2016年	2017年	2018年
签订合同额	亿元	289423	323486	337836	372158	439461	494409
上年结转合同额	亿元	114466	138859	153497	160662	184842	221555
本年新签合同额	亿元	174957	184627	184339	211497	254620	272854
竣工产值	亿元	93676	100755	110097	112882	116744	120786
房屋建筑施工面积	万平方米	1132003	1249826	1239718	1264216	1318374	1408920
#本年新开工面积	万平方米	516799	528861	465579	479554	521297	558778
房屋建筑竣工面积	万平方米	401521	423357	420785	422382	419072	413509
#住宅	万平方米	267736	286472	284022	284029	280370	278410
房屋建筑竣工价值	亿元	58468	63617	66874	69463	71828	71525
#住宅	亿元	38313	42557	44563	46109	47694	47309

分地区建筑业总产值和房屋建筑面积

(2018年)

地 区	总 产 值 (亿元)	施工面积 (万平方米)	#新开工面积	竣工面积 (万平方米)	#住宅
全国总计	**235085.5**	**1408920.4**	**558778.2**	**413508.8**	**278410.0**
北 京	10939.8	71969.3	22275.9	9771.3	6029.6
天 津	3791.1	13379.9	4249.3	2119.6	1363.6
河 北	5740.3	35665.3	13945.9	9054.4	6689.8
山 西	4071.5	16651.8	5661.3	3692.6	2569.5
内蒙古	1040.1	5369.2	2579.8	1699.8	1341.9
辽 宁	3528.4	13659.8	5278.6	4310.0	3129.8
吉 林	2183.6	8504.3	4459.2	3132.4	2067.7
黑龙江	1194.3	3765.4	1789.3	1438.5	1014.8
上 海	7072.2	47577.4	15552.9	7960.1	4201.1
江 苏	30846.7	249176.8	94694.9	74806.3	54411.4
浙 江	28756.2	214499.4	86608.2	62123.3	36081.3
安 徽	7888.5	46758.4	17734.6	15894.5	10729.1
福 建	11548.8	72626.8	24978.7	17294.2	11362.4
江 西	6993.4	33274.7	16995.1	15638.5	10092.5
山 东	12898.3	81483.6	36765.1	22255.7	15412.2
河 南	11360.5	63789.7	28281.1	20623.9	14714.8
湖 北	15133.9	88238.1	39786.8	32691.9	22708.4
湖 南	9581.4	59247.4	24462.8	19929.3	13473.6
广 东	13714.4	73731.3	25825.2	18536.5	12924.6
广 西	4671.7	26494.8	9273.6	8723.5	5405.4
海 南	339.2	2202.3	638.0	594.9	381.6
重 庆	7819.4	35140.0	15156.0	13780.1	9835.9
四 川	12983.8	58007.4	26652.9	20876.7	15549.8
贵 州	3330.0	16660.9	5691.8	4904.3	3186.1
云 南	5458.5	19224.4	9828.0	7514.7	4799.8
西 藏	172.8	518.5	296.3	144.5	69.4
陕 西	7120.2	29645.2	10535.6	7071.9	4835.1
甘 肃	1796.4	9992.4	4062.7	2648.5	1799.8
青 海	435.1	990.6	436.6	451.6	208.4
宁 夏	565.0	2334.5	1127.0	801.5	466.8
新 疆	2110.1	8341.1	3155.2	3023.9	1554.3

分地区建筑业主要效益指标

(2018年)

地　区	企　业 个　数 (个)	从事建筑业活动的从业人员平均人数 (万人)	按建筑业总产值计算的劳动生产率 (元/人)	人　均 竣工产值 (元/人)	人　均 施工面积 (平方米/人)	人　均 竣工面积 (平方米/人)
全国总计	**95400**	**6299.4**	**373187**	**191742**	**223.7**	**65.6**
北　京	2621	198.0	552473	226082	363.5	49.3
天　津	1798	95.9	395345	164706	139.5	22.1
河　北	2523	133.8	429099	193404	266.6	67.7
山　西	2666	109.4	372041	161767	152.2	33.7
内蒙古	1006	32.8	316812	157702	163.5	51.8
辽　宁	5134	98.8	357232	163292	138.3	43.6
吉　林	2322	55.2	395705	238292	154.1	56.8
黑龙江	1671	45.3	263940	147930	83.2	31.8
上　海	2445	121.1	583972	293489	392.9	65.7
江　苏	9292	918.6	335803	245502	271.3	81.4
浙　江	6769	797.0	360809	198697	269.1	77.9
安　徽	3813	187.0	421813	182940	250.0	85.0
福　建	4865	432.8	266835	133983	167.8	40.0
江　西	2632	197.7	353687	193967	168.3	79.1
山　东	6907	351.5	366960	162325	231.8	63.3
河　南	6159	304.3	373304	175357	209.6	67.8
湖　北	4196	254.3	595205	357262	347.0	128.6
湖　南	2580	275.2	348223	185715	215.3	72.4
广　东	5746	292.3	469256	196381	252.3	63.4
广　西	1385	141.8	329562	164546	186.9	61.5
海　南	194	8.6	396869	254422	257.6	69.6
重　庆	2770	238.8	327437	159027	147.1	57.7
四　川	5230	408.7	317667	136449	141.9	51.1
贵　州	1202	91.8	362686	140833	181.5	53.4
云　南	2843	174.8	312250	131661	110.0	43.0
西　藏	280	5.8	297502	146335	89.2	24.9
陕　西	2661	173.1	411272	132159	171.2	40.8
甘　肃	1434	56.0	320721	146988	178.4	47.3
青　海	382	11.5	378017	123370	86.1	39.2
宁　夏	691	21.1	267274	152440	110.4	37.9
新　疆	1183	66.5	317489	166260	125.5	45.5

社会消费品零售总额

年　份	社会消费品零售总额（亿元）	比上年增长（%）
1978	1558.6	8.8
1979	1800.0	15.5
1980	2140.0	18.9
“六五”时期	**15450.8**	**15.0**
1981	2350.0	9.8
1982	2570.0	9.4
1983	2849.4	10.9
1984	3376.4	18.5
1985	4305.0	27.5
“七五”时期	**34611.5**	**14.0**
1986	4950.0	15.0
1987	5820.0	17.6
1988	7440.0	27.8
1989	8101.4	8.9
1990	8300.1	2.5
“八五”时期	**76916.4**	**23.3**
1991	9415.6	13.4
1992	10993.7	16.8
1993	14270.4	29.8
1994	18622.9	30.5
1995	23613.8	26.8
“九五”时期	**167744.8**	**10.6**
1996	28360.2	20.1
1997	31252.9	10.2
1998	33378.1	6.8
1999	35647.9	6.8
2000	39105.7	9.7
“十五”时期	**271561.2**	**11.8**
2001	43055.4	10.1
2002	48135.9	11.8
2003	52516.3	9.1
2004	59501.0	13.3
2005	68352.6	14.9
“十一五”时期	**578603.1**	**18.1**
2006	79145.2	15.8
2007	93571.6	18.2
2008	114830.1	22.7
2009	133048.2	15.9
2010	158008.0	18.8
“十二五”时期	**1217308.2**	**13.8**
2011	187205.8	18.5
2012	214432.7	14.5
2013	242842.8	13.2
2014	271896.1	12.0
2015	300930.8	10.7
“十三五”时期		
2016	332316.3	10.4
2017	366261.6	10.2
2018	380986.9	9.0
平均每年增长(%)		
1979-2018年		14.7
1991-2018年		14.6
2001-2018年		13.5

注：1.本表按当年价格计算(下表同)。
2.1992年及以前为社会商品零售总额，1997年起社会消费品零售总额不含居民购买住房。
3.2018年增速计算使用的上年社会消费品零售总额根据第三次全国农业普查结果及有关制度规定进行了修订，增速按照可比口径计算。

分地区社会消费品零售总额

单位：亿元

地 区	2013年	2014年	2015年	2016年	2017年	2018年
全国总计	**242842.8**	**271896.1**	**300930.8**	**332316.3**	**366261.6**	**380986.9**
北 京	8872.1	9638.0	10338.0	11005.1	11575.4	11747.7
天 津	4470.4	4738.7	5257.3	5635.8	5729.7	5533.0
河 北	10516.7	11820.5	12990.7	14364.7	15907.6	16537.1
山 西	5139.3	5717.9	6033.7	6480.5	6918.1	7338.5
内蒙古	5114.2	5657.6	6107.7	6700.8	7160.2	7311.1
辽 宁	10581.4	11857.0	12787.2	13414.1	13807.2	14142.8
吉 林	5426.4	6080.9	6651.9	7310.4	7855.8	7520.4
黑龙江	6251.2	7015.3	7640.2	8402.5	9099.2	9317.4
上 海	8557.0	9303.5	10131.5	10946.6	11830.3	12668.7
江 苏	20878.2	23458.1	25876.8	28707.1	31737.4	33230.4
浙 江	15970.8	17835.3	19784.7	21970.8	24308.5	25007.9
安 徽	7044.7	7957.0	8908.0	10000.2	11192.6	12100.1
福 建	8275.3	9346.7	10505.9	11674.5	13013.0	14317.4
江 西	4696.1	5292.6	5925.5	6634.6	7448.1	7566.4
山 东	22294.8	25111.5	27761.4	30645.8	33649.0	33605.0
河 南	12426.6	14005.0	15740.4	17618.4	19666.8	20594.7
湖 北	11035.9	12449.3	14003.2	15649.2	17394.1	18333.6
湖 南	9509.5	10723.5	12024.0	13436.5	14854.9	15638.3
广 东	25453.9	28471.1	31517.6	34739.1	38200.1	39501.1
广 西	5133.1	5772.8	6348.1	7027.3	7813.0	8291.6
海 南	1090.9	1224.5	1325.1	1453.7	1618.8	1717.1
重 庆	5055.8	5710.7	6424.0	7271.4	8067.7	7977.0
四 川	11001.0	12393.0	13877.7	15601.9	17480.5	18254.5
贵 州	2601.2	2936.9	3283.0	3709.0	4154.0	3971.2
云 南	4112.6	4632.9	5103.2	5722.9	6423.1	6826.0
西 藏	322.2	364.5	408.5	459.4	523.3	597.6
陕 西	5245.0	5918.7	6578.1	7367.6	8236.4	8938.3
甘 肃	2368.8	2668.3	2907.2	3184.4	3426.6	3428.3
青 海	549.6	620.8	691.0	767.3	839.0	835.6
宁 夏	668.5	737.2	789.6	850.1	930.4	935.8
新 疆	2179.5	2436.5	2606.0	2825.9	3044.6	3187.0

分地区网上零售额

(2018年)

地　区	网上零售额 (亿元)	比上年增长 (%)	其中：实物商品网上零售额 (亿元)	比上年增长 (%)
全国总计	**90065.0**	**23.9**	**70198.2**	**25.4**
北　京	7294.1	10.3	5211.9	11.6
天　津	1261.4	25.4	948.3	23.9
河　北	2018.4	34.3	1685.3	33.7
山　西	532.0	44.2	255.3	29.3
内蒙古	371.0	37.3	154.4	66.1
辽　宁	1146.7	28.9	857.5	28.7
吉　林	449.1	39.6	211.5	43.9
黑龙江	546.7	41.8	267.5	50.9
上　海	8786.5	11.3	7105.2	9.5
江　苏	9242.3	25.5	7696.7	30.0
浙　江	14384.7	18.9	11089.1	24.3
安　徽	2015.9	33.4	1623.7	32.9
福　建	4114.1	31.4	3515.2	33.2
江　西	1233.3	49.6	1002.1	52.5
山　东	3513.6	31.7	2849.3	29.0
河　南	1889.6	31.3	1373.0	32.5
湖　北	2533.5	23.5	1963.6	33.9
湖　南	1624.0	43.3	1030.9	33.5
广　东	18921.8	25.1	16383.1	26.5
广　西	732.4	33.6	370.0	33.9
海　南	350.1	28.6	95.1	9.2
重　庆	1030.9	32.4	561.6	34.4
四　川	2671.7	31.1	2009.0	33.6
贵　州	453.4	33.8	229.9	31.8
云　南	632.3	49.4	344.7	52.6
西　藏	41.6	46.1	18.2	63.5
陕　西	962.5	35.9	656.8	38.2
甘　肃	288.6	12.0	85.7	41.5
青　海	51.5	61.3	19.0	100.6
宁　夏	85.4	40.5	38.4	47.7
新　疆	159.7	44.8	118.7	41.6

国内旅游情况

年份	旅游人数(亿人次)	城镇居民	农村居民	旅游总花费(亿元)	城镇居民	农村居民	人均花费(元)	城镇居民	农村居民
1994	5.24	2.05	3.19	1023.5	848.2	175.3	195.3	414.7	54.9
1995	6.29	2.46	3.83	1375.7	1140.1	235.6	218.7	464.0	61.5
1996	6.40	2.56	3.83	1638.4	1368.4	270.0	256.2	534.1	70.5
1997	6.44	2.59	3.85	2112.7	1551.8	560.9	328.1	599.8	145.7
1998	6.95	2.50	4.45	2391.2	1515.1	876.1	345.0	607.0	197.0
1999	7.19	2.84	4.35	2831.9	1748.2	1083.7	394.0	614.8	249.5
2000	7.44	3.29	4.15	3175.5	2235.3	940.3	426.6	678.6	226.6
2001	7.84	3.75	4.09	3522.4	2651.7	870.7	449.5	708.3	212.7
2002	8.78	3.85	4.93	3878.4	2848.1	1030.3	441.8	739.7	209.1
2003	8.70	3.51	5.19	3442.3	2404.1	1038.2	395.7	684.9	200.0
2004	11.02	4.59	6.43	4710.7	3359.0	1351.7	427.5	731.8	210.2
2005	12.12	4.96	7.16	5285.9	3656.1	1629.7	436.1	737.1	227.6
2006	13.94	5.76	8.18	6229.7	4414.7	1815.0	446.9	766.4	221.9
2007	16.10	6.12	9.98	7770.6	5550.4	2220.2	482.6	906.9	222.5
2008	17.12	7.03	10.09	8749.3	5971.8	2777.6	511.0	849.4	275.3
2009	19.02	9.03	9.99	10183.7	7233.8	2949.9	535.4	801.1	295.3
2010	21.03	10.65	10.38	12579.8	9403.8	3176.0	598.2	883.0	306.0
2011	26.41	16.87	9.54	19305.4	14808.6	4496.8	731.0	877.8	471.4
2012	29.57	19.33	10.24	22706.2	17678.0	5028.2	767.9	914.5	491.0
2013	32.62	21.86	10.76	26276.1	20692.6	5583.5	805.5	946.6	518.9
2014	36.11	24.83	11.28	30311.9	24219.8	6092.1	839.7	975.4	540.2
2015	40.00	28.02	11.88	34195.1	27610.9	6584.2	857.0	985.5	554.2
2016	44.40	31.95	12.40	39390.0	32241.3	7147.8	888.2	1009.1	576.4
2017	50.00	36.76	13.24	45660.7	37673.0	7987.7	913.0	1024.6	603.3
2018	55.39	41.19	14.20	51278.3	42590.0	8688.3	925.8	1034.0	611.9

按国别分外国入境游客

单位：万人次

地　　区	2000年	2005年	2010年	2015年	2016年	2017年	2018年
总计	**1016.0**	**2025.5**	**2612.7**	**2598.5**	**2815.1**	**2917.0**	**3054.3**
亚洲	**610.2**	**1250.0**	**1617.9**	**1659.5**	**1803.7**	**1832.7**	**1912.1**
#朝鲜	7.6	12.6	11.6	18.8	21.0	23.0	25.1
印度	12.1	35.7	54.9	73.0	80.0	82.2	86.4
印度尼西亚	22.1	37.8	57.3	54.5	63.4	68.3	71.2
日本	220.2	339.0	373.1	249.8	259.0	268.3	269.1
马来西亚	44.1	90.0	124.5	107.5	116.5	123.3	129.1
蒙古	39.9	64.2	79.4	101.4	158.1	186.5	191.6
菲律宾	36.4	65.4	82.8	100.4	113.5	116.9	120.5
新加坡	39.9	75.6	100.4	90.5	92.5	94.1	97.8
韩国	134.5	354.5	407.6	444.4	477.5	386.4	419.3
泰国	24.1	58.6	63.6	64.1	75.3	77.7	83.3
非洲	**6.6**	**23.8**	**46.4**	**58.0**	**58.9**	**62.9**	**67.4**
欧洲	**248.9**	**479.1**	**569.8**	**491.7**	**547.2**	**591.2**	**604.4**
#英国	28.4	50.0	57.5	58.0	59.5	59.2	60.8
德国	23.9	45.5	60.9	62.3	62.5	63.5	64.3
法国	18.5	37.2	51.3	48.7	50.4	49.5	50.0
意大利	7.8	19.7	22.9	24.6	26.7	28.1	27.8
荷兰	7.6	14.6	18.9	18.2	20.0	19.4	19.6
葡萄牙	2.3	4.4	4.8	5.3	5.5	5.6	5.1
瑞典	5.4	11.0	15.5	11.8	11.5	11.2	11.0
瑞士	3.1	5.1	7.4	7.3	7.3	7.2	7.4
俄罗斯	108.0	222.4	237.0	158.2	197.7	235.7	241.5
拉丁美洲	**8.3**	**16.1**	**30.0**	**35.0**	**39.0**	**42.6**	**45.4**
北美洲	**113.3**	**198.5**	**269.5**	**276.6**	**299.1**	**311.9**	**333.5**
#加拿大	23.7	43.0	68.5	68.0	74.1	80.6	85.0
美国	89.6	155.6	201.0	208.6	225.0	231.3	248.5
大洋洲及太平洋岛屿	**28.2**	**57.4**	**78.9**	**77.6**	**82.6**	**89.2**	**91.3**
#澳大利亚	23.4	48.3	66.1	63.7	67.5	73.4	75.2
新西兰	3.8	7.8	11.6	12.5	13.6	14.4	14.6
其他	**0.7**	**0.7**	**0.2**	**0.2**	**0.2**	**0.2**	**0.2**

入境游客和国际旅游收入

年　份	入境游客（万人次）	#外国人	国际旅游收　入（亿美元）
1978	180.92	22.96	2.63
1979	420.39	36.24	4.49
1980	570.25	52.91	6.17
1981	776.71	67.52	7.85
1982	792.43	76.45	8.43
1983	947.70	87.25	9.41
1984	1285.22	113.43	11.31
1985	1783.31	137.05	12.50
1986	2281.95	148.23	15.31
1987	2690.23	172.78	18.62
1988	3169.48	184.22	22.47
1989	2450.14	146.10	18.60
1990	2746.18	174.73	22.18
1991	3334.98	271.01	28.45
1992	3811.49	400.64	39.47
1993	4152.69	465.59	46.83
1994	4368.50	518.21	73.23
1995	4638.65	588.67	87.33
1996	5112.75	674.43	102.00
1997	5758.79	742.80	120.74
1998	6347.84	710.77	126.02
1999	7279.56	843.23	140.99
2000	8344.39	1016.04	162.24
2001	8901.30	1122.64	177.92
2002	9790.80	1343.95	203.85
2003	9166.21	1140.29	174.06
2004	10903.82	1693.25	257.39
2005	12029.23	2025.51	292.96
2006	12494.21	2221.03	339.49
2007	13187.33	2610.97	419.19
2008	13002.74	2432.53	408.43
2009	12647.59	2193.75	396.75
2010	13376.22	2612.69	458.14
2011	13542.35	2711.20	484.64
2012	13240.53	2719.16	500.28
2013	12907.78	2629.03	516.64
2014	12849.83	2636.08	1053.80
2015	13382.04	2598.54	1136.50
2016	13844.38	2815.12	1200.00
2017	13948.00	2917.00	1234.17
2018	14119.83	3054.29	1271.03

注：国际旅游收入指入境旅游者在中国(大陆)境内旅游过程中用于交通、参观游览、住宿、餐饮、购物、娱乐等全部花费。

各种运输线路长度

(年底数)　　　　　　　　　　　　单位：万公里

年　份	铁路营业里　　程	公路里程	#高速公路	内河航道里　　程	定期航班航线里程	输油(气)管道里程
1978	5.17	89.02		13.60	14.89	0.83
1979	5.30	87.58		10.78	16.00	0.91
1980	5.33	88.83		10.85	19.53	0.87
1981	5.39	89.75		10.87	21.82	0.97
1982	5.33	90.70		10.86	23.27	1.04
1983	5.46	91.51		10.89	22.91	1.08
1984	5.48	92.67		10.93	26.02	1.10
1985	5.52	94.24		10.91	27.72	1.17
1986	5.58	96.28		10.94	32.31	1.30
1987	5.60	98.22		10.98	38.91	1.38
1988	5.62	99.96	0.01	10.94	37.38	1.43
1989	5.70	101.43	0.03	10.90	47.19	1.51
1990	5.79	102.83	0.05	10.92	50.68	1.59
1991	5.78	104.11	0.06	10.97	55.91	1.62
1992	5.81	105.67	0.07	10.97	83.66	1.59
1993	5.86	108.35	0.11	11.02	96.08	1.64
1994	5.90	111.78	0.16	11.02	104.56	1.68
1995	6.24	115.70	0.21	11.06	112.90	1.72
1996	6.49	118.58	0.34	11.08	116.65	1.93
1997	6.60	122.64	0.48	10.98	142.50	2.04
1998	6.64	127.85	0.87	11.03	150.58	2.31
1999	6.74	135.17	1.16	11.65	152.22	2.49
2000	6.87	167.98	1.63	11.93	150.29	2.47
2001	7.01	169.80	1.94	12.15	155.36	2.76
2002	7.19	176.52	2.51	12.16	163.77	2.98
2003	7.30	180.98	2.97	12.40	174.95	3.26
2004	7.44	187.07	3.43	12.33	204.94	3.82
2005	7.54	334.52	4.10	12.33	199.85	4.40
2006	7.71	345.70	4.53	12.34	211.35	4.81
2007	7.80	358.37	5.39	12.35	234.30	5.45
2008	7.97	373.02	6.03	12.28	246.18	5.83
2009	8.55	386.08	6.51	12.37	234.51	6.91
2010	9.12	400.82	7.41	12.42	276.51	7.85
2011	9.32	410.64	8.49	12.46	349.06	8.33
2012	9.76	423.75	9.62	12.50	328.01	9.16
2013	10.31	435.62	10.44	12.59	410.60	9.85
2014	11.18	446.39	11.19	12.63	463.72	10.57
2015	12.10	457.73	12.35	12.70	531.72	10.87
2016	12.40	469.63	13.10	12.71	634.81	11.34
2017	12.70	477.35	13.64	12.70	748.30	11.93
2018	13.10	484.65	14.26	12.71	837.98	12.23

注：1.2005年起公路里程含村道。
2.2004年起，内河航道里程为内河航道通航里程数。
3.2012年起，管道运输统计口径在原中国石油天然气集团公司、中国石油化工集团公司基础上增加中国海洋石油总公司。

民用汽车拥有量

单位：万辆

年　份	民用汽车总　　计	#载客汽车	#载货汽车	#私人汽车总　　计	#载客汽车	#载货汽车
1978	135.8	25.9	100.2			
1979	155.5	29.7	114.4			
1980	178.3	35.1	129.9			
1981	199.1	40.6	137.4			
1982	215.7	44.2	148.1			
1983	232.6	47.8	169.4			
1984	260.4	56.3	188.4			
1985	321.1	79.5	223.2	28.5	1.9	26.5
1986	362.0	96.6	246.6	34.7	3.4	31.2
1987	408.1	111.5	281.2	42.3	7.3	34.9
1988	464.4	130.4	317.9	60.4	15.3	45.1
1989	511.3	146.4	346.4	73.1	20.3	52.8
1990	551.4	162.2	368.5	81.6	24.1	57.5
1991	606.1	185.2	398.6	96.0	30.4	65.6
1992	691.7	226.2	441.5	118.2	41.8	76.2
1993	817.6	286.0	501.0	155.8	59.9	94.0
1994	942.0	349.7	560.3	205.4	78.6	123.3
1995	1040.0	417.9	585.4	250.0	114.2	131.8
1996	1100.1	488.0	575.0	289.7	143.0	142.8
1997	1219.1	580.6	601.2	358.4	191.3	163.2
1998	1319.3	654.8	627.9	423.7	230.7	192.0
1999	1452.9	740.2	677.0	533.9	304.1	228.7
2000	1608.9	853.7	716.3	625.3	365.1	259.1
2001	1802.0	994.0	765.2	770.8	469.9	299.0
2002	2053.2	1202.4	812.2	969.0	623.8	341.3
2003	2382.9	1478.8	853.5	1219.2	845.9	367.4
2004	2693.7	1735.9	893.0	1481.7	1069.7	402.8
2005	3159.7	2132.5	955.6	1848.1	1383.9	452.1
2006	3697.4	2619.6	986.3	2333.3	1823.6	494.9
2007	4358.4	3196.0	1054.1	2876.2	2316.9	539.5
2008	5099.6	3838.9	1126.1	3501.4	2880.5	596.4
2009	6280.6	4845.1	1368.6	4574.9	3808.3	753.4
2010	7801.8	6124.1	1597.6	5938.7	4989.5	931.5
2011	9356.3	7478.4	1788.0	7326.8	6237.5	1067.4
2012	10933.1	8943.0	1894.7	8838.6	7637.9	1175.6
2013	12670.1	10561.8	2010.6	10501.7	9198.2	1275.5
2014	14598.1	12326.7	2125.5	12339.4	10945.4	1352.8
2015	16284.5	14095.9	2065.6	14099.1	12737.2	1330.7
2016	18574.5	16278.2	2171.9	16330.2	14896.3	1401.2
2017	20906.7	18469.5	2338.8	18515.1	17001.5	1478.4
2018	23231.2	20555.4	2567.8	20574.9	18930.3	1605.1

民用运输船舶拥有量

单位：艘

年份	民用运输船舶	#机动船	驳船	私人运输船舶
1978	157960	28340	74484	
1980	144252	29588	71604	
1985	475000	260296	132682	
1990	425934	325888	82482	231168
1995	364968	299717	57998	196736
1996	330953	269879	56128	168459
1997	271856	215814	49983	160576
1998	263576	212093	48115	137354
1999	242043	194590	47453	120621
2000	229676	185018	44658	142117
2001	210786	169329	41457	121721
2002	202977	165936	37041	115108
2003	204270	163813	40457	114297
2004	210700	166854	43846	115503
2005	207294	165900	41394	95838
2006	194360	157805	36555	70292
2007	191771	157544	34227	70017
2008	184190	152247	31943	64552
2009	176932	149367	27565	52645
2010	178407	155624	22783	45786
2011	179242	157950	21292	45889
2012	178591	158309	20282	45518
2013	172554	155340	17214	
2014	171977	154974	17003	
2015	165905	149659	16246	
2016	160144	144568	15576	31345
2017	144924	131746	13178	24070
2018	136975	125754	11221	20612

民用航空航线及飞机架数

指　　标	单　位	1990年	2000年	2010年	2017年	2018年
定期航班航线条数	**条**	**437**	**1165**	**1880**	**4418**	**4945**
国际航线	条	44	133	302	803	849
国内航线	条	385	1032	1578	3615	4096
#港澳台地区航线	条	8	42	85	96	100
定期航班航线里程	**万公里**	**50.7**	**150.3**	**276.5**	**748.3**	**838.0**
国际航线	万公里	16.6	50.8	107.0	324.6	359.9
国内航线	万公里	32.9	99.4	169.5	423.7	478.1
#港澳台地区航线	万公里	1.1	5.6	12.1	14.8	15.3
定期航班通航机场	**个**	**94**	**139**	**175**	**228**	**233**
民用飞机架数	**架**	**503**	**982**	**2405**	**5593**	**6134**
运输飞机	架	204	527	1597	3296	3639
大中型飞机	架		462	1453	3120	3452
小型飞机	架		65	144	176	187
通用航空飞机	架	217	301	606	2297	2495

注：1.1992年以前，民航机场和飞机架数为民航总局直属企业数，1992年起为民航全行业数据。
2.1997年以前，港澳地区航线与国内航线、国际航线并列统计。1997年起，民航所属至香港航线统计在国内航线中。1999年起，港澳地区航线为国内航线的其中项。
3.民航国内通航机场不包含香港、澳门特别行政区。
4.2015年起通用航空飞机数包含教学校验飞机。

客 运 量

单位：万人

年 份	客运量	铁 路	公 路	水 运	民 航
1978	253993	81491	149229	23042	231
1979	289665	86389	178618	24360	298
1980	341785	92204	222799	26439	343
1981	384763	95219	261559	27584	401
1982	428964	99922	300610	27987	445
1983	470614	106044	336965	27214	391
1984	530217	113353	390336	25974	554
1985	620206	112110	476486	30863	747
1986	688211	108579	544259	34377	996
1987	746422	112479	593682	38951	1310
1988	809592	122645	650473	35032	1442
1989	791374	113805	644508	31778	1283
1990	772682	95712	648085	27225	1660
1991	806048	95080	682681	26109	2178
1992	860855	99693	731774	26502	2886
1993	996634	105458	860719	27074	3383
1994	1092882	108738	953940	26165	4039
1995	1172596	102745	1040810	23924	5117
1996	1245357	94797	1122110	22895	5555
1997	1326094	93308	1204583	22573	5630
1998	1378717	95085	1257332	20545	5755
1999	1394413	100164	1269004	19151	6094
2000	1478573	105073	1347392	19386	6722
2001	1534122	105155	1402798	18645	7524
2002	1608150	105606	1475257	18693	8594
2003	1587497	97260	1464335	17142	8759
2004	1767453	111764	1624526	19040	12123
2005	1847018	115583	1697381	20227	13827
2006	2024158	125656	1860487	22047	15968
2007	2227761	135670	2050680	22835	18576
2008	2867892	146193	2682114	20334	19251
2009	2976898	152451	2779081	22314	23052
2010	3269508	167609	3052738	22392	26769
2011	3526319	186226	3286220	24556	29317
2012	3804035	189337	3557010	25752	31936
2013	2122992	210597	1853463	23535	35397
2014	2032218	230460	1736270	26293	39195
2015	1943271	253484	1619097	27072	43618
2016	1900194	281405	1542759	27234	48796
2017	1848620	308379	1456784	28300	55156
2018	1793820	337495	1367170	27981	61174

注：1.2008年公路、水路运输量统计口径调整(以下相关表同)。
2.2013年公路水路客货运输数据，源自2013年交通运输业经济统计专项调查，统计范围口径有所调整(下同)。
3.2014年、2015年公路水路运输量统计数据根据2015年开展的公路水路运输量小样本抽样调查结果进行了调整。

旅客周转量

单位：亿人公里

年 份	旅客周转量	铁 路	公 路	水 运	民 航
1978	1743	1093	521	101	28
1979	1968	1216	603	114	35
1980	2281	1383	730	129	40
1981	2500	1473	839	138	50
1982	2743	1575	964	145	60
1983	3095	1777	1106	154	59
1984	3620	2046	1337	154	83
1985	4435	2416	1725	179	116
1986	4897	2587	1982	182	146
1987	5415	2843	2190	196	186
1988	6209	3260	2528	204	217
1989	6075	3037	2662	188	187
1990	5628	2613	2620	165	230
1991	6178	2828	2872	177	301
1992	6949	3152	3193	198	406
1993	7858	3483	3701	196	478
1994	8591	3636	4220	184	552
1995	9002	3546	4603	172	681
1996	9165	3348	4909	161	748
1997	10055	3585	5541	156	774
1998	10637	3773	5943	120	800
1999	11300	4136	6199	107	857
2000	12261	4533	6657	101	971
2001	13155	4767	7207	90	1091
2002	14126	4969	7806	82	1269
2003	13810	4789	7696	63	1263
2004	16309	5712	8748	66	1782
2005	17467	6062	9292	68	2045
2006	19197	6622	10131	74	2371
2007	21593	7216	11507	78	2792
2008	23197	7779	12476	59	2883
2009	24835	7879	13511	69	3375
2010	27894	8762	15021	72	4039
2011	30984	9612	16760	75	4537
2012	33383	9812	18468	77	5026
2013	27572	10596	11251	68	5657
2014	28647	11242	10997	74	6334
2015	30059	11961	10743	73	7283
2016	31258	12579	10229	72	8378
2017	32813	13457	9765	78	9513
2018	34218	14147	9280	80	10712

分地区客运量和旅客周转量

(2018年)

地区	客运量(万人)	#铁路	#公路	#水运	旅客周转量(亿人公里)	#铁路	#公路	#水运
全国总计	**1793820**	**337495**	**1367170**	**27981**	**34218**	**14146.6**	**9279.7**	**79.6**
北京	58935	14357	44577		254	154.6	99.9	
天津	17450	5075	12259	116	277	199.9	76.4	0.2
河北	47346	12211	35133	2	1289	1061.4	227.6	0.2
山西	23837	7958	15719	161	394	234.2	159.6	0.1
内蒙古	13268	5446	7823		337	214.7	122.4	
辽宁	71343	14422	56355	566	939	641.3	291.5	6.0
吉林	31956	8446	23372	139	427	273.3	153.8	0.2
黑龙江	31568	10522	20739	307	434	279.3	154.1	0.4
上海	15845	12267	3151	427	219	112.1	105.8	0.8
江苏	120612	21204	97025	2383	1539	819.2	716.6	3.5
浙江	98380	21870	72013	4497	1104	694.6	402.8	6.3
安徽	63347	12337	50770	240	1164	786.4	376.9	0.4
福建	48105	12096	34081	1929	600	385.2	212.0	2.8
江西	60686	11131	49302	253	994	732.4	261.0	0.3
山东	67443	15356	50044	2044	1290	783.3	493.6	12.8
河南	110421	16383	93707	331	1775	1063.3	711.2	0.6
湖北	98350	16713	80990	648	1259	800.7	453.4	4.7
湖南	106680	13943	91007	1729	1463	979.5	479.9	3.6
广东	142144	34121	105249	2775	2086	953.7	1120.7	11.1
广西	47931	11100	36134	697	817	462.3	351.1	3.3
海南	14383	2958	9637	1788	131	52.1	74.4	4.1
重庆	60587	7707	52150	731	493	227.1	260.4	5.6
四川	98569	15116	81462	1991	878	410.3	466.1	1.9
贵州	93025	6761	84053	2211	799	322.8	469.1	6.8
云南	41484	5500	34642	1342	432	158.9	269.6	3.0
西藏	1399	352	1047		47	18.9	28.0	
陕西	71583	10953	60269	361	798	510.4	287.0	0.6
甘肃	42185	5473	36634	78	635	401.3	233.3	0.1
青海	6443	1256	5092	95	141	90.1	50.8	0.1
宁夏	6137	653	5342	142	88	40.8	47.5	0.1
新疆	21204	3810	17394		406	282.6	123.2	
不分地区	61174				10712			

注：不分地区合计为民航完成数。

货　运　量

单位：万吨

年　份	货运量	铁　路	公　路	水　运	#远　洋	民　航	管　道
1978	319431	110119	151602	47357	3659	6.4	10347
1979	318258	111893	147935	47080		8.0	11342
1980	310841	111279	142195	46833	4292	8.9	10525
1981	298642	107673	134499	45532	4530	9.4	10929
1982	311937	113495	138634	48632	4606	10.2	11166
1983	323956	118784	144051	49489	4759	11.6	11620
1984	339995	124074	151835	51527	5545	15.0	12544
1985	745763	130709	538062	63322	6627	19.5	13650
1986	853557	135635	620113	82962	7228	22.4	14825
1987	948229	140653	711424	80979	7984	29.9	15143
1988	982195	144948	732315	89281	8530	32.7	15618
1989	988435	151489	733781	87493	9027	31.0	15641
1990	970602	150681	724040	80094	9408	37.0	15750
1991	985793	152893	733907	83370	10567	45.2	15578
1992	1045899	157627	780941	92490	11191	57.5	14783
1993	1115902	162794	840256	97938	12508	69.4	14845
1994	1180396	163216	894914	107091	13421	82.9	15092
1995	1234938	165982	940387	113194	15251	101.1	15274
1996	1298421	171024	983860	127430	14213	115.0	15992
1997	1278218	172149	976536	113406	20287	124.7	16002
1998	1267427	164309	976004	109555	18892	140.1	17419
1999	1293008	167554	990444	114608	22621	170.4	20232
2000	1358682	178581	1038813	122391	22949	196.7	18700
2001	1401786	193189	1056312	132675	27573	171.0	19439
2002	1483447	204956	1116324	141832	29896	202.1	20133
2003	1564492	224248	1159957	158070	34002	219.0	21998
2004	1706412	249017	1244990	187394	39469	276.7	24734
2005	1862066	269296	1341778	219648	48549	306.7	31037
2006	2037060	288224	1466347	248703	54413	349.4	33436
2007	2275822	314237	1639432	281199	58903	401.8	40552
2008	2585937	330354	1916759	294510	42352	407.6	43906
2009	2825222	333348	2127834	318996	51733	445.5	44598
2010	3241807	364271	2448052	378949	58054	563.0	49972
2011	3696961	393263	2820100	425968	63542	557.5	57073
2012	4100436	390438	3188475	458705	65815	545.0	62274
2013	4098900	396697	3076648	559785	71156	561.3	65209
2014	4167296	381334	3113334	598283	74733	594.1	73752
2015	4175886	335801	3150019	613567	74685	629.3	75870
2016	4386763	333186	3341259	638238	79769	668.0	73411
2017	4804850	368865	3686858	667846	76030	705.9	80576
2018	5152674	402573	3956871	702684	76969	738.5	89807

注：1993年起铁路货物运输增加行包运量(下表同)。

货物周转量

单位：亿吨公里

年份	货物周转量	铁路	公路	水运	#远洋	民航	管道
1978	9928	5345	350	3802	2487	1.0	430
1979	11014	5599	351	4587		1.2	476
1980	11629	5718	343	5076	3532	1.4	491
1981	11747	5712	358	5176	3643	1.7	499
1982	12540	6120	412	5505	3769	2.0	501
1983	13466	6647	463	5820	3977	2.3	534
1984	14920	7248	527	6569	4374	3.1	572
1985	18365	8126	1903	7729	5329	4.2	603
1986	20147	8765	2118	8648	5948	4.8	612
1987	22229	9471	2660	9465	6576	6.5	625
1988	23826	9878	3220	10070	6966	7.3	650
1989	25592	10394	3375	11187	7689	6.9	629
1990	26208	10622	3358	11592	8141	8.2	627
1991	27987	10972	3428	12956	8990	10.1	621
1992	29218	11576	3755	13256	9034	13.4	617
1993	30647	12091	4071	13861	9134	16.6	608
1994	33435	12632	4486	15687	10268	18.6	612
1995	35909	13049	4695	17552	11938	22.3	590
1996	36590	13106	5011	17863	11254	24.9	585
1997	38385	13270	5272	19235	14875	29.1	579
1998	38089	12560	5483	19406	14920	33.5	606
1999	40568	12910	5724	21263	17014	42.3	628
2000	44321	13770	6129	23734	17073	50.3	636
2001	47710	14694	6330	25989	20873	43.7	653
2002	50686	15658	6783	27511	21733	51.6	683
2003	53859	17247	7099	28716	22305	57.9	739
2004	69445	19289	7841	41429	32255	71.8	815
2005	80258	20726	8693	49672	38552	78.9	1088
2006	88840	21954	9754	55486	42577	94.3	1551
2007	101419	23797	11355	64285	48686	116.4	1866
2008	110300	25106	32868	50263	32851	119.6	1944
2009	122133	25239	37189	57557	39524	126.2	2022
2010	141837	27644	43390	68428	45999	178.9	2197
2011	159324	29466	51375	75424	49355	173.9	2885
2012	173804	29187	59535	81708	53412	163.9	3211
2013	168014	29174	55738	79436	48705	170.3	3496
2014	181668	27530	56847	92775	55935	187.8	4328
2015	178356	23754	57956	91772	54236	208.1	4665
2016	186629	23792	61080	97339	58075	222.4	4196
2017	197373	26962	66772	98611	55084	243.6	4784
2018	204686	28821	71249	99053	51927	262.5	5301

分地区货运量和货物周转量

(2018年)

地 区	货运量(万吨)	#铁路	#公路	#水运	货物周转量(亿吨公里)	#铁路	#公路	#水运
全国总计	**5152674**	**402573**	**3956871**	**702684**	**204686**	**28820.5**	**71249.2**	**99052.8**
北 京	20873	596	20278		1034	866.8	167.4	
天 津	52221	9249	34711	8261	2241	509.8	404.1	1326.6
河 北	249265	19580	226334	3352	13873	4831.6	8550.1	490.9
山 西	211497	85260	126214	23	4489	2581.6	1907.7	0.1
内蒙古	232525	72506	160018		5596	2610.3	2985.6	
辽 宁	223346	19691	189737	13918	10654	1184.6	3152.3	6317.6
吉 林	52156	5615	46520	22	1705	515.3	1189.2	0.2
黑龙江	55190	11357	42943	889	1601	784.6	810.7	6.1
上 海	106983	482	39595	66906	28300	9.8	299.3	27990.8
江 苏	233157	6171	139251	87735	8969	303.0	2544.4	6121.9
浙 江	269083	4330	166533	98219	11538	221.5	1964.1	9352.5
安 徽	406761	8066	283817	114877	11804	721.2	5451.6	5630.9
福 建	136947	3518	96576	36854	7646	147.3	1289.5	6209.4
江 西	174285	5155	157646	11484	4529	530.6	3759.9	238.1
山 东	354019	23247	312807	17964	10052	1357.0	6859.7	1835.5
河 南	259884	10461	235183	14240	8982	2066.4	5893.9	1021.8
湖 北	204307	4730	163145	36432	6676	870.0	2955.5	2850.0
湖 南	229957	4468	204389	21101	4387	812.8	3114.8	459.0
广 东	416389	9293	304743	102353	28338	270.6	3890.3	24177.4
广 西	190652	7140	153389	30123	4984	710.1	2683.0	1590.6
海 南	22040	1068	12052	8921	876	17.0	84.6	774.3
重 庆	128491	1967	107064	19460	3598	206.6	1152.8	2238.5
四 川	187385	7199	173324	6862	2946	861.0	1815.0	270.1
贵 州	102537	5513	95354	1670	1798	606.3	1146.5	45.1
云 南	140670	4661	135321	688	1972	465.4	1489.2	17.3
西 藏	2433	70	2363		150	33.2	116.8	
陕 西	173245	42245	130823	177	4025	1723.0	2301.4	0.5
甘 肃	70386	6087	64271	28	2610	1490.9	1119.0	0.0
青 海	18905	3220	15685		551	275.6	275.7	
宁 夏	38916	7159	31757		628	229.5	398.2	
新 疆	97498	12469	85029		2484	1007.2	1476.7	
不分地区	90672			126	5651			87.6

注：不分地区合计中包括管道运输企业，民航运输企业，中国远洋海运集团有限公司下属海外公司完成量。货运量和货物周转量的全国总计等于分省数与不分地区数据之和。

沿海规模以上主要港口货物吞吐量

单位：万吨

港　口	1990年	2000年	2010年	2017年	2018年
总　计	**48321**	**125603**	**548358**	**865464**	**922392**
大　连	4952	9084	31399	45517	46784
营　口	237	2268	22579	36267	37001
秦皇岛	6945	9743	26297	24520	23119
天　津	2063	9566	41325	50056	50774
烟　台	668	1774	15033	28816	44308
青　岛	3034	8636	35012	51031	54250
日　照	925	2674	22597	36136	43763
上　海	13959	20440	56320	70542	68392
连云港	1137	2708	12739	20605	21443
宁波-舟山	2554	11547	63300	100933	108439
福　州	561	2426	7125	14838	17876
厦　门	529	1965	12728	21116	21720
深　圳	1258	5697	22098	24136	25127
广　州	4163	11128	41095	57003	59396
湛　江	1557	2038	13638	28209	30185
海　口	288	808	5700	11297	11883
八　所	431	378	893	1605	1396
其他港口	3060	22723	118480	242836	256536

注：1.2006年起，宁波-舟山港统计范围包括原宁波港和舟山港，以往年度数据为原宁波港数据。
2.2007年起，烟台港统计范围包括原烟台港和龙口港，以往年度数据为原烟台港数据。
3.2009年起，湛江港和海口港港区范围有调整。
4.2011年起，厦门港统计范围包括原厦门港和漳州港，以往年度数据为原厦门港数据。
5.2015年起，沿海规模以上港口增加盐城港。

邮政行业营业网点及业务量

年份	邮政行业业务总量（亿元）	营业网点（万处）	函件（亿件）	快递（万件）	报刊期发数（万份）	邮路总长度（万公里）	农村投递路线长度（万公里）
1978	14.9	4.96	28.4		11250	486.33	426.63
1979		4.96	30.8		12680		
1980	17.0	4.95	33.1		16431	473.71	413.89
1981		4.96	33.9		18124		
1982		4.97	33.9		19598		
1983		5.02	35.2		22933		
1984		5.15	39.5		28141		
1985	25.7	5.31	46.8		30172	141.63	356.58
1986		5.28	49.6		28731		
1987		5.29	54.8		31005		
1988		5.29	59.8		27443		
1989		5.31	57.3	247	17704	152.61	338.94
1990	46.0	5.36	54.9	343	20078	161.82	336.49
1991	52.8	5.40	52.1	567	23277	160.33	337.14
1992	64.4	5.49	57.2	959	25104	164.69	337.46
1993	80.3	5.70	68.7	2156	25511	176.05	337.78
1994	95.9	6.04	76.5	4020	24096	178.18	336.47
1995	113.3	6.19	79.6	5563	21689	188.61	334.58
1996	133.3	7.25	78.7	7097	21157	211.89	335.81
1997	144.3	7.93	68.6	6879	21875	236.31	340.29
1998	166.3	10.22	65.5	7668	22989	285.39	336.15
1999	198.4	6.66	60.5	9091	25035	297.90	334.81
2000	232.8	5.84	77.7	11031	20090	307.33	336.45
2001	457.4	5.71	86.9	12653	21811	310.26	349.28
2002	494.7	7.64	106.0	14036	17620	308.10	351.12
2003	541.0	6.36	103.8	17238	16594	327.02	353.18
2004	564.3	6.64	82.8	19772	14789	333.64	353.05
2005	625.5	6.59	73.5	22880	14601	340.62	356.52
2006	730.5	6.28	71.3	26988	14373	336.94	356.70
2007	1213.7	7.07	69.5	120190	13031	353.30	363.76
2008	1401.8	6.91	73.6	151329	15658	369.34	365.69
2009	1639.9	6.57	75.3	185786	13910	402.78	367.61
2010	1985.3	7.57	74.0	233892	17158	463.56	369.06
2011	1607.7	7.87	73.8	367311	15008	514.03	363.26
2012	2036.8	9.56	70.7	568548	15402	585.51	373.17
2013	2725.1	12.51	63.4	918675	15141	589.72	374.47
2014	3696.1	13.76	56.1	1395925	14937	630.56	377.59
2015	5078.7	18.86	45.8	2066637	15540	637.64	375.60
2016	7397.2	21.67	36.2	3128315	13618	658.50	376.77
2017	9763.7	27.80	31.5	4005592	12573	938.47	380.53
2018	12345.2	27.46	26.7	5071043	12458	985.13	403.05

注：邮政行业业务总量2000年及以前按1990年不变价格计算，2001-2010年按2000年不变价格计算，2011年起按2010年不变价格计算。

电信业业务量

年 份	电信业务总量(亿元)	移动电话用户(万户)	固定电话用户(万户)	城市电话	互联网上网人数(万人)
1978	19.2		192.5	119.2	
1979			203.3	127.0	
1980	22.0		214.1	134.2	
1981			222.1	142.6	
1982			234.3	153.9	
1983			250.8	168.9	
1984			277.4	191.1	
1985	36.5		312.0	219.0	
1986			350.4	250.5	
1987			390.7	293.0	
1988		0.3	472.7	362.3	
1989		1.0	568.0	439.6	
1990	109.6	1.8	685.0	538.4	
1991	151.6	4.8	845.1	670.8	
1992	226.6	17.7	1146.9	920.6	
1993	382.5	63.9	1733.2	1407.4	
1994	592.3	156.8	2729.5	2246.8	
1995	875.5	362.9	4070.6	3263.6	
1996	1208.8	685.3	5494.7	4277.8	
1997	1629.0	1323.3	7031.0	5244.4	62
1998	2264.9	2386.3	8742.1	6259.8	210
1999	3132.4	4329.6	10871.6	7463.3	890
2000	4559.9	8453.3	14482.9	9311.6	2250
2001	4098.8	14522.2	18036.8	11193.7	3370
2002	5201.1	20600.5	21422.2	13579.1	5910
2003	6478.8	26995.3	26274.7	17109.7	7950
2004	9148.0	33482.4	31175.6	21025.1	9400
2005	11403.0	39340.6	35044.5	23975.3	11100
2006	14595.4	46105.8	36778.6	25132.9	13700
2007	18591.3	54730.6	36563.7	24859.8	21000
2008	22247.7	64124.5	34035.9	23155.9	29800
2009	25553.6	74721.4	31373.2	21190.0	38400
2010	29993.2	85900.3	29434.2	19658.1	45730
2011	11725.8	98625.3	28509.8	19121.7	51310
2012	12982.4	111215.5	27815.3	18893.4	56400
2013	15707.2	122911.3	26698.5	18456.8	61758
2014	18138.3	128609.3	24943.0	17627.9	64875
2015	23346.3	127139.7	23099.6	17320.8	68826
2016	15617.0	132193.4	20662.4	15619.2	73125
2017	27596.7	141748.7	19375.7	14730.8	77198
2018	65555.7	156609.8	18224.8	13862.3	82851

注：电信业务总量2000年及以前按1990年不变价格计算，2001-2010年按2000年不变价格计算，2011-2015年按2010年不变价格计算，2016年起按2015年不变价格计算，按可比口径比上年增长30.3%。

电信主要通信能力

年　份	固定长途电话交换机容量（万路端）	局　用交换机容量（万门）	移动电话交换机容量（万户）	光缆线路长度（万公里）	互联网宽带接入端口（万个）
1978	0.2	405.9			
1980	0.2	443.2			
1985	1.2	613.4			
1990	16.1	1231.8	5.1		
1995	351.9	7203.6	796.7		
1996	416.2	9291.2	1536.2		
1997	436.8	11269.2	2585.7	55.7	
1998	449.2	13823.7	4706.7	76.7	
1999	503.2	15346.1	8136.0	95.2	
2000	563.5	17825.6	13985.6	121.2	
2001	703.6	25566.3	21926.3	181.9	
2002	773.0	28656.8	27400.3	225.3	
2003	1061.1	35082.5	33698.4	273.5	1802.3
2004	1263.0	42346.9	39684.3	351.9	3578.1
2005	1371.6	47196.1	48241.7	407.3	4874.7
2006	1442.3	50279.9	61032.0	428.0	6486.4
2007	1709.2	51034.6	85496.1	577.7	8539.3
2008	1690.7	50863.2	114531.4	677.8	10890.4
2009	1684.9	49265.6	144084.7	829.5	13835.7
2010	1641.5	46537.3	150284.9	996.2	18781.1
2011	1602.3	43428.4	171636.0	1211.9	23239.4
2012	1579.7	43749.3	184023.8	1479.3	32108.4
2013	1280.5	41089.3	196557.3	1745.4	35945.3
2014	982.9	40517.1	205024.9	2061.3	40546.1
2015	811.1	26446.5	218150.0	2486.3	57709.4
2016	681.1	22441.6	218540.0	3042.1	71276.9
2017	603.5	18398.7	242185.8	3780.1	77599.1
2018	553.9	13109.5	259453.1	4358.3	88573.1

邮电通信服务水平

指　　标	单　位	2013年	2014年	2015年	2016年	2017年	2018年
平均每一营业网点服务面积	平方公里	76.7	69.8	50.9	44.3	34.5	35.0
平均每一营业网点服务人口	万人	1.1	1.0	0.7	0.6	0.5	0.5
平均每人每年发函件数	件	4.7	4.1	3.3	2.6	2.3	1.9
平均每百人订有报刊数	份	11.0	10.9	11.3	9.9	9.0	8.9
通邮的行政村比重	%	99.2	99.4	99.8	99.4	100.0	100.0
电话普及率(含移动)	部/百人	109.95	112.26	109.30	110.55	115.91	125.29
移动电话普及率	部/百人	90.33	94.03	92.49	95.60	101.97	112.23
互联网普及率	%	45.8	47.9	50.3	53.2	55.8	59.6

软件和信息技术服务业主要经济指标

指　　标	单　位	2013年	2014年	2015年	2016年	2017年	2018年
软件业务收入	亿元	30587	37026	42848	48232	55103	63061
软件产品收入	亿元	9877	12198	13656	15028	16984	19353
信息技术服务收入	亿元	16031	18711	22211	26090	30604	34756
嵌入式系统软件收入	亿元	4680	6117	6981	7114	7516	8952

货币供应量

单位：亿元

年 份	货币和准货币 (M2)	狭义货币 (M1)	流通中货币 (M0)	比上年增长% (M2)	(M1)	(M0)
1978			212			
1979			268			26.3
1980			346			29.3
1981			396			14.5
1982			439			10.8
1983			530			20.7
1984			792			49.5
1985			988			24.7
1986			1218			23.3
1987			1455			19.4
1988			2134			46.7
1989			2344			9.8
1990	15293	6951	2644			12.8
1991	19350	8633	3178	26.5	24.2	20.2
1992	25402	11732	4336	31.3	35.9	36.4
1993	34880	16280	5865			
1994	46924	20541	7289	34.5	26.2	24.3
1995	60751	23987	7885	29.5	16.8	8.2
1996	76095	28515	8802	25.3	18.9	11.6
1997	90995	34826	10178	17.3	16.5	15.6
1998	104499	38954	11204	14.8	11.9	10.1
1999	119898	45837	13456	14.7	17.7	20.1
2000	134610	53147	14653	12.3	16.0	8.9
2001	158302	59872	15689	14.4	12.7	7.1
2002	185007	70882	17278	16.8	16.8	10.1
2003	221223	84119	19746	19.6	18.7	14.3
2004	254107	95970	21468	14.7	13.6	8.7
2005	298756	107279	24032	17.6	11.8	11.9
2006	345578	126028	27073	16.9	17.5	12.7
2007	403442	152560	30375	16.7	21.1	12.2
2008	475167	166217	34219	17.8	9.1	12.7
2009	610225	221446	38247	28.5	33.2	11.8
2010	725852	266622	44628	19.7	21.2	16.7
2011	851591	289848	50748	13.6	7.9	13.8
2012	974149	308664	54660	13.8	6.5	7.7
2013	1106525	337291	58574	13.6	9.3	7.2
2014	1228375	348056	60260	12.2	3.2	2.9
2015	1392278	400953	63217	13.3	15.2	4.9
2016	1550067	486557	68304	11.3	21.4	8.1
2017	1690235	543790	70646	8.1	11.8	3.4
2018	1826744	551686	73208	8.1	1.5	3.6

注：1.同比增长率按可比口径计算。1993年口径调整，故1993年未计算增长率。

2.2001年6月起货币供应量(M_2)含证券公司客户保证金。

3.1997年金融统计制度调整，此后数据与历史年份不完全可比。

4.自2011年10月起，货币供应量已包括住房公积金中心存款和非存款类金融机构在存款类金融机构的存款。

5.2017年货币和准货币数据为统计方法完善后的数据，与之前不可比。

6.2018年1月，人民银行完善货币供应量中货币市场基金部分的统计方法，用非存款机构部门持有的货币市场基金取代货币市场基金存款（含存单）。

金融机构本外币存贷款余额

项目	存款余额	#非金融企业存款	#住户存款	#人民币	贷款余额	#非金融企业及机关团体贷款	#住户贷款
年底余额(亿元)							
2003	220364				169771		
2004	254089				189411		
2005	300209				206838		
2006	348016				238519		
2007	401051	195149	179526	175749	277747	227072	50675
2008	478444	224489	225641	222006	320049	262966	57082
2009	612006	305365	268650	264652	425597	343777	81819
2010	733382	314111	312302	308380	509226	388637	112586
2011	826701	313981	351957	348046	581893	434790	136073
2012	943102	345124	410201	406192	672875	497828	161382
2013	1070588	380070	465436	461370	766327	551831	198602
2014	1173735	400420	506890	502504	867868	617969	231511
2015	1397752	455209	551929	546078	993460	687728	270313
2016	1555247	530895	606522	597751	1120552	744716	333729
2017	1692727	571641	651983	643768	1256074	810171	405150
2018	1825158	589105	724439	716038	1417516	890301	478954
比上年增长(%)							
2003	20.2				21.4		
2004	15.3				14.4		
2005	18.2				12.8		
2006	16.0				14.7		
2007	15.2	21.7	5.7	6.8	16.4		
2008	19.3	15.1	25.7	26.3	17.9		
2009	27.7	36.1	19.2	19.3	33.0	30.7	43.3
2010	19.8	21.5	16.3	16.5	19.7	15.4	37.6
2011	13.5	9.5	15.5	15.7	15.7	13.7	20.9
2012	14.1	9.9	16.6	16.7	15.6	14.5	18.6
2013	13.5	10.1	13.5	13.6	13.9	10.9	23.1
2014	9.6	5.4	8.9	8.9	13.3	12.0	16.6
2015	12.4	13.7	8.9	8.7	13.4	11.3	16.8
2016	11.3	16.6	9.9	9.5	12.8	8.3	23.5
2017	8.8	7.7	7.5	7.7	12.1	8.8	21.4
2018	7.8	3.1	11.1	11.2	12.9	9.9	18.2

注：1.人民银行从2007年开始正式编制发布按部门分类《金融机构信贷收支表》，故2007年前各年存款无分类数据。

2.2010年前，“住户存款”称为“居民户存款”，主要为居民储蓄存款；“非金融企业存款”称为“非金融性公司存款”，主要包括企事业单位存款和机关团体存款，2011年与2010年之前数据不可比，增长按可比口径。

3.2015年以前“非金融企业及机关团体贷款”为“非金融企业及其他部门贷款”。

4.自2015年起，“各项存款”含非银行业金融机构存放款项，“各项贷款”含拆放给非银行业金融机构款项(下表同)。

金融机构人民币信贷收支

（年底余额）　　单位：亿元

项　　目	2014年	2015年	2016年	2017年	2018年
资金来源总计	**1323453**	**1541204**	**1759952**	**1931934**	**2109164**
一、各项存款	1138645	1357022	1505864	1641044	1775226
（一）境内存款		1345783	1497169	1630577	1764398
1.住户存款	502504	546078	597751	643768	716038
(1)活期存款	182705	202869	231630	248239	267215
(2)定期及其他存款	319799	343209	366121	395529	448824
2.非金融企业存款	378334	430247	502178	542405	562976
(1)活期存款	143311	174586	215107	237888	236190
(2)定期及其他存款	235023	255661	287072	304517	326786
3.政府存款	221794	241832	270379	304853	325585
(1)财政性存款	35664	34453	35292	41134	40539
(2)机关团体存款	186129	207379	235086	263718	285046
4.非银行业金融机构存款		127625	126860	139552	159798
（二）境外存款		11239	8695	10467	10828
二、金融债券	9843	10062	31579	48000	65433
三、流通中货币	60260	63217	68304	70646	73208
四、对国际金融机构负债	867	823	2407	9	7
五、其他	113838	110081	151799	172236	195290
资金运用总计	**1323453**	**1541204**	**1759952**	**1931934**	**2109164**
一、各项贷款	816770	939540	1066040	1201321	1362967
（一）境内贷款	814780	936387	1061667	1196900	1357891
1. 住户贷款	231410	270214	333615	405045	478843
(1)短期贷款		89006	95520	113893	137998
消费贷款	32491	41008	49313	68041	87994
经营贷款	48225	47998	46208	45852	50004
(2)中长期贷款		181208	238094	291153	340845
消费贷款	121169	148512	201159	247154	289909
经营贷款	29525	32696	36935	43999	50936
2.非金融企业及机关团体贷款	583370	657633	718521	785496	868289
(1)短期贷款	234080	253371	260899	276555	281633
(2)中长期贷款	308788	344182	385662	450022	505646
(3)票据融资	29169	45756	54710	38873	57807
(4)融资租赁		12398	15508	18655	21479
(5)各项垫款		1927	1743	1390	1724
3.非银行业金融机构贷款		8539	9532	6359	10760
（二）境外贷款	1990	3153	4373	4421	5075
二、债券投资	144954	197636	247604	294382	333467
三、股权及其他投资	65452	134326	220820	217589	196190
四、黄金占款	670	2330	2542	2542	2570
五、中央银行外汇占款	294090	265859	219425	214788	212557
六、在国际金融机构资产	1516	1513	3521	1313	1414

注：1.本表机构包括中国人民银行、银行业存款类金融机构、银行业非存款类金融机构。
　　2.自2015年起人民银行对信贷收支表调整了口径，与之前年份数据不可比。

金融机构人民币存贷款余额

单位：亿元

年 份	存款余额	贷款余额	比上年增长%	
			存款余额	贷款余额
1999	108779	93734	13.5	12.3
2000	123804	99371	13.8	17.6
2001	143617	112315	16.0	12.9
2002	170917	131294	18.9	15.8
2003	208056	158996	21.7	21.1
2004	241424	178198	16.0	14.4
2005	287170	194690	19.0	13.3
2006	335460	225347	16.8	15.1
2007	389371	261691	16.1	16.1
2008	466203	303395	19.7	18.8
2009	597741	399685	28.2	31.7
2010	718238	479196	20.2	19.9
2011	809368	547947	13.5	15.8
2012	917555	629910	13.3	15.0
2013	1043847	718961	13.8	14.1
2014	1138645	816770	9.1	13.6
2015	1357022	939540	12.4	14.3
2016	1505864	1066040	11.0	13.5
2017	1641044	1201321	9.0	12.7
2018	1775226	1362967	8.2	13.5

注：本表增长速度按可比口径计算；人民银行互联网站公布的数据范围从1999年开始，1999年前无数据。

社会融资规模增量及构成

单位：亿元

年 份	社 会 融资规模	#人民币贷款	#外币贷款(折合人民币)	#委托贷款	#信托贷款
2002	20112	18475	731	175	
2003	34113	27652	2285	601	
2004	28629	22673	1381	3118	
2005	30008	23544	1415	1961	
2006	42696	31523	1459	2695	825
2007	59663	36323	3864	3371	1702
2008	69802	49041	1947	4262	3144
2009	139104	95942	9265	6780	4364
2010	140191	79451	4855	8748	3865
2011	128286	74715	5712	12962	2034
2012	157631	82038	9163	12838	12845
2013	173169	88916	5848	25466	18404
2014	158761	97452	1235	21740	5174
2015	154063	112693	-6427	15911	434
2016	178159	124372	-5640	21854	8593
2017	194445	138432	18	7770	22555
2018	192584	156712	-4201	-16067	-6901

年 份	#未贴现银行承兑汇票	#企业债券	#地方政府专项债券	#非金融企业境内股票融资
2002	-695	367		628
2003	2010	499		559
2004	-290	467		673
2005	24	2010		339
2006	1500	2310		1536
2007	6701	2284		4333
2008	1064	5523		3324
2009	4606	12367		3350
2010	23346	11063		5786
2011	10271	13658		4377
2012	10499	22551		2508
2013	7756	18111		2219
2014	-1198	24329		4350
2015	-10567	29388		7590
2016	-19514	30025		12416
2017	5364	4421		8759
2018	-6343	24756	17852	3606

注：1.社会融资规模增量是指一定时期内实体经济从金融体系获得的资金额。
2.社会融资规模中的本外币贷款是指一定时期内实体经济从金融体系获得的人民币和外币贷款，不包含银行业金融机构拆放给非银行业金融机构的款项和境外贷款。
3.数据来源于中国人民银行、国家发展和改革委员会、中国证券监督管理委员会、中国保险监督管理委员会、中央国债登记结算有限责任公司和中国银行间市场交易商协会等。
4.2015年起，本表中人民币贷款和外币贷款中扣除了非银行业金融机构贷款和境外贷款，表中2014年数据为调整后的可比口径数据。
5.2018年7月起,人民银行完善社会融资规模统计方法，将“存款类金融机构资产支持证券”和“贷款核销”纳入社会融资规模统计，在“其他融资”项下反映。2018年9月起，人民银行将“地方政府专项债券”纳入社会融资贸规模统计。

人民币一年期存贷款利率

单位：年利率 %

执行日期	金融机构存款基准利率	金融机构贷款基准利率	中央银行对金融机构贷款基准利率
1978	3.24	5.04	
1980	3.96-5.76	5.04	
1985	5.40-7.20	3.60-7.92	
1990.01.01	11.34	11.34	
1990.04.15	10.08	10.08	
1990.08.21	8.64	9.36	
1991.04.21	7.56	8.64	
1993.05.15	9.18	9.36	
1993.07.11	10.98	10.98	
1995.07.01	10.98	12.06	
1996.05.01	9.18	10.98	10.98
1996.08.23	7.47	10.08	10.62
1997.10.23	5.67	8.64	9.36
1998.03.25	5.22	7.92	7.92
1998.07.01	4.77	6.93	5.67
1998.12.07	3.78	6.39	5.13
1999.06.10	2.25	5.85	3.78
2002.02.21	1.98	5.31	3.24
2004.03.25	1.98	5.31	3.87
2004.10.29	2.25	5.58	3.87
2006.04.28	2.25	5.85	3.87
2006.08.19	2.52	6.12	3.87
2007.03.18	2.79	6.39	3.87
2007.05.19	3.06	6.57	3.87
2007.07.21	3.33	6.84	3.87
2007.08.22	3.60	7.02	3.87
2007.09.15	3.87	7.29	3.87
2007.12.21	4.14	7.47	3.87
2008.01.01	4.14	7.47	4.68
2008.09.16	4.14	7.20	4.68
2008.10.09	3.87	6.93	4.68
2008.10.30	3.60	6.66	4.68
2008.11.27	2.52	5.58	3.60
2008.12.23	2.25	5.31	3.33
2010.10.20	2.50	5.56	3.33
2010.12.26	2.75	5.81	3.85
2011.02.09	3.00	6.06	3.85
2011.04.06	3.25	6.31	3.85
2011.07.07	3.50	6.56	3.85
2012.06.08	3.25	6.31	3.85
2012.07.06	3.00	6.00	3.85
2014.11.22	2.75	5.60	3.85
2015.03.01	2.50	5.35	3.85
2015.05.11	2.25	5.10	3.85
2015.06.28	2.00	4.85	3.85
2015.08.26	1.75	4.60	3.85
2015.10.24	1.50	4.35	3.60

金融机构人民币存款基准利率

单位：年利率%

项　　目	2014年11月22日	2015年3月1日	2015年5月11日	2015年6月28日	2015年8月26日	2015年10月24日
一、活期存款	**0.35**	**0.35**	**0.35**	**0.35**	**0.35**	**0.35**
二、定期存款						
(一)整存整取						
三个月	2.35	2.10	1.85	1.60	1.35	1.10
半　年	2.55	2.30	2.05	1.80	1.55	1.30
一　年	2.75	2.50	2.25	2.00	1.75	1.50
二　年	3.35	3.10	2.85	2.60	2.35	2.10
三　年	4.00	3.75	3.50	3.25	3.00	2.75
(二)零存整取、整存零取、存本取息						
一　年	2.35	2.10	1.85	1.60	1.35	1.10
三　年	2.55	2.30	2.05	1.80	1.55	1.30
五　年	2.75	2.50				
(三)定活两便	按一年期以内定期整存整取同档次利率打6折执行					
三、协定存款	**1.15**	**1.15**	**1.15**	**1.15**	**1.15**	**1.15**
四、通知存款						
一　天	0.80	0.80	0.80	0.80	0.80	0.80
七　天	1.35	1.35	1.35	1.35	1.35	1.35

金融机构人民币贷款基准利率

单位：年利率%

项　　目	2014年11月12日	2015年3月1日	2015年5月11日	2015年6月28日	2015年8月26日	2015年10月24日
短期贷款						
一年以内(含一年)	5.60	5.35	5.10	4.85	4.60	4.35
中长期贷款						
一至五年(含五年)	6.00	5.75	5.50	5.25	5.00	4.75
五年以上	6.15	5.90	5.65	5.40	5.15	4.90
贴现	以再贴现利率为下限加点确定					
个人住房贷款						
个人住房公积金贷款						
五年以下(含五年)	3.75	3.50	3.25	3.00	2.75	2.75
五年以上	4.25	4.00	3.75	3.50	3.25	3.25

人民币对主要外币年平均汇价

(中间价)　　　　单位：人民币元

年　份	100美元	100日元	100港元	100欧元
1981	170.50	0.7735	30.41	
1982	189.25	0.7607	31.15	
1983	197.57	0.8318	27.36	
1984	232.70	0.9780	29.71	
1985	293.67	1.2457	37.57	
1986	345.28	2.0694	44.22	
1987	372.21	2.5799	47.74	
1988	372.21	2.9082	47.70	
1989	376.51	2.7360	48.28	
1990	478.32	3.3233	61.39	
1991	532.33	3.9602	68.45	
1992	551.46	4.3608	71.24	
1993	576.20	5.2020	74.41	
1994	861.87	8.4370	111.53	
1995	835.10	8.9225	107.96	
1996	831.42	7.6352	107.51	
1997	828.98	6.8600	107.09	
1998	827.91	6.3488	106.88	
1999	827.83	7.2932	106.66	
2000	827.84	7.6864	106.18	
2001	827.70	6.8075	106.08	
2002	827.70	6.6237	106.07	800.58
2003	827.70	7.1466	106.24	936.13
2004	827.68	7.6552	106.23	1029.00
2005	819.17	7.4484	105.30	1019.53
2006	797.18	6.8570	102.62	1001.90
2007	760.40	6.4632	97.46	1041.75
2008	694.51	6.7427	89.19	1022.27
2009	683.10	7.2986	88.12	952.70
2010	676.95	7.7279	87.13	897.25
2011	645.88	8.1050	82.97	900.11
2012	631.25	7.9037	81.38	810.67
2013	619.32	6.3323	79.85	822.19
2014	614.28	5.8196	79.22	816.51
2015	622.84	5.1543	80.34	691.41
2016	664.23	6.1243	85.58	734.26
2017	675.18	6.0244	86.64	763.03
2018	661.74	5.9890	84.43	780.16

黄金和外汇储备

年　份	黄金储备 (万盎司)	外汇储备 (亿美元)
1978	1280	1.67
1979	1280	8.40
1980	1280	-12.96
1981	1267	27.08
1982	1267	69.86
1983	1267	89.01
1984	1267	82.20
1985	1267	26.44
1986	1267	20.72
1987	1267	29.23
1988	1267	33.72
1989	1267	55.50
1990	1267	110.93
1991	1267	217.12
1992	1267	194.43
1993	1267	211.99
1994	1267	516.20
1995	1267	735.97
1996	1267	1050.29
1997	1267	1398.90
1998	1267	1449.59
1999	1267	1546.75
2000	1267	1655.74
2001	1608	2121.65
2002	1929	2864.07
2003	1929	4032.51
2004	1929	6099.32
2005	1929	8188.72
2006	1929	10663.44
2007	1929	15282.49
2008	1929	19460.30
2009	3389	23991.52
2010	3389	28473.38
2011	3389	31811.48
2012	3389	33115.89
2013	3389	38213.15
2014	3389	38430.18
2015	5666	33303.62
2016	5924	30105.17
2017	5924	31399.49
2018	5956	30727.12

证券市场基本情况

项　　目	单位	2014年	2015年	2016年	2017年	2018年
境内上市公司数（A、B股）	家	2613	2827	3052	3485	3584
境内上市外资股（B股）	家	104	101	100	100	99
境外上市公司数（H股）	家	202	229	241	252	267
股票筹资额	亿元	8498	16362	20297	15536	11378
股票总发行股本	亿股	36795	43024	48750	53747	57581
#流通股本	亿股	32289	37043	41136	45045	49048
股票市价总值	亿元	372547	531463	507686	567086	434924
#股票流通市值	亿元	315624	417881	393402	449298	353794
股票成交量	亿股	73383	171039	95525	87781	82037
股票成交金额	亿元	742385	2550541	1277680	1124625	901739
上证综合指数(收盘)		3234.68	3539.18	3103.64	3307.17	2493.90
深证综合指数(收盘)		1415.19	2308.91	1969.11	1899.34	1267.87
股票有效账户数	万户	7294	9911	11811	13398	14650
静态市盈率		--	--	--	--	--
上海		16.0	17.6	15.9	16.3	12.5
深圳		41.9	52.8	41.2	36.2	20.0
年换手率		--	--	--	--	--
上海	%	242.0	489.6	158.4	180.5	151.3
深圳	%	472.0	825.7	541.8	412.9	335.3
国债发行额	亿元	20247	58226	89886	82243	77063
公司信用类债券发行额	亿元	1638	9096	28737	14393	20303
债券成交量	亿手	93	116	185	229	257
债券成交额	亿元	935357	1309219	2387096	2657768	2369835
债券现货成交金额	亿元	28191	33920	51270	55597	59287
债券回购成交金额	亿元	907166	1275299	2335826	2602171	2310548
证券投资基金只数	只	1899	2723	3873	4848	5792
证券投资基金规模	亿份	42033	76674	88428	110182	128966
证券投资基金成交金额	亿元	47231	152685	111444	98052	102705
期货总成交量	万手	250586	357791	413777	307102	301070
期货总成交额	亿元	2919882	5542312	1956316	1878926	2108057

注：1.本表资料由中国证券监督管理委员会提供。
2.境外上市公司(H股)仅指在香港交易所上市的境内公司，不包含在新加坡上市的三家公司。
3.股票筹资包括首发和再融资，再融资包含公开增发、定向增发(现金和非现金认购)、配股、权证和优先股。首发和再融资均按上市日统计。
4.本表中债券成交数据为交易所债券市场成交数据，包括债券现券(含私募债、ABS)和回购。
5.公司信用类债券包含公司债(非金融)、可转债(非金融)、可分离债(非金融)和资产支持证券(非金融)。国债包括地方政府债。
6.期货成交数据含金融期货。

保险业基本情况

年份	机构数（个）	职工人数（人）	保费（亿元）	财产保险公司	人寿保险公司	赔款及给付（亿元）	财产保险公司	人寿保险公司
1994			376					
1995			453					
1996			538					
1997			773	382	390	247	215	32
1998		172892	1256	506	750	532	290	242
1999		171865	1406	527	879	508	280	228
2000	33	166602	1598	608	990	526	308	218
2001	35	185502	2109	685	1424	597	333	264
2002	44	194383	3054	780	2274	707	403	304
2003	62	199705	3880	869	3011	841	476	365
2004	68	262429	4318	1125	3194	1004	582	422
2005	93	366559	4927	1281	3646	1130	691	439
2006	107	434001	5641	1580	4061	1438	825	614
2007	120	500441	7036	2086	4949	2265	1064	1201
2008	130	599344	9784	2446	7338	2971	1475	1496
2009	138	630734	11137	2993	8144	3125	1638	1487
2010	142	685856	14528	4027	10501	3200	1815	1385
2011	152	776258	14339	4779	9560	3929	2249	1680
2012	164	846504	15488	5530	9958	4716	2897	1819
2013	174	831303	17222	6481	10741	6213	3556	2657
2014	180	904253	20235	7544	12690	7216	3968	3248
2015	194	1024572	24283	8423	15859	8674	4448	4226
2016	203	1123180	30904	9266	21638	10516	5046	5470
2017	222	1181849	36581	10541	26040	11181	5497	5683
2018	229	1236519	38017	11756	26261	12297	6455	5842

注：本表人寿保险公司中包括中华控股寿险业务。

保险公司经济技术指标

单位：亿元

项　　目	保　费		赔款及给付	
	2017年	2018年	2017年	2018年
合计	**36581.0**	**38016.6**	**11180.8**	**12297.5**
财产保险公司	**10541.4**	**11755.7**	**5497.3**	**6455.3**
企业财产保险	392.1	423.1	225.5	242.9
家庭财产保险	62.9	76.8	25.4	34.6
机动车辆保险	7521.1	7834.0	3938.1	4402.0
工程保险	110.2	120.8	47.3	54.2
责任保险	451.3	590.8	201.5	265.3
信用保险	214.4	242.5	94.7	127.9
保证保险	379.2	645.0	77.9	235.3
船舶保险	48.0	53.0	34.8	38.3
货物运输保险	100.2	121.1	62.2	67.6
特殊风险保险	50.4	59.5	29.0	20.1
农业保险	479.1	572.6	334.5	393.5
健康险	394.1	569.0	309.1	434.2
意外伤害保险	312.7	416.6	100.8	123.8
其他险	25.8	31.0	16.6	15.6
人寿保险公司	**26039.5**	**26260.9**	**5683.1**	**5842.2**
寿险	21455.5	20722.8	4574.5	4388.1
健康险	3995.4	4879.1	985.7	1310.2
人身意外伤害险	588.7	658.9	122.9	143.9

注：本表人寿保险公司中包括中华控股寿险业务。

国际收支概况

单位：百万美元

年份	经常账户差额				资本和金融账户差额				净误差与遗漏
		货物和服务	初次收入	二次收入		资本账户	非储备性质的金融账户	储备资产	
1982	5674	4812	376	486	-5953		-1736	-4217	279
1983	4240	2571	1158	511	-4067		-1372	-2695	-173
1984	2030	54	1534	442	-3221		-3752	531	1191
1985	-11417	-12501	841	243	13907		8485	5422	-2490
1986	-7035	-7390	-23	378	8267		6540	1727	-1232
1987	300	291	-215	224	1071		2731	-1660	-1371
1988	-3803	-4061	-161	419	4814		5269	-455	-1011
1989	-4318	-4928	229	381	4226		6428	-2202	92
1990	11997	10668	1055	274	-8863		-2774	-6089	-3134
1991	13271	11601	840	830	-6510		4581	-11091	-6761
1992	6401	4998	248	1155	1851		-251	2102	-8252
1993	-11904	-11792	-1284	1172	21707		23474	-1767	-9803
1994	7658	7357	-1036	1337	2117		32644	-30527	-9775
1995	1618	11958	-11774	1434	16212		38675	-22463	-17830
1996	7242	17550	-12437	2129	8305		39967	-31662	-15547
1997	36963	42823	-11004	5143	-14667	21	21036	-35724	-22254
1998	31471	43837	-16644	4278	-12747	-47	-6275	-6426	-18724
1999	21114	30641	-14470	4943	-3326	-26	5205	-8505	-17788
2000	20432	28786	-14666	6311	-8626	-35	1958	-10548	-11893
2001	17405	28086	-19173	8492	-12550	-54	34829	-47325	-4856
2002	35422	37383	-14945	12984	-43216	-50	32340	-75507	7794
2003	43052	35821	-10218	17449	-51275	-48	54921	-106148	8224
2004	68941	51174	-5132	22898	-81908	-69	108222	-190060	12967
2005	132378	124627	-16114	23865	-155300	4102	91247	-250649	22921
2006	231843	208919	-5143	28068	-235471	4020	45285	-284776	3628
2007	353183	308036	8044	37102	-366473	3099	91132	-460704	13290
2008	420569	348833	28580	43156	-439413	3051	37075	-479539	18844
2009	243257	220130	-8533	31659	-201874	3939	194531	-400344	-41383
2010	237810	223024	-25899	40686	-184874	4630	282234	-471739	-52936
2011	136097	181904	-70318	24511	-122331	5446	260024	-387801	-13766
2012	215392	231845	-19887	3434	-128317	4272	-36038	-96552	-87074
2013	148204	235380	-78442	-8733	-85279	3052	343048	-431379	-62925
2014	236047	221299	13301	1446	-169174	-33	-51361	-117780	-66873
2015	304164	357871	-41057	-12649	-91207	316	-434462	342939	-212958
2016	202203	255737	-44013	-9520	27250	-344	-416070	443665	-229453
2017	195117	217010	-10037	-11856	17930	-91	109537	-91516	-213046
2018	49092	102921	-51420	-2410	111111	-569	130567	-18887	-160203

注：国际收支数据来源于国家外汇管理局。

国际收支平衡表(一)

单位：百万美元

项　　目	2014年	2015年	2016年	2017年	2018年
1. 经常账户	**236047**	**304164**	**202203**	**195117**	**49092**
贷方	2743401	2619290	2454641	2745015	2913574
借方	-2507354	-2315126	-2252437	-2549899	-2864482
1.A 货物和服务	**221299**	**357871**	**255737**	**217010**	**102921**
贷方	2462902	2360152	2197922	2429277	2651010
借方	-2241603	-2002282	-1942185	-2212267	-2548088
1.A.a 货物	**435042**	**576191**	**488883**	**475941**	**395171**
贷方	2243761	2142753	1989519	2216214	2417443
借方	-1808720	-1566562	-1500636	-1740272	-2022272
1.A.b 服务	**-213742**	**-218320**	**-233146**	**-258932**	**-292249**
贷方	219141	217399	208404	213064	233567
借方	-432883	-435719	-441550	-471995	-525816
1.A.b.1 加工服务	21305	20275	18382	17894	17161
贷方	21421	20436	18540	18070	17424
借方	-116	-161	-158	-175	-264
1.A.b.2 维护和维修服务		2286	3240	3712	4647
贷方		3605	5202	5968	7185
借方		-1319	-1962	-2256	-2538
1.A.b.3 运输	-57915	-46745	-46753	-55978	-66903
贷方	38243	38594	33827	37291	42304
借方	-96158	-85340	-80580	-93269	-109206
1.A.b.4 旅行	-183300	-204862	-205680	-219316	-236960
贷方	44044	44969	44432	38559	40386
借方	-227344	-249831	-250112	-257875	-277345
1.A.b.5 建设	10485	6455	4157	3609	4934
贷方	15355	16652	12661	12251	13551
借方	-4870	-10197	-8504	-8641	-8617
1.A.b.6 保险和养老金服务	-17880	-3818	-8849	-7402	-6625
贷方	4574	4976	4064	4061	4927
借方	-22454	-8794	-12913	-11463	-11552
1.A.b.7 金融服务	-409	-310	1141	1815	1244
贷方	4531	2334	3174	3432	3335
借方	-4940	-2645	-2033	-1617	-2091
1.A.b.8 知识产权使用费	-21937	-20938	-22818	-23943	-30222
贷方	676	1085	1161	4803	5561
借方	-22614	-22022	-23980	-28746	-35783
1.A.b.9 电信、计算机和信息服务	9425	13140	12695	7493	6490
贷方	20173	24549	25432	26860	30023
借方	-10748	-11409	-12738	-19367	-23533
1.A.b.10 其他商业服务	28156	18861	14713	16927	19125
贷方	68895	58403	57957	59306	66158
借方	-40739	-39542	-43244	-42379	-47033
1.A.b.11 个人、文化和娱乐服务	-699	-1163	-1398	-1986	-2426
贷方	175	731	742	763	955
借方	-873	-1894	-2141	-2750	-3382
1.A.b.12 别处未提及的政府服务	-973	-1501	-1973	-1756	-2715
贷方	1054	1064	1212	1699	1757
借方	-2027	-2566	-3185	-3455	-4472

国际收支平衡表(二)

单位：百万美元

项　　目	2014年	2015年	2016年	2017年	2018年
1.B 初次收入	**13301**	**-41057**	**-44013**	**-10037**	**-51420**
贷方	239372	223200	225818	287570	234807
借方	-226071	-264257	-269831	-297607	-286227
1.B.1 雇员报酬	25755	27386	20672	14937	8163
贷方	29911	33105	26883	21699	18109
借方	-4155	-5718	-6211	-6762	-9946
1.B.2 投资收益	-12454	-69112	-65031	-25412	-61376
贷方	209462	189268	198374	265175	214606
借方	-221916	-258380	-263406	-290587	-275982
1.B.3 其他初次收入		668	346	438	1793
贷方		826	560	697	2092
借方		-158	-215	-258	-299
1.C 二次收入	**1446**	**-12649**	**-9520**	**-11856**	**-2410**
贷方	41127	35938	30900	28168	27757
借方	-39681	-48588	-40420	-40024	-30167
2. 资本和金融账户	**-169174**	**-91207**	**27250**	**17930**	**111111**
2.1 资本账户	**-33**	**316**	**-344**	**-91**	**-569**
贷方	1939	512	318	227	297
借方	-1972	-196	-662	-319	-865
2.2 金融账户	**-169141**	**-91523**	**27594**	**18021**	**111680**
资产	-580634	9454	-231985	-423920	-372106
负债	411493	-100977	259579	441941	483786
2.2.1 非储备性质的金融账户	-51361	-434462	-416070	109537	130567
资产	-462854	-333485	-675650	-332405	-353219
负债	411493	-100977	259579	441941	483786
2.2.1.1 直接投资	144968	68099	-41675	27791	107020
2.2.1.1.1 资产	-123130	-174391	-216424	-138293	-96472
2.2.1.1.2 负债	268097	242489	174750	166084	203492
2.2.1.2 证券投资	82429	-66470	-52271	29498	106698
2.2.1.2.1 资产	-10815	-73209	-102770	-94803	-53507
2.2.1.2.2 负债	93244	6739	50499	124301	160205
2.2.1.3 金融衍生工具		-2087	-5384	354	-6153
2.2.1.3.1 资产		-3420	-6550	1538	-4816
2.2.1.3.2 负债		1333	1166	-1185	-1338
2.2.1.4 其他投资	-278758	-434004	-316741	51894	-76997
2.2.1.4.1 资产	-328909	-82465	-349906	-100847	-198424
2.2.1.4.2 负债	50151	-351538	33165	152742	121427
2.2.2 储备资产	-117780	342939	443665	-91516	-18887
2.2.2.1 货币黄金					
2.2.2.2 特别提款权	61	-287	326	-739	33
2.2.2.3 在国际货币基金组织的储备头寸	977	911	-5342	2190	-733
2.2.2.4 外汇储备	-118818	342316	448681	-92967	-18187
2.2.2.5 其他储备资产					
3.净误差与遗漏	**-66873**	**-212958**	**-229453**	**-213046**	**-160203**

注：国际收支数据来源于国家外汇管理局。

国家外债余额和外债风险指标

年　份	外债余额（亿美元）	期限结构		外债风险指标（%）		
		中长期债务	短期债务	偿债率	负债率	债务率
1985	158.3	94.1	64.2	2.7	5.1	56.0
1986	214.8	167.1	47.7	15.4	7.1	72.1
1987	302.0	244.8	57.2	9.0	9.2	77.1
1988	400.0	326.9	73.1	6.5	9.8	87.1
1989	413.0	370.3	42.7	8.3	9.1	86.4
1990	525.5	457.8	67.7	8.7	13.3	91.6
1991	605.6	502.6	103.0	8.5	14.6	91.9
1992	693.2	584.7	108.5	7.1	14.1	87.9
1993	835.7	700.2	135.5	10.2	13.5	96.5
1994	928.1	823.9	104.2	9.1	16.4	78.0
1995	1065.9	946.7	119.2	7.6	14.5	72.4
1996	1162.8	1021.7	141.1	6.0	13.5	67.7
1997	1309.6	1128.2	181.4	7.3	13.6	63.2
1998	1460.4	1287.0	173.4	10.9	14.2	70.4
1999	1518.3	1366.5	151.8	11.2	13.9	68.7
2000	1457.3	1326.5	130.8	9.2	12.0	52.1
2001	2033.0	1195.3	837.7	7.5	15.2	67.9
2002	2026.3	1155.5	870.8	7.9	13.8	55.5
2003	2193.6	1165.9	1027.7	6.9	13.2	45.2
2004	2629.9	1242.9	1387.0	3.2	13.4	40.2
2005	2965.4	1249.0	1716.4	3.1	13.0	35.4
2006	3385.9	1393.6	1992.3	2.1	12.3	31.9
2007	3892.2	1535.3	2356.9	2.0	11.0	29.0
2008	3901.6	1638.8	2262.8	1.8	8.5	24.7
2009	4286.5	1693.9	2592.6	2.9	8.4	32.2
2010	5489.4	1732.4	3757.0	1.6	9.0	29.2
2011	6950.0	1941.0	5009.0	1.7	9.2	33.3
2012	7369.9	1960.6	5409.3	1.6	8.6	32.8
2013	8631.7	1865.4	6766.3	1.6	9.0	35.6
2014	17799.0	4817.0	12982.0	2.6	17.0	69.9
2015	13829.8	4955.7	8874.1	5.0	12.6	58.6
2016	14158.0	5497.6	8660.4	6.1	12.7	64.4
2017	17579.6	6127.2	11452.4	5.5	14.5	72.6
2018	19652.1	6936.0	12716.1	5.5	14.4	74.1

注：1.偿债率是指当年外债还本付息额(中长期外债还本付息额加上短期外债付息额)与当年国际收支口径的货物与服务贸易出口收入的比率。

2.负债率是指年末外债余额与当年国内生产总值的比率。计算负债率时将国内生产总值按国家外汇管理局公布的年平均交易中间价折算为美元。

3.债务率是指年末外债余额与当年国际收支统计口径的货物与服务贸易出口收入的比率。

4.2015年，我国按照国际货币基金组织的数据公布特殊标准(SDDS)调整了外债统计口径并对外公布全口径外债数据，将人民币外债纳入统计，并按照签约期限划分长期和短期债务。为保证数据的可比性，将2014年末外债数据相应调整为全口径外债数据。由于全口径外债较原来的外币外债增加了人民币外债(余额略低于外币外债余额)，因此，2014年和2015年的“偿债率”、“负债率”和“债务率”等外债风险指标较2013年上升较快，但仍在公认的安全线(公认的“偿债率”、“负债率”和“债务率”安全线分别为20%、20%和100%)以内。

科技事业发展主要指标

指　　标	单位	2000年	2010年	2017年	2018年
研究与试验发展(R&D)活动					
R&D人员全时当量	万人年	92.2	255.4	403.4	419
R&D经费支出	亿元	896	7063	17606	19657
R&D经费支出与国内生产总值之比	%	0.89	1.71	2.15	2.18
技术成果和国家奖励					
科技成果登记数	项	32858	42108	59792	
#应用技术成果	项	28843	37029	51677	
国家奖励					
#国家自然科学奖	项	15	30	35	38
国家技术发明奖	项	23	46	66	67
国家科技进步奖	项	250	273	170	173
国际科学技术合作奖	项	2	5	7	5
技术市场成交额	亿元	651	3907	13424	17697
成功完成宇航发射	次	6	15	17	38
科技服务					
出版地图	种	1150	2009	1513	1928
气象观测站点	个	5117	37992	62738	67069
海洋观测站(点)	个		71	124	
商标申请	万件			574.82	737.07
商标注册	万件			279.21	500.74
有效商标注册	万件			1491.98	1956.36
专利					
专利申请量	万件	17.07	122.23	369.78	432.31
境内	万件	12.82	108.40	351.32	412.15
境外	万件	4.25	13.83	18.46	20.16
专利授权量	万件	10.53	81.48	183.64	244.75
境内	万件	8.55	71.94	170.51	231.92
境外	万件	1.99	9.54	13.13	12.83

学 校 数

单位：所

年 份	普通高等学校	普通高中	中等职业教育	初 中	普通小学	特殊教育	学前教育
1978	598	49215	2760	113130	949323	292	163952
1979	633	40289	3033	103944	923532	289	165629
1980	675	31300	3459	87077	917316	292	170419
1981	704	24447	3693	82271	894074	302	130296
1982	715	20874	3927	80775	880516	312	122107
1983	805	18876	4498	77598	862165	319	136306
1984	902	17847	8852	75867	853740	330	166526
1985	1016	17318	14190	77529	832309	375	172262
1986	1054	17111	15273	77252	820846	423	173376
1987	1063	16930	15726	77237	807406	504	176775
1988	1075	16524	20570	76384	793261	577	171845
1989	1075	16050	20729	75025	777244	662	172634
1990	1075	15678	20763	73462	766072	746	172322
1991	1075	15243	20931	72164	729158	886	164465
1992	1053	14850	21338	70764	712973	1027	172506
1993	1065	14380	21627	69997	696681	1123	165197
1994	1080	14242	21907	69654	682588	1241	174657
1995	1054	13991	22072	68564	668685	1379	180438
1996	1032	13875	22151	67626	645983	1428	187324
1997	1020	13880	22229	66231	628840	1440	182485
1998	1022	13948	22174	65412	609626	1535	181368
1999	1071	14127	21542	64405	582291	1520	181136
2000	1041	14564	19727	63898	553622	1539	175836
2001	1225	14907	17580	66590	491273	1531	111706
2002	1396	15406	15919	65645	456903	1540	111752
2003	1552	15779	14682	64730	425846	1551	116390
2004	1731	15998	14454	63757	394183	1560	117899
2005	1792	16092	14466	62486	366213	1593	124402
2006	1867	16153	14693	60885	341639	1605	130495
2007	1908	15681	14832	59384	320061	1618	129086
2008	2263	15206	14847	57914	300854	1640	133722
2009	2305	14607	14388	56320	280184	1672	138209
2010	2358	14058	13862	54890	257410	1706	150420
2011	2409	13688	13083	54117	241249	1767	166750
2012	2442	13509	12654	53216	228585	1853	181251
2013	2491	13352	12262	52804	213529	1933	198553
2014	2529	13253	11878	52623	201377	2000	209881
2015	2560	13240	11202	52405	190525	2053	223683
2016	2596	13383	10893	52118	177633	2080	239812
2017	2631	13555	10671	51894	167009	2107	254950
2018	2663	13737	10340	51982	161811	2152	266677

注：初中为普通初中+职业初中(以下相关表同)。

专任教师数

单位：万人

年份	普通高等学校	普通高中	中等职业教育	初中	普通小学	特殊教育	学前教育
1978	20.6	74.1	9.9	244.1	522.6	0.4	27.8
1979	23.7	66.7	11.3	241.0	538.2	0.5	29.5
1980	24.7	57.1	13.3	244.9	549.9	0.5	41.1
1981	25.0	49.4	14.8	235.0	558.0	0.5	40.1
1982	28.7	46.6	16.9	221.5	550.5	0.5	41.5
1983	30.3	45.1	18.9	214.6	542.5	0.6	43.3
1984	31.5	45.9	25.7	209.7	537.0	0.6	49.1
1985	34.4	49.2	35.5	216.0	537.7	0.7	55.0
1986	37.2	51.8	41.5	226.2	541.4	0.8	60.5
1987	38.5	54.4	46.0	235.0	543.4	1.0	65.1
1988	39.3	54.6	62.8	242.8	550.1	1.1	67.0
1989	39.7	55.4	64.6	245.4	554.4	1.2	70.9
1990	39.5	56.2	66.3	249.9	558.2	1.4	75.0
1991	39.1	57.3	67.8	254.7	553.2	1.6	76.9
1992	38.8	57.6	70.0	259.7	552.7	1.9	81.5
1993	38.8	55.9	72.2	264.1	555.2	2.0	83.6
1994	39.6	54.7	75.1	272.2	561.1	2.3	86.2
1995	40.1	55.1	74.0	282.1	566.4	2.5	87.5
1996	40.2	57.2	77.2	293.2	573.6	2.7	88.9
1997	40.4	60.5	80.1	302.2	579.4	2.9	88.4
1998	40.7	64.2	98.3	309.4	581.9	3.0	87.5
1999	42.6	69.2	85.1	318.8	586.1	3.1	87.2
2000	46.3	75.7	79.7	328.7	586.0	3.2	85.6
2001	53.2	84.0	73.8	338.6	579.8	2.9	54.6
2002	61.8	94.6	69.1	346.8	577.9	3.0	57.1
2003	72.5	107.1	71.3	349.8	570.3	3.0	61.3
2004	85.8	119.1	73.6	350.1	562.9	3.1	65.6
2005	96.6	130.0	75.0	349.2	559.3	3.2	72.2
2006	107.6	138.7	79.9	347.5	558.8	3.3	77.6
2007	116.8	144.3	85.9	347.3	561.3	3.5	82.7
2008	123.8	147.6	89.5	347.6	562.2	3.6	89.9
2009	129.5	149.3	86.7	351.8	563.3	3.8	98.6
2010	134.3	151.8	87.1	352.5	561.7	4.0	114.4
2011	139.3	155.7	88.1	352.5	560.5	4.1	131.6
2012	144.0	159.5	88.0	350.4	558.6	4.4	147.9
2013	149.7	162.9	86.8	348.1	558.5	4.6	166.3
2014	153.5	166.3	85.8	348.8	563.4	4.8	184.4
2015	157.3	169.5	84.4	347.6	568.5	5.0	205.1
2016	160.2	173.3	84.0	348.8	578.9	5.3	223.2
2017	163.3	177.4	83.9	354.9	594.5	5.6	243.2
2018	167.3	181.3	83.4	363.9	609.2	5.9	258.1

招 生 数

单位：万人

年份	普通本专科	#专科	普通高中	中等职业教育	初中	#职业初中	普通小学	特殊教育	学前教育
1978	40.2	12.4	692.9	44.7	2006.0		3315.4	0.6	
1979	27.5	7.1	614.1	49.1	1727.8		3101.7	0.6	
1980	28.1	7.7	383.4	58.3	1557.6	6.7	2942.3	0.6	
1981	27.9	7.6	327.8	54.8	1412.9	0.2	2749.2	0.6	
1982	31.5	8.4	279.3	62.2	1363.9	0.8	2671.7	0.6	
1983	39.1	13.5	259.8	78.4	1318.5	1.4	2544.0	0.6	
1984	47.5	19.1	262.3	144.5	1302.5	18.5	2472.9	0.8	
1985	61.9	30.2	257.5	234.2	1367.0	17.6	2298.2	0.9	
1986	57.2	26.0	257.3	218.4	1402.0	15.5	2258.2	1.1	
1987	61.7	28.4	255.2	223.3	1410.9	16.6	2094.6	1.2	
1988	67.0	32.9	251.6	283.0	1359.0	18.6	2123.3	1.2	
1989	59.7	29.7	242.1	275.8	1328.5	19.2	2151.5	1.4	
1990	60.9	29.2	249.8	286.1	1389.3	19.4	2064.0	1.6	
1991	62.0	29.0	243.8	311.7	1435.1	23.8	2072.7	2.0	
1992	75.4	40.4	234.7	344.9	1491.7	26.7	2183.2	3.0	
1993	92.4	53.7	228.3	401.8	1505.6	26.6	2353.5	3.4	
1994	90.0	49.0	243.4	337.7	1644.9	28.5	2537.0	4.0	
1995	92.6	47.8	273.6	498.6	1781.1	28.8	2531.8	5.6	1972.4
1996	96.6	46.0	282.2	510.4	1791.4	30.7	2524.7	4.8	1951.7
1997	100.0	42.1	322.6	520.8	1836.5	30.9	2462.0	4.6	1824.4
1998	108.4	43.0	359.6	539.5	1996.3	34.9	2201.4	4.9	1720.0
1999	159.7	61.2	396.3	473.3	2183.4	33.8	2029.5	5.0	1617.5
2000	220.6	48.7	472.7	408.3	2295.6	32.3	1946.5	5.3	1531.1
2001	268.3	66.6	558.0	399.9	2287.9	30.0	1944.2	5.6	1398.2
2002	320.5	89.1	676.7	473.6	2281.8	29.5	1952.8	5.3	1373.6
2003	382.2	199.6	752.1	515.8	2220.1	24.8	1829.4	4.9	1316.8
2004	447.3	237.4	821.5	566.2	2094.6	16.4	1747.0	5.1	1350.3
2005	504.5	268.1	877.7	655.7	1987.6	11.1	1671.7	4.9	1356.2
2006	546.1	293.0	871.2	747.8	1929.5	5.9	1729.4	5.0	1391.3
2007	565.9	283.8	840.2	810.0	1868.6	4.8	1736.1	6.3	1433.6
2008	607.7	310.6	837.0	812.1	1859.6	3.4	1695.7	6.2	1482.7
2009	639.5	313.4	830.3	868.2	1788.5	2.1	1637.8	6.4	1546.9
2010	661.8	310.5	836.2	870.4	1716.6	1.1	1691.7	6.5	1700.4
2011	681.5	324.9	850.8	813.9	1634.7	0.7	1736.8	6.4	1827.3
2012	688.8	314.8	844.6	754.1	1570.8	0.5	1714.7	6.6	1911.9
2013	699.8	318.4	822.7	674.8	1496.1	0.4	1695.4	6.6	1970.0
2014	721.4	338.0	796.6	619.8	1447.8	0.2	1658.4	7.1	1987.8
2015	737.8	348.4	796.6	601.2	1411.0	0.2	1729.0	8.3	2008.8
2016	748.6	343.2	802.9	593.3	1487.2	0.1	1752.5	9.2	1922.1
2017	761.5	350.7	800.1	582.4	1547.2	0.1	1766.6	11.1	1938.0
2018	791.0	368.8	792.7	559.4	1602.6	0.1	1867.3	12.4	1863.9

在校学生数

单位：万人

年份	普通本专科	#专科	普通高中	中等职业教育	初中	#职业初中	普通小学	特殊教育	学前教育
1978	85.6	38.0	1553.1	212.8	4995.2		14624.0	3.1	787.7
1979	102.0	34.8	1292.0	473.3	4613.0		14662.9	3.2	879.2
1980	114.4	28.2	969.8	586.3	4551.8	13.5	14627.0	3.3	1150.8
1981	127.9	21.9	715.0	571.9	4144.6	0.4	14332.8	3.3	1056.2
1982	115.4	22.5	640.5	583.8	3888.0	1.2	13972.0	3.4	1113.1
1983	120.7	27.8	629.0	495.8	3768.8	2.6	13578.0	3.6	1140.3
1984	139.6	38.8	689.8	298.7	3864.3	41.0	13557.1	4.0	1294.7
1985	170.3	58.0	741.1	476.1	4010.1	45.2	13370.2	4.2	1479.7
1986	188.0	67.5	773.4	541.2	4158.3	41.7	13182.5	4.7	1629.0
1987	195.9	68.1	773.7	580.6	4217.0	42.6	12835.9	5.3	1807.8
1988	206.6	73.1	252.6	735.2	4060.8	45.3	12535.8	5.8	1854.5
1989	208.2	76.1	716.1	751.3	3883.9	46.0	12373.1	6.4	1847.7
1990	206.3	74.3	717.3	763.5	3916.6	47.9	12241.4	7.2	1972.2
1991	204.4	72.4	722.9	801.2	4013.0	52.3	12164.2	8.5	2209.3
1992	218.4	85.5	704.9	857.3	4122.3	56.4	12201.3	13.0	2428.2
1993	253.6	111.8	656.9	969.0	4138.4	56.2	12421.2	16.9	2552.5
1994	279.9	128.2	664.8	833.7	4379.9	63.1	12822.6	21.1	2630.3
1995	290.6	126.8	713.2	1230.2	4727.5	69.7	13195.2	29.6	2711.2
1996	302.1	122.6	769.2	1320.1	5047.9	77.5	13615.0	32.1	2666.3
1997	317.4	118.8	850.1	1355.9	5248.7	80.9	13995.4	34.1	2519.0
1998	340.9	117.4	938.0	1451.2	5449.7	86.7	13953.8	35.8	2403.0
1999	413.4	136.1	1049.7	1417.5	5811.6	90.1	13548.0	37.2	2326.3
2000	556.1	100.9	1201.3	1284.5	6256.3	88.6	13013.3	37.8	2244.2
2001	719.1	146.8	1405.0	1164.9	6514.4	83.3	12543.5	38.6	2021.8
2002	903.4	193.4	1683.8	1190.8	6687.4	83.4	12156.7	37.5	2036.0
2003	1108.6	479.4	1964.8	1256.7	6690.8	72.4	11689.7	36.5	2003.9
2004	1333.5	595.7	2220.4	1409.2	6527.5	52.5	11246.2	37.2	2089.4
2005	1561.8	713.0	2409.1	1600.0	6214.9	43.1	10864.1	36.4	2179.0
2006	1738.8	795.5	2514.5	1809.9	5958.0	20.6	10711.5	36.3	2263.9
2007	1884.9	860.6	2522.4	1987.0	5736.2	15.3	10564.0	41.9	2348.8
2008	2021.0	916.8	2476.3	2087.1	5585.0	10.8	10331.5	41.7	2475.0
2009	2144.7	964.8	2434.3	2194.2	5440.9	7.3	10071.5	42.8	2657.8
2010	2231.8	966.2	2427.3	2237.4	5279.3	3.4	9940.7	42.6	2976.7
2011	2308.5	958.9	2454.8	2204.3	5066.8	2.6	9926.4	39.9	3424.5
2012	2391.3	964.2	2467.2	2112.7	4763.1	1.9	9695.9	37.9	3685.8
2013	2468.1	973.6	2435.9	1923.0	4440.1	1.1	9360.5	36.8	3894.7
2014	2547.7	1006.6	2400.5	1755.3	4384.6	0.8	9451.1	39.5	4050.7
2015	2625.3	1048.6	2374.4	1656.7	4312.0	0.5	9692.2	44.2	4264.8
2016	2695.8	1082.9	2366.6	1599.0	4329.4	0.4	9913.0	49.2	4413.9
2017	2753.6	1105.0	2374.5	1592.5	4442.1	0.3	10093.7	57.9	4600.1
2018	2831.0	1133.7	2375.4	1551.8	4652.6	0.2	10339.3	66.6	4656.4

毕业生数

单位：万人

年份	普通本专科	#专科	普通高中	中等职业教育	初中	#职业初中	普通小学	特殊教育	学前教育
1978	16.5	0.8	682.7	40.3	1692.6		2287.9	0.3	
1979	8.5		726.5	37.4	1657.9		2087.9	0.3	
1980	14.7		616.2	73.3	964.8	7.9	2053.3	0.4	
1981	14.0	14.0	486.1	99.5	1154.2		2075.7	0.4	
1982	45.7	8.9	310.6	124.0	1032.4	0.2	2068.9	0.4	
1983	33.5	8.3	235.1	71.3	960.8	0.5	1980.7	0.3	
1984	28.7	8.3	189.8	69.4	950.4	6.8	1995.0	0.4	
1985	31.6	14.4	196.6	92.5	1007.2	8.9	1999.9	0.4	
1986	39.3	16.5	224.0	124.6	1066.7	9.7	2016.1	0.5	
1987	53.2	27.9	246.8	156.2	1128.4	11.1	2043.0	0.4	
1988	55.3	27.4	250.6	210.1	1169.1	11.8	1930.3	0.5	
1989	57.6	26.7	243.2	227.0	1147.7	13.4	1857.1	0.5	
1990	61.4	30.6	233.0	240.6	1123.0	13.9	1863.1	0.5	
1991	61.4	29.1	222.9	262.1	1099.2	13.7	1846.7	0.6	
1992	60.4	27.2	226.1	251.3	1116.3	14.1	1872.4	0.9	
1993	57.1	27.2	231.7	265.3	1148.7	14.5	1841.5	1.2	
1994	63.7	32.7	209.3	292.5	1166.4	13.8	1899.6	1.4	
1995	80.5	48.0	201.6	348.4	1244.4	17.0	1961.5	1.9	
1996	83.9	49.1	204.9	392.8	1297.8	18.8	1934.1	2.4	
1997	82.9	44.7	221.7	406.0	1463.3	20.9	1960.1	2.8	
1998	83.0	42.5	251.8	449.0	1603.1	22.9	2117.4	3.5	
1999	84.8	40.7	262.9	468.9	1613.9	24.1	2313.7	3.8	
2000	95.0	17.9	301.5	476.7	1633.5	26.4	2419.2	4.3	
2001	103.6	19.3	340.5	430.6	1731.5	24.5	2396.9	4.6	1160.2
2002	133.7	27.7	383.8	380.1	1903.7	23.8	2351.9	4.4	1152.7
2003	187.7	94.8	458.1	346.4	2018.5	22.9	2267.9	4.5	1072.0
2004	239.1	119.5	546.9	359.2	2087.3	16.9	2135.2	4.7	1059.7
2005	306.8	160.2	661.6	418.2	2123.4	16.9	2019.5	4.3	1025.4
2006	377.5	204.8	727.1	479.1	2071.6	9.2	1928.5	4.5	1045.1
2007	447.8	248.2	788.3	530.9	1963.7	6.9	1870.2	5.0	1049.1
2008	512.0	286.3	836.1	580.7	1868.0	5.1	1865.0	5.2	1040.5
2009	531.1	285.6	823.7	624.9	1797.7	3.0	1805.2	5.7	1040.6
2010	575.4	316.4	794.4	665.0	1750.4	1.8	1739.6	5.9	1057.6
2011	608.2	328.5	787.7	660.0	1736.7	1.2	1662.8	4.4	1184.7
2012	624.7	320.9	791.5	674.6	1660.8	0.9	1641.6	4.9	1433.6
2013	638.7	318.7	799.0	674.4	1561.5	0.7	1581.1	5.1	1491.7
2014	659.4	318.0	799.6	622.9	1413.5	0.3	1476.6	4.9	1527.2
2015	680.9	322.3	797.7	567.9	1417.6	0.2	1437.3	5.3	1590.3
2016	704.2	329.8	792.4	533.6	1423.9	0.2	1507.4	5.9	1623.2
2017	735.8	351.6	775.7	496.9	1397.5	0.1	1565.9	6.9	1652.7
2018	753.3	366.5	779.2	487.5	1367.8	0.1	1616.5	8.1	1790.6

研究生和留学生数

单位：人

年份	研究生数			出国留学人员	学成回国留学人员
	招生数	在校生数	毕业生数		
1978	10708	10934	9	860	248
1979	8110	18830	140	1777	231
1980	3616	21604	476	2124	162
1981	9363	18848	11669	2922	1143
1982	11080	25847	4058	2326	2116
1983	15642	37166	4497	2633	2303
1984	23181	57566	2756	3073	2290
1985	46871	87331	17004	4888	1424
1986	41310	110371	16950	4676	1388
1987	39017	120191	27603	4703	1605
1988	35645	112776	40838	3786	3000
1989	28569	101339	37232	3329	1756
1990	29649	93018	35440	2950	1593
1991	29679	88128	32537	2900	2069
1992	33439	94164	25692		
1993	42145	106771	28214		
1994	50864	127935	28047		
1995	51053	145443	31877	20381	5750
1996	59398	163322	39652	20905	6570
1997	63749	176353	46539	22410	7130
1998	72508	198885	47077	17622	7379
1999	92225	233513	54670	23749	7748
2000	128484	301239	58767	38989	9121
2001	165197	393256	67809	83973	12243
2002	202611	500980	80841	125179	17945
2003	268925	651260	111091	117307	20152
2004	326286	819896	150777	114682	24726
2005	364831	978610	189728	118515	34987
2006	397925	1104653	255902	134000	42000
2007	418612	1195047	311839	144000	44000
2008	446422	1283046	344825	179800	69300
2009	510953	1404942	371273	229300	108300
2010	538177	1538416	383600	284700	134800
2011	560168	1645845	429994	339700	186200
2012	589673	1719818	486455	399600	272900
2013	611381	1793953	513626	413900	353500
2014	621323	1847689	535863	459800	364800
2015	645055	1911406	551522	523700	409100
2016	667064	1981051	563938	544500	432500
2017	806103	2639561	578045	608400	480900
2018	857966	2731257	604368	662100	519400

注：2017年起，研究生招生、在校生指标内涵发生变化，招生包含全日制和非全日制研究生；在校生包含全日制、非全日制研究生和在职人员攻读硕士学位学生。

学生入学率和升学率

单位：%

年份	小学学龄儿童净入学率	毛入学率				升学率		
		小学(按各地相应学龄计算)	初中阶段(12–14周岁)	高中阶段(15–17周岁)	高等教育(18–22周岁)	小学	初中	高中
1978	95.5					87.7	40.9	
1980	93.0					75.9	45.9	
1985	95.9					68.4	41.7	
1990	97.8	111.0	66.7		3.4	74.6	40.6	27.3
1995	98.5	106.6	78.4	33.6	7.2	90.8	48.3	49.9
1996	98.8	105.7	82.4	38.0	8.3	92.6	48.8	51.0
1997	98.9	104.9	87.1	40.6	9.1	93.7	57.5	48.6
1998	98.9	104.3	87.3	40.7	9.8	94.3	50.7	46.1
1999	99.1	104.3	88.6	41.0	10.5	94.4	50.0	63.8
2000	99.1	104.6	88.6	42.8	12.5	94.9	51.2	73.2
2001	99.1	104.5	88.7	42.8	13.3	95.5	52.9	78.8
2002	98.6	107.5	90.0	42.8	15.0	97.0	58.3	83.5
2003	98.7	107.2	92.7	43.8	17.0	97.9	59.6	83.4
2004	98.9	106.6	94.1	48.1	19.0	98.1	63.8	82.5
2005	99.2	106.4	95.0	52.7	21.0	98.4	69.7	76.3
2006	99.3	106.3	97.0	59.8	22.0	100.0	75.7	75.1
2007	99.5	106.2	98.0	66.0	23.0	99.9	80.5	70.3
2008	99.5	105.7	98.5	74.0	23.3	99.7	82.1	72.7
2009	99.4	104.8	99.0	79.2	24.2	99.1	85.6	77.6
2010	99.7	104.6	100.1	82.5	26.5	98.7	87.5	83.3
2011	99.8	104.2	100.1	84.0	26.9	98.3	88.9	86.5
2012	99.9	104.3	102.1	85.0	30.0	98.3	88.4	87.0
2013	99.7	104.4	104.1	86.0	34.5	98.3	91.2	87.6
2014	99.8	103.8	103.5	86.5	37.5	98.0	95.1	90.2
2015	99.9	103.5	104.0	87.0	40.0	98.2	94.1	92.5
2016	99.9	104.4	104.0	87.5	42.7	98.7	93.7	94.5
2017	99.9	104.8	103.5	88.3	45.7	98.8	94.9	
2018	100.0	103.2	100.9	88.8	48.1	99.1	95.2	

注：1.小学学龄儿童净入学率是按各地不同入学年龄和学制分别计算的。
2.毛入学率为该级教育在校学生总数与政府规定的该级学龄段人口总数之比。
3.高中阶段教育包括：普通高中、成人高中、中等职业教育（普通中专、职业高中、技工学校和成人中专）(以下相关表同)。
4.高等教育包括：研究生、普通本专科、成人本专科、网络本专科、高等教育自学考试本专科等各种形式的高等教育。

每十万人口各级学校在校生数

单位：人

年 份	高等教育	高中阶段	初中阶段	小 学	学前教育
1990	326	1337	3426	10707	1725
1991	304	1355	3465	10502	1907
1992	313	1365	3518	10413	2072
1993	376	1448	3599	10656	2190
1994	433	1293	3681	10819	2219
1995	457	1610	3945	11010	2262
1996	470	1780	4180	11273	2208
1997	482	1905	4289	11435	2058
1998	519	1978	4408	11287	1944
1999	594	2032	4656	10855	1864
2000	723	2000	4969	10335	1782
2001	931	2021	5161	9937	1602
2002	1146	2283	5240	9525	1595
2003	1298	2523	5209	9100	1560
2004	1420	2824	5058	8725	1617
2005	1613	3070	4781	8358	1676
2006	1816	3321	4557	8192	1731
2007	1924	3409	4364	8037	1787
2008	2042	3463	4227	7819	1873
2009	2128	3495	4097	7584	2001
2010	2189	3504	3955	7448	2230
2011	2253	3495	3779	7403	2554
2012	2335	3411	3535	7196	2736
2013	2418	3227	3279	6913	2876
2014	2488	3100	3222	6946	2977
2015	2524	2965	3152	7086	3118
2016	2530	2887	3150	7211	3211
2017	2576	2861	3213	7300	3327
2018	2658	2828	3347	7438	3350

注：高等教育包括研究生、普通本专科和成人本专科。

教育经费情况

单位：亿元

年份	合计	国家财政性教育经费	#公共财政教育经费	民办学校中举办者投入	社会捐赠经费	事业收入	其他教育经费
1992	867.0	728.8	564.9		69.6		
1995	1878.0	1411.5	1092.9	20.4	162.8		
2000	3849.1	2562.6	2191.8	85.9	114.0	938.3	148.4
2001	4637.7	3057.0	2705.7	128.1	112.9	1157.5	182.2
2002	5480.0	3491.4	3254.9	172.6	127.3	1460.9	227.9
2003	6208.3	3850.6	3619.1	259.0	104.6	1721.8	272.2
2004	7242.6	4465.9	4244.4	347.9	93.4	2011.4	324.0
2005	8418.8	5161.1	4946.0	452.2	93.2	2340.0	372.4
2006	9815.3	6348.4	6135.3	549.1	89.9	2407.3	420.7
2007	12148.1	8280.2	8094.3	80.9	93.1	3177.2	516.6
2008	14500.7	10449.6	10213.0	69.8	102.7	3367.1	511.5
2009	16502.7	12231.1	11975.0	75.0	125.5	3527.6	543.5
2010	19561.8	14670.1	14163.9	105.4	107.9	4106.1	572.4
2011	23869.3	18586.7	17821.7	111.9	111.9	4424.7	634.1
2012	28655.3	23147.6	20314.2	128.2	95.7	4619.8	664.0
2013	30364.7	24488.2	21405.7	147.4	85.5	4926.2	717.3
2014	32806.5	26420.6	22576.0	131.3	79.7	5427.2	747.7
2015	36129.2	29221.5	25861.9	187.7	87.0	5809.7	823.4
2016	38888.4	31396.3	27700.6	203.3	81.0	6276.8	931.0
2017	42562.0	34207.8	29919.8	225.0	85.0	6957.6	1086.7

注：1.“民办学校中举办者投入”数据1992-2006年为社会团体和公民个人办学总经费。
2.“公共财政教育经费”数据1992-2012年包括教育事业费、基建经费、教育费附加、科研经费和其他经费，2012年起包括教育事业费、基建经费和教育费附加。

医疗卫生机构数和床位数

年 份	医疗卫生机构(个)	#医 院	医疗卫生机构床位(万张)	#医 院
1978	169732	9293	204.2	110.0
1979	176793	9746	212.8	116.1
1980	180553	9902	218.4	119.6
1981	800205	10252	223.4	124.1
1982	801869	10471	228.0	128.5
1983	870686	10901	234.2	134.5
1984	905424	11381	241.2	141.2
1985	978540	11955	248.7	150.9
1986	999102	12442	256.3	156.0
1987	1012804	12962	268.5	165.3
1988	1012485	13544	279.5	174.7
1989	1027522	14090	286.7	181.5
1990	1012690	14377	292.5	186.9
1991	1003769	14628	299.2	192.6
1992	1001310	14889	304.9	197.7
1993	1000531	15436	309.9	203.6
1994	1005271	15595	313.4	207.0
1995	994409	15663	314.1	206.3
1996	1078131	15833	310.0	209.7
1997	1048657	15944	313.5	211.9
1998	1042885	16001	314.3	213.4
1999	1017673	16678	315.9	215.1
2000	1034229	16318	317.7	216.7
2001	1029314	16197	320.1	215.6
2002	1005004	17844	313.6	222.2
2003	806243	17764	316.4	227.0
2004	849140	18393	326.8	236.3
2005	882206	18703	336.8	244.5
2006	918097	19246	351.2	256.0
2007	912263	19852	370.1	267.5
2008	891480	19712	403.9	288.3
2009	916571	20291	441.7	312.1
2010	936927	20918	478.7	338.7
2011	954389	21979	516.0	370.5
2012	950297	23170	572.5	416.2
2013	974398	24709	618.2	457.9
2014	981432	25860	660.1	496.1
2015	983528	27587	701.5	533.1
2016	983394	29140	741.1	568.9
2017	986649	31056	794.0	612.0
2018	997433	33009	840.4	652.0

注：医疗卫生机构含村卫生室。

卫生机构人员数

年 份	卫生人员（万人）	#卫生技术人员	#执业(助理)医师	#执业医师	#注册护士
1978	788.3	246.4	97.8	61.0	40.5
1979	773.8	264.2	108.8	65.3	42.1
1980	735.5	279.8	115.3	70.9	46.6
1981	719.9	301.1	124.4	62.0	52.5
1982	695.4	314.3	130.7	66.8	56.4
1983	675.7	325.3	135.3	70.4	59.6
1984	662.3	334.4	138.1	71.6	61.6
1985	560.6	341.1	141.3	72.4	63.7
1986	572.6	350.7	144.4	74.6	68.1
1987	584.3	360.9	148.2	77.7	71.8
1988	592.5	372.4	161.8	109.6	82.9
1989	602.8	380.9	171.8	125.8	92.2
1990	613.8	389.8	176.3	130.3	97.5
1991	627.8	398.5	178.0	131.1	101.2
1992	640.9	407.4	180.8	132.8	104.0
1993	654.1	411.7	183.2	137.2	105.6
1994	663.1	419.9	188.2	142.5	109.4
1995	670.4	425.7	191.8	145.5	112.6
1996	673.5	431.2	194.1	147.5	116.3
1997	683.4	439.8	198.5	150.5	119.8
1998	686.3	442.4	200.0	151.4	121.9
1999	689.5	445.9	204.5	156.2	124.5
2000	691.0	449.1	207.6	160.3	126.7
2001	687.5	450.8	210.0	163.7	128.7
2002	652.9	427.0	184.4	146.4	124.7
2003	621.7	438.1	194.2	153.4	126.6
2004	633.3	448.6	199.9	158.2	130.8
2005	644.7	456.4	204.2	162.3	135.0
2006	668.1	472.8	209.9	167.8	142.6
2007	696.4	491.3	212.3	171.5	155.9
2008	725.2	517.4	220.2	179.2	167.8
2009	778.1	553.5	232.9	190.5	185.5
2010	820.8	587.6	241.3	197.3	204.8
2011	861.6	620.3	246.6	202.0	224.4
2012	911.6	667.6	261.6	213.9	249.7
2013	979.0	721.1	279.5	228.6	278.3
2014	1023.4	759.0	289.3	237.5	300.4
2015	1069.4	800.8	303.9	250.8	324.1
2016	1117.3	845.4	319.1	265.1	350.7
2017	1174.9	898.8	339.0	282.9	380.4
2018	1230.7	951.9	360.7	301.0	409.9

文化文物机构情况

单位：个

年 份	公共图书馆	文化馆、站			博物馆	艺术表演团体	文化部门所属艺术表演场馆
		省、地市级群众艺术馆	县市级文化馆	乡镇（街道）文化站			
1978	1218	92	2748	4053	349	3150	1095
1980	1732	218	2912	5609	365	3533	1444
1985	2344	335	2960	5281	711	3317	1377
1990	2527	366	2955	5895	1013	2805	1955
1995	2615	373	2886	10228	1194	2682	1958
1996	2620	392	2892	41969	1219	2664	1934
1997	2628	385	2901	42163	1282	2663	1947
1998	2662	386	2901	42547	1339	2652	1929
1999	2669	389	2905	42543	1363	2632	1911
2000	2675	390	2907	42024	1392	2619	1900
2001	2696	399	2842	40138	1461	2605	1854
2002	2697	389	2854	39273	1511	2587	1829
2003	2709	382	2846	38588	1515	2601	1900
2004	2720	380	2841	38181	1548	2759	1928
2005	2762	375	2851	38362	1581	2805	1866
2006	2778	395	2819	36874	1617	2866	1839
2007	2799	411	2806	37384	1722	4512	1732
2008	2820	389	2829	37938	1893	5114	1662
2009	2850	361	2862	38736	2252	6139	1499
2010	2884	374	2890	40118	2435	6864	1461
2011	2952	379	2906	40390	2650	7055	1429
2012	3076	382	2919	40575	3069	7321	1279
2013	3112	385	2930	40945	3473	8180	1253
2014	3117	385	2928	41110	3658	8769	1248
2015	3139	386	2929	40976	3852	10787	1264
2016	3153	389	2933	41175	4109	12301	1265
2017	3166	390	2938	41193	4721	15742	1253
2018	3176	390	2936	41138	4918	17123	1236

注：1.2007年以前艺术表演团体为文化部门系统内数据，2007年起含非文化部门单位。
2.艺术表演场馆为文化部门系统内数据。

创造世界纪录和获得世界冠军情况

年份	创造世界纪录				获得世界冠军	
	项数(项)	次数(次)	人数(人)	队数(队)	项数(项)	个数(个)
1978	3	3	6		4	4
1980	7	15	17		3	3
1985	5	9	6		42	46
1990	14	16	17		54	54
1995	13	24	14	2	98	102
1996	22	30	17	1	72	75
1997	29	43	29	2	87	92
1998	31	68	30	3	75	83
1999	24	50	16		91	92
2000	22	30	14	2	92	110
2001	10	12	8	2	79	90
2002	29	33	17	5	99	110
2003	13	16	8	1	17	84
2004	16	16	7	2	27	101
2005	15	21	14	2	22	106
2006	21	25	11	3	24	141
2007	10	10	8	2	22	123
2008	16	16	11	2	24	120
2009	22	22	11	3	30	142
2010	15	15	8	5	22	108
2011	8	8	4	1	24	138
2012	14	14	9	3	24	107
2013	13	13	7	3	22	124
2014	10	10	5	4	22	98
2015	12	12	8	2	25	127
2016	9	9	7	1	23	107
2017	2	6	6		24	106
2018	5	12	12		27	118

注：1995年以前各年的集体项目的队数折合在人数中。

香港特别行政区主要社会经济指标(一)

指　　标	1990年	2000年	2010年	2017年	2018年
人口					
年中人口（万人）	570.4	666.5	702.4	739.2	745.1
粗出生率（‰）	12.0	8.1	12.6	7.7	7.2@
粗死亡率（‰）	5.2	5.1	6.0	6.3	6.3@
劳动、就业					
劳动人口（万人）	274.8	337.4	363.1	394.7	397.9
劳动人口参与率（%）	63.2	61.4	59.6	61.1	61.2
失业率（%）	1.3	4.9	4.3	3.1	2.8
本地生产总值					
按2016年环比物量计算①					
本地生产总值年增长率（%）	3.8	7.7	6.8	3.8	3.0
本地生产总值（亿港元）	9599	14143	21080	25862	26644
人均本地生产总值(港元)	168269	212200	300101	349881	357584
按当年价格计算					
本地生产总值年增长率（%）	11.7	4.0	7.1	6.9	6.9
本地生产总值（亿港元）	5993	13375	17763	26625	28453
人均本地生产总值（港元）	105050	200675	252887	360206	381870
本地居民总收入					
按当年价格计算					
本地居民总收入（亿港元）		13482	18139	27781	29869@
人均本地居民总收入（港元）		202287	258240	375838	400878@
对外商品贸易					
港产品出口（亿港元）	2259	1810	695	435	463
转口（亿港元）	4140	13917	29615	38324	41118
进口（亿港元）	6425	16580	33648	43570	47214
对外服务贸易②					
服务出口（亿港元）	1307	2460	6257	8129	8923
服务进口（亿港元）	1330	3467	5469	6055	6359
国际收支平衡表					
经常账户（亿港元）		588	1244	1239@	1225@
资本及金融账户（亿港元）		-613	-888	-765@	-1840@
净误差及遗漏（亿港元）		25	-355	-474@	616@
整体的国际收支（亿港元）		1002	591	2505@	76@
国际投资头寸③					
国际投资头寸净值（亿港元）		17195	51711	111050	101399@
对外金融资产（亿港元）		92493	232300	428100	429335@
对外金融负债（亿港元）		75298	180589	317051	327936@
居民消费物价指数④					
(2014年10月至2015年9月=100)					
综合消费物价指数	46.6	78.4	81.8	104.5	107.0

香港特别行政区主要社会经济指标(二)

指　　标	1990年	2000年	2010年	2017年	2018年
工业生产					
工业生产指数⑤(2008年=100)			95.0	93.1	94.3
工业电力消费量（万亿焦耳）	24934	17769	11080	11196	11081
工业煤气消费量（万亿焦耳）	583	982	917	1569	1717
服务					
增加价值（亿港元）					
进出口贸易、批发及零售		2770	4133	5495	
住宿及膳食服务		378	564	836	
运输、仓库、邮政及速递服务		976	1379	1535	
资讯及通讯		429	550	872	
金融及保险		1642	2838	4844	
地产、专业及商用服务		1182	1885	2749	
公共行政、社会及个人服务		2434	2953	4661	
楼宇业权		1391	1847	2630	
房屋及物业					
已登记物业买卖合约涉及的价值(亿港元)					
住宅		1684	5607	5563	5593
非住宅		541	1288	1701	1821
总计⑥		2225	6895	7264	7414
楼宇售价指数(1999年=100)					
私人住宅单位	44.8	89.6	150.9	333.9	377.4@
私人写字楼(甲级、乙级及丙级)	99.1	89.9	230.4	487.1	555.2@
楼宇租金指数(1999年=100)					
私人住宅单位	76.7	98.1	119.7	182.6	193.0@
私人写字楼(甲级、乙级及丙级)	137.3	98.5	147.6	241.8	252.1@
政府收支、货币、金融（亿港元）					
政府储备结余⑦	765	4303	5954	11029	11616
政府收入总额⑧	895	2251	3765	6198	5964
政府支出总额⑧	856	2329	3014	4709	5378
货币供应量M_3					
港元⑨	5712	20024	38782	70245	72843
外币⑩	7168	16904	32781	67793	71194
总计	12880	36928	71563	138038	144037
运输、通讯及旅游					
进出香港的货物					
总卸下（万吨）	6076	13035	17282	19108	17581
总装上（万吨）	2997	8692	12882	11772	10958
集装箱吞吐量⑪（万标准集装箱单位）	510	1810	2370	2077	1960
电话服务（万条操作线路）	245	395	426	415	410
访港旅客⑫（万人次）	658	1306	3603	5847	6515
酒店入住率（%）	79	83	87	89	91@

香港特别行政区主要社会经济指标(三)

指　　　标	1990年	2000年	2010年	2017年	2018年
教育					
小学学生人数⑬（人）	531090	498175	334415	365732	376310
中学学生人数⑬⑭（人）	481830	490039	486817	349086	344564
专上教育学生人数⑮（人）	112516	186729	306476	323551	324127
卫生					
登记死亡人数（人）	29201	33993	42699	45883	47479
婴儿死亡率（按每千名登记活产婴儿计算）	5.9	2.9	1.7	1.8	1.5@
社会保障					
综合社会保障援助					
个案数目⑦（个）	66675	228263	282732	231468	
发放款项⑧⑯（亿港元）	9.6	135.6	184.9	217.0	
公共福利金					
个案数目⑦	444517	550585	642979	897541	
发放款项⑧⑯（亿港元）	21.6	51.3	90.6	236.3	
交通意外伤亡援助					
获批个案数目⑧	5310	5998	7203	6553	
发放款项⑧（万港元）	4990	13000	18719	23686	
治安					
举报罪案合计（件）	88300	77245	75965	56017	54225
暴力罪案总计（件）	18820	14812	13546	9086	8884

注：本表数据由香港特别行政区政府统计处提供，国家统计局整理编辑。1990年数据指原香港地区。
@ 数字将于日后修订。

① 以环比物量计算的本地生产总值及其组成部分的参照年为2016年。
② 服务输出及输入数字是根据《2008年国民经济核算体系》的标准。采用所有权转移原则记录外地加工货品及转手商贸活动编制而成的。
③ 期末头寸。
④ 2014年10月起的消费物价指数是根据2014/15年住户开支统计调查所得的开支权数编制。较早的指数则是根据旧的开支权数而经过按比例换算与新基期的指数拼接。
⑤ 自2005年统计年度开始，所有工业生产指数均按《香港标准行业分类2.0版》编制。
⑥ 因四舍五入关系，个别项目的数字加起来可能不等于总计。
⑦ 财政年度终结数字。指第二年3月31日。
⑧ 财政年度数字。指当年4月1日至第二年3月31日。
⑨ 包括外币掉期存款。
⑩ 已扣除外币掉期存款。
⑪ 由1998年起，采用一系列新的集装箱吞吐量数字。与1998年以前的数字不可比。
⑫ 1996年及以后的数字包括经澳门访港的非澳门居民旅客人数。
⑬ 数字包括特殊学校的学生人数。
⑭ 数字亦包括夜校、技工级课程及毅进文凭课程的学生人数。
⑮ 数字包括就读于大学及专上教育学院开办的专上教育课程，包括证书/文凭课程、副学士或同等学历及学士或更高的学位课程；以及与非本地机构合办，而学生在修业后可获取非本地高等学术资格的非本地注册或获豁免课程的学生人数。
⑯ 2010年及2017年的开支包括于该财政年度分别向综援受助人及公共福利金受惠人额外发放的一个月标准金额及一个月津贴。

澳门特别行政区主要社会经济指标(一)

指　　标	1990年	2000年	2010年	2017年	2018年
本地生产总值①					
以2016年环比物量计算					
本地生产总值实际增长率(支出法)(%)	8.0	5.7	25.3	9.7	4.7
本地生产总值（亿澳门元）	840.6	1094.2	3192.3	3975.2	4162.4
人均本地生产总值（万澳门元）	25.1	25.4	59.5	61.3	63.0
按当年价格计算					
本地生产总值名义增长率(支出法)(%)	19.8	4.0	31.3	12.0	8.5
本地生产总值（亿澳门元）	258.3	539.4	2250.5	4057.9	4403.2
人均本地生产总值（万澳门元）	7.7	12.5	41.9	62.5	66.7
人口及生命统计					
年中人口（万人）	33.5	43.1	53.7	64.8	65.9
出生率（‰）	20.5	8.9	9.5	10.1	9.0
死亡率（‰）	4.4	3.1	3.3	3.3	3.1
劳动力					
劳动人口（万人）	16.9	20.9	32.4	38.7	39.2
劳动力参与率（%）	66.6	64.3	72.0	70.8	70.9
失业率（%）	3.2	6.8	2.8	2.0	1.8
就业不足率（%）	2.3	3.0	1.7	0.4	0.5
就业人口（万人）	16.3	19.5	31.5	38.0	38.5
（Ⅰ）制造业	5.3	3.8	1.5	0.7	0.6
（Ⅱ）批发及零售业②	3.5	3.0	4.1	4.6	4.4
（Ⅲ）酒店及饮食业		2.1	4.3	5.5	5.6
（Ⅳ）文娱博彩及其他服务业	4.5	2.2	7.5	9.2	9.6
对外商品贸易					
出口（亿澳门元）	136.4	203.8	69.6	112.8	121.9
本地产品出口（亿澳门元）		170.8	23.9	17.9	15.3
转口（亿澳门元）		33.0	45.7	95.0	106.6
进口（亿澳门元）	123.4	181.0	441.2	758.5	901.0
贸易条件指数（2016年=100）		117.6	100.9	100.2	100.0
工业生产					
工业电力消耗量（亿千瓦小时）		1.5	1.5	1.6	1.6
建筑					
获发使用准照(建成)的私人楼宇单位数目(个)	11574	3146	4527	4511	4259
获发使用准照(建成)的私人楼宇总建筑面积（万平方米）	105.7	37.0	127.2	84.0	129.4
获发动工批示(新动工)的私人楼宇单位数目(个)		1167	870	3223	1670
获发动工批示(新动工)的私人楼宇总建筑面积（万平方米）		20.3	18.4	41.1	57.6
楼宇单位买卖数目（个）	8463	10211	29617	13985	15073
不动产买卖契约数目（宗）	8559	12484	12707	13961	13494
不动产按揭贷款数目（宗）	6610	7367	15127	17439	20095
运输、通讯、旅游					
进出澳门货运车辆数目③(万辆)	26.4	45.4	35.8	34.5	34.8
领牌车辆④(万辆)	5.1	11.3	19.6	24.2	24.0
电话线（万条）	9.6	17.7	16.8	13.1	12.4
访澳旅客⑤(万人次)	594.2	916.2	2496.5	3261.1	3580.4
酒店入住率（%）	69	58	80	87	91

澳门特别行政区主要社会经济指标(二)

指标	1990年	2000年	2010年	2017年	2018年
政府收支、货币、金融(亿澳门元)					
政府总收入①	60.2	153.4	884.9	1263.7	1342.0
政府总开支①	55.1	150.2	383.9	813.0	803.3
货币供应(广义货币供应量M_2)					
澳门元⑥	70.2	232.2	680.4	1827.9	1985.1
港元	150.8	445.1	1328.1	3203.0	3419.5
其他货币	86.5	171.9	422.1	883.8	1109.8
总计	307.4	849.2	2430.5	5914.7	6514.4
本地机构及私人贷款及垫款	156.0	382.0	1267.9	4516.9	5010.5
消费价格指数					
(2013年10月至2014年9月=100)					
综合消费价格指数		64.82	80.50	109.56	112.85
甲类消费价格指数		62.86	79.56	109.66	112.97
乙类消费价格指数		64.79	79.87	108.73	111.87
房屋(期末值)					
公共房屋⑦(个)	4871	9084	8174	12209	14817
教育⑧					
幼儿教育学生(人)	20814	14978	10804	18802	18626
小学生(人)	34972	45474	23785	30169	32530
中学生(人)	17601	38156	37224	26608	26022
高等教育学生(人)	7425	8358	25539	33098	34279
医疗					
死亡人数(人)	1482	1338	1774	2120	2069
死于心脏病人数(人)	356	252	140	199	174
死于癌症人数(人)	283	370	585	737	820
婴儿死亡率(按每千名出生登记活产婴儿计算)	8.4	2.9	2.9	2.3	3.4
社会保障					
供款单位数目		8451	34294	24443	25470
总发放援助次数(万次)		16.3	52.3	146.8	159.9
总发放金额(亿澳门元)		2.0	7.5	37.7	41.0
治安					
罪案数目(宗)	5514	8925	11649	14293	14365
囚犯数目(期末值,人)	719	847	929	1284	1458

注：本表数据由澳门特别行政区政府统计暨普查局提供，国家统计局整理编辑。1998年及以前数据均指原澳门地区。

①数字在日后得到更多资料时会作出修订。

②1990年“批发及零售业”数字包含了“酒店及饮食业”数字。

③自2000年开始包括进出关闸及路(氹)城边检站的数字；自2007年开始亦包括进出跨境工业区边检站的数字。

④自2007年开始不包括单车。

⑤自2008年开始访澳旅客不包括外地雇员及学生等。

⑥“中华人民共和国澳门特别行政区基本法”说明，澳门元是澳门特别行政区的法定货币。

⑦不包括已出售者。

⑧不包括特殊教育学生。第n年的学生人数是指n/n+1学年年底学生人数。2007/2008学年起不包括回归教育学生人数；2010/2011学年起为注册学生人数。

台湾省主要社会经济指标(一)

指　　标	2000年	2010年	2016年	2017年	2018年
人口					
户籍登记人口数①（万人）	2228	2316	2354	2357	2359
人口自然增加率（‰）	8.08	0.91	1.53	0.96	0.37
人口密度（人/平方公里）	616	640	650	651	652
性别比①（女性=100）	104.7	100.9	99.1	98.9	98.6
劳动、就业					
劳动力人口（万人）	978	1107	1173	1180	1187
劳动参与率（%）	57.7	58.1	58.8	58.8	59.0
男	69.4	66.5	67.1	67.1	67.2
女	46.0	49.9	50.8	50.9	51.1
农业占就业人口比重（%）	7.8	5.2	4.9	4.9	4.9
工业占就业人口比重（%）	37.2	35.9	35.9	35.8	35.7
服务业占就业人口比重（%）	55.0	58.8	59.2	59.3	59.4
失业率（%）	3.0	5.2	3.9	3.8	3.7
工业及服务业每月人均薪资(新台币元)	41861	44359	48790	49989	51957
工业	39498	42754	47035	48187	50252
服务业	44210	45656	50146	51374	53263
公共安全					
刑案发生率（件/十万人）	1977	1607	1254	1246	1201
犯罪人口率（人/十万人）	819	1164	1160	1220	1243
刑案破获率（%）	59.2	79.7	93.0	94.6	95.5
机动车肇事率（件/万辆）	31.76	101.94	142.41	137.37	139.90
道路交通事故伤亡人数					
死亡（人）	3388	2047	1604	1517	1493
受伤（人）	66895	293764	403906	394198	405147
国民经济核算					
本地居民总收入(新台币亿元)	104908	145489	177060	179653	180959
本地生产总值（新台币亿元）	103513	141192	171763	175012	177770
居民最终消费支出	57063	74977	90345	92651	95496
固定资本形成总额	27226	33359	35893	35844	37312
商品及服务出口	53733	100135	107707	113568	118669
减：商品及服务进口	51673	90154	86540	91254	100099
经济增长率（%）	6.4	10.6	1.5	3.1	2.6
人均本地居民总收入					
新台币元	472889	628706	752936	762681	767555
美元	15142	19864	23289	25055	25456
居民储蓄总额（新台币亿元）	31055	48218	60707	61611	59558
储蓄率（%）	29.6	33.1	34.3	34.3	32.9
工业					
工业生产指数（2016年＝100）	54.4	87.7	100.0	105.0	108.8
制造业	52.6	87.0	100.0	105.3	109.4

台湾省主要社会经济指标(二)

指　　标	2000年	2010年	2016年	2017年	2018年
运输通信					
交通运输客运人数（亿人次）					
铁路	4.6	7.8	10.9	11.2	11.5
公路	11.0	11.1	12.3	12.4	12.4
航空	0.3	0.3	0.4	0.4	0.4
高速公路通行车辆数③(万辆次)	45381	55506	579103	591902	592668
每百人机动车辆数①(辆)	76.4	93.8	91.4	92.1	92.7
港埠货物装卸量（万收费吨）	56695	65540	73356	72550	74085
观光（万人次）					
出岛旅客	733	942	1459	1565	1664
来台湾旅客	262	557	1069	1074	1107
对外贸易					
贸易额（亿美元）					
出口	1520	2780	2803	3172	3359
进口	1407	2563	2306	2593	2863
出(入)超（亿美元）	112	217	498	580	496
对日本	-217	-343	-211	-212	-211
对美国	103	49	49	67	50
对中国内地		417	299	389	430
对香港		367	371	397	402
财政、金融及景气					
赋税实征净额②(新台币亿元)	19298	16222	22241	22512	23869
外汇存底①(亿美元)	1067.4	3820.1	4342.0	4515.0	4617.8
汇率					
1美元兑新台币	31.23	31.64	32.32	30.44	30.16
货币供应量$M_2$①(新台币亿元)	188978	309544	413018	427702	439052
年增长率（%）	6.5	5.5	3.6	3.6	2.7
存款①(新台币亿元)	193087	310063	407174	420940	431958
放款与投资①(新台币亿元)	166220	228037	305492	320227	337475
本地银行逾放比率①(%)	5.34	0.61	0.27	0.28	0.24
股价指数（1966年＝100）	7847	7950	8763	10208	10620
国际收支平衡（亿美元）					
经常账户	82.2	368.3	727.8	828.4	682.6
资本账户		-0.5	-0.1	-0.1	0.6
金融账户	79.7	3.4	597.6	709.6	519.2
物价年涨跌率(%)					
批发	1.81	5.46	-2.98	0.90	3.64
消费者	1.26	0.97	1.39	0.62	1.35
进口	4.61	7.04	-3.08	1.36	6.14
出口	-0.87	2.02	-2.70	-1.46	1.45

注：①年底数。②为年度资料。③从2013年12月30日起，国道高速公路由计次收费改为计程电子收费。
资料来源：台湾“行政院主计总处”。

世界主要国家和地区国内生产总值和人均国内生产总值

国家和地区	国内生产总值（亿美元）			人均国内生产总值（美元）		
	2000年	2010年	2017年	2000年	2010年	2017年
世　界	**335979**	**659659**	**807376**	**5488**	**9515**	**10722**
高收入国家	**278983**	**457193**	**514794**	**25021**	**38138**	**41214**
中等收入国家	**55469**	**198568**	**287089**	**1221**	**3877**	**5174**
低收入国家	**1452**	**3929**	**5754**	**312**	**642**	**786**
中　国	12113	61006	122377	959	4561	8827
印　度	4621	16566	26008	439	1346	1942
印度尼西亚	1650	7551	10155	780	3113	3847
日　本	48875	57001	48721	38532	44508	38428
韩　国	5616	10945	15308	11948	22087	29743
马来西亚	938	2550	3147	4045	9071	9952
巴基斯坦	740	1774	3050	534	1040	1548
新加坡	958	2364	3239	23793	46570	57714
菲律宾	810	1996	3136	1039	2129	2989
泰　国	1264	3411	4553	2008	5075	6595
埃　及	998	2189	2354	1428	2602	2413
尼日利亚	694	3634	3757	568	2291	1968
南　非	1364	3753	3489	2982	7276	6151
加拿大	7423	16135	16530	24124	47447	45032
墨西哥	7079	10578	11509	6959	9016	8910
美　国	102848	149644	193906	36450	48375	59532
阿根廷	2842	4236	6374	7669	10276	14398
巴　西	6554	22089	20555	3739	11224	9821
法　国	13622	26426	25825	22364	40638	38477
德　国	19500	34171	36774	23719	41786	44470
意大利	11418	21251	19348	20051	35849	31953
荷　兰	4128	8364	8262	25921	50338	48223
俄罗斯	2597	15249	15775	1772	10675	10743
西班牙	5954	14316	13113	14677	30737	28157
英　国	16480	24412	26224	27982	38893	39720
澳大利亚	4150	11443	13234	21669	51937	53800
新西兰	526	1466	2059	13641	33692	42941

资料来源：世界银行数据库。

世界主要国家和地区经济增长率

单位：%

年份	世界*	欧元区	美国	日本	巴西	印度	俄罗斯	南非
1980	2.1		-0.3	3.2	9.2	5.3		6.6
1981	1.9		2.5	4.2	-4.4	6.0		5.4
1982	0.6		-1.8	3.3	0.6	3.5		-0.4
1983	2.8		4.6	3.5	-3.4	7.3		-1.9
1984	4.6		7.2	4.5	5.3	3.8		5.1
1985	3.6		4.2	5.2	7.9	5.3		-1.2
1986	3.7		3.5	3.3	7.5	4.8		0.0
1987	4.0		3.5	4.7	3.6	4.0		2.1
1988	4.6		4.2	6.8	0.3	9.6		4.2
1989	3.8		3.7	4.9	3.2	6.0		2.4
1990	3.5		1.9	4.9	-4.2	5.5		-0.3
1991	2.6		-0.1	3.4	1.0	1.1		-1.0
1992	2.3	1.4	3.5	0.9	-0.6	5.5		-2.1
1993	2.1	-0.8	2.8	-0.5	4.9	4.8	-8.7	1.3
1994	3.3	2.5	4.0	1.0	5.8	6.7	-12.7	3.2
1995	3.4	2.9	2.7	2.7	4.2	7.6	-4.1	3.1
1996	3.9	1.6	3.8	3.1	0.2	7.6	-3.6	4.3
1997	4.0	2.6	4.5	1.1	3.4	4.1	1.4	2.6
1998	2.6	2.9	4.5	-1.1	0.4	6.2	-5.3	0.5
1999	3.6	3.0	4.8	-0.3	0.5	8.5	6.4	2.4
2000	4.8	3.8	4.1	2.8	4.4	4.0	10.1	4.2
2001	2.5	2.1	1.0	0.4	1.4	4.9	5.1	2.7
2002	3.0	1.0	1.7	0.1	3.1	3.9	4.7	3.7
2003	4.3	0.7	2.9	1.5	1.1	7.9	7.4	3.0
2004	5.4	2.3	3.8	2.2	5.8	7.9	7.2	4.6
2005	4.9	1.7	3.5	1.7	3.2	9.3	6.4	5.3
2006	5.5	3.2	2.9	1.4	4.0	9.3	8.2	5.6
2007	5.6	3.1	1.9	1.7	6.1	9.8	8.5	5.4
2008	3.0	0.5	-0.1	-1.1	5.1	3.9	5.3	3.2
2009	-0.1	-4.5	-2.5	-5.4	-0.1	8.5	-7.8	-1.5
2010	5.4	2.1	2.6	4.2	7.6	10.3	4.5	3.0
2011	4.3	1.6	1.6	-0.1	4.0	6.6	5.1	3.3
2012	3.5	-0.9	2.3	1.5	1.9	5.5	3.7	2.2
2013	3.5	-0.2	1.8	2.0	3.0	6.4	1.8	2.5
2014	3.6	1.4	2.5	0.4	0.5	7.4	0.7	1.9
2015	3.4	2.1	2.9	1.2	-3.6	8.0	-2.5	1.2
2016	3.4	2.0	1.6	0.6	-3.3	8.2	0.3	0.4
2017	3.8	2.4	2.2	1.9	1.1	7.2	1.7	1.4
2018	3.6	1.8	2.9	0.8	1.1	7.1	2.3	0.8

注：*按购买力平价方法计算的国内生产总值进行加权汇总。

资料来源：国际货币基金组织WEO数据库及各国官方统计网站。

世界主要国家和地区消费者价格指数

(2010年=100)

年份	世界	欧元区	美国	日本	巴西	印度	俄罗斯	南非
1980	5.1	36.9	37.8	77.2		9.7		6.5
1981	5.9	41.3	41.7	81.0		11.0		7.5
1982	6.9	45.3	44.3	83.2		11.9		8.6
1983	7.8	49.1	45.7	84.7		13.3		9.6
1984	9.0	52.5	47.6	86.7		14.4		10.7
1985	10.3	55.6	49.3	88.4		15.2		12.5
1986	11.5	57.2	50.3	89.0		16.5		14.8
1987	13.1	57.5	52.1	89.1		18.0		17.2
1988	15.2	58.0	54.2	89.7		19.7		19.4
1989	17.0	58.5	56.9	91.7		21.1		22.2
1990	21.5	60.3	59.9	94.5		23.0		25.4
1991	25.3	63.3	62.5	97.6		26.1		29.3
1992	29.6	62.9	64.4	99.3	0.1	29.2	0.1	33.4
1993	35.3	65.0	66.3	100.6	1.0	31.1	0.5	36.7
1994	44.8	67.6	68.0	101.3	22.1	34.2	2.1	39.9
1995	51.6	71.2	69.9	101.1	36.6	37.8	6.3	43.4
1996	56.0	72.6	71.9	101.3	42.4	41.1	9.4	46.6
1997	59.3	74.9	73.6	103.0	45.4	44.1	10.7	50.6
1998	62.6	76.4	74.8	103.7	46.8	49.9	13.7	54.1
1999	66.1	78.1	76.4	103.4	49.1	52.2	25.5	56.9
2000	69.1	79.9	79.0	102.7	52.5	54.3	30.8	59.9
2001	72.1	82.5	81.2	101.9	56.1	56.4	37.4	63.3
2002	74.5	84.3	82.5	101.0	60.9	58.8	43.3	69.3
2003	77.1	86.3	84.4	100.7	69.8	61.1	49.2	73.3
2004	79.9	88.2	86.6	100.7	74.4	63.4	54.5	72.8
2005	82.9	90.4	89.6	100.4	79.5	66.0	61.5	74.3
2006	85.9	92.7	92.5	100.7	82.9	69.9	67.4	76.7
2007	89.1	94.8	95.1	100.7	85.9	74.3	73.5	81.4
2008	94.3	98.1	98.7	102.1	90.8	80.5	83.8	89.6
2009	96.5	98.4	98.4	100.7	95.2	89.3	93.6	96.1
2010	100.0	100.0	100.0	100.0	100.0	100.0	100.0	100.0
2011	105.0	102.7	103.2	99.7	106.6	108.9	108.4	105.0
2012	109.4	105.3	105.3	99.7	112.4	119.0	113.9	111.0
2013	114.1	106.7	106.8	100.0	119.4	132.0	121.6	117.4
2014	118.4	107.2	108.6	102.8	126.9	140.4	131.2	124.7
2015	122.6	107.2	108.7	103.6	138.4	148.6	151.5	130.3
2016	126.7	107.5	110.1	103.5	150.5	156.0	162.2	138.9
2017	131.5	109.1	112.4	104.0	155.7	159.8	168.2	146.1
2018	138.2	111.0	115.2	105.0	161.4	167.6	173.0	152.6

资料来源：国际货币基金组织数据库。

世界主要国家和地区就业结构与失业率

单位：%

国家和地区	年份	就业结构			年份	失业率
		第一产业	第二产业	第三产业		
中国	2018	16.5	26.3	57.2	2017	3.9*
印度	2018	41.6	23.9	34.5	2014	3.6
印度尼西亚	2018	30.2	21.6	48.2	2016	5.6
以色列	2018	1.1	17.2	81.8	2018	4.0
日本	2018	3.4	25.3	71.3	2017	2.8
哈萨克斯坦	2018	17.7	20.8	61.5	2017	4.9
韩国	2018	4.8	24.6	70.6	2018	3.8
马来西亚	2018	10.7	27.2	62.1	2017	3.4
巴基斯坦	2018	41.3	23.9	34.8	2014	4.0
菲律宾	2018	25.3	17.8	56.8	2018	5.3
新加坡	2018	0.1	16.2	83.7	2017	2.2
斯里兰卡	2018	26.0	25.7	48.3	2016	4.4
泰国	2018	32.0	22.5	45.5	2018	1.1
埃及	2018	24.5	25.6	49.9	2016	12.6
南非	2018	5.5	23.4	71.2	2018	27.1
加拿大	2018	1.9	19.5	78.6	2018	5.8
墨西哥	2018	13.0	25.9	61.2	2016	3.9
美国	2018	1.6	18.8	79.6	2018	3.9
阿根廷	2018	0.5	23.2	76.3	2014	7.3
巴西	2018	10.2	20.9	69.0	2017	12.8
委内瑞拉	2018	10.0	23.6	66.5	2015	6.8
捷克	2018	2.8	37.5	59.8	2018	2.3
法国	2018	2.8	20.3	76.9	2018	9.1
德国	2018	1.3	27.0	71.7	2018	3.4
意大利	2018	3.9	26.1	70.0	2018	10.6
荷兰	2018	2.2	16.4	81.5	2018	3.8
波兰	2018	10.3	31.1	58.6	2016	6.2
俄罗斯	2018	6.6	26.8	66.6	2018	4.8
西班牙	2018	4.1	19.3	76.7	2018	15.3
土耳其	2018	18.8	26.9	54.3	2017	10.9
乌克兰	2018	14.5	25.7	59.9	2017	9.5
英国	2018	1.1	18.2	80.7	2017	4.4
澳大利亚	2018	2.6	19.0	78.5	2018	5.4
新西兰	2018	6.5	20.1	73.4	2018	4.3

注：*年末城镇登记失业率。

资料来源：世界银行数据库、国际货币基金组织IFS数据库、各国统计局官网。

世界主要国家和地区货物进出口贸易额

单位：亿美元

国家和地区	2000年		2010年		2017年		2018年	
	出口	进口	出口	进口	出口	进口	出口	进口
世界	**64562**	**67231**	**153111**	**155055**	**177067**	**180651**	**192870**	**197540**
中国	2492	2251	15778	13962	22634	18438	24870	21359
印度	424	515	2264	3502	2992	4470	3256	5107
印度尼西亚	654	436	1578	1357	1686	1569	1802	1887
伊朗	287	139	1013	654	910	490	1079	494
以色列	314	377	584	612	611	719	603	801
日本	4792	3795	7698	6941	6981	6719	7384	7487
哈萨克斯坦	88	50	600	311	483	293	610	325
韩国	1723	1605	4664	4252	5737	4785	6049	5352
老挝	3	5	17	21	48	56		
马来西亚	982	820	1986	1646	2178	1951	2474	2175
蒙古	5	6	29	33	62	43		
缅甸	16	24	87	48	139	192		
巴基斯坦	90	109	214	378	217	577	235	605
菲律宾	381	370	515	585	687	1019	675	1147
新加坡	1378	1345	3519	3108	3732	3277	4126	3706
斯里兰卡	54	63	86	135	114	210	119	225
泰国	690	619	1933	1829	2366	2215	2521	2497
越南	145	156	722	848	2143	2115	2456	2442
埃及	53	146	264	529	256	616	276	720
尼日利亚	210	87	840	442	469	450	607	419
南非	300	297	913	968	888	1013	940	931
加拿大	2766	2448	3875	4027	4211	4422	4498	4589
墨西哥	1664	1795	2983	3102	4094	4322	4506	4766
美国	7819	12593	12785	19692	15463	24085	16641	26143
阿根廷	263	252	682	568	584	669	616	654
巴西	551	586	2019	1915	2178	1575	2397	1887
委内瑞拉	335	162	657	390	314	105	337	109
捷克	291	320	1330	1267	1802	1621	2022	1838
法国	3276	3389	5238	6111	5350	6240	5818	6726
德国	5518	4972	12589	10548	14482	11668	15608	12856
意大利	2405	2388	4473	4870	5063	4522	5466	5008
荷兰	2331	2183	5743	5164	6516	5749	7227	6460
波兰	317	490	1597	1780	2309	2305	2606	2665
俄罗斯	1050	449	4006	2486	3535	2381	4440	2491
西班牙	1153	1561	2544	3270	3201	3522	3452	3880
土耳其	278	545	1139	1855	1570	2338	1680	2230
乌克兰	146	140	515	609	432	494	473	570
英国	2854	3481	4160	5911	4410	6441	4857	6735
澳大利亚	639	715	2126	2016	2311	2286	2569	2357
新西兰	133	139	314	306	381	401	397	438

资料来源：世界贸易组织数据库。

万美元国内生产总值能耗①

单位：吨标准油/万美元

国家和地区	2000年	2010年	2012年	2013年	2014年	2015年
世　界	**1.54**	**1.38**	**1.32**	**1.30**	**1.26**	
中　国	2.43	2.05	1.93	1.85	1.75	
印　度	1.68	1.28	1.24	1.20	1.18	
印度尼西亚	1.27	1.04	0.92	0.89	0.88	
伊　朗	1.42	1.53	1.71	1.74	1.79	
以色列	1.08	1.02	1.00	0.92	0.87	0.87
日　本	1.21	1.09	0.97	0.96	0.93	0.91
哈萨克斯坦	2.41	2.11	2.00	2.08	1.88	
韩　国	1.93	1.66	1.65	1.61	1.58	1.58
马来西亚	1.29	1.24	1.18	1.27	1.23	
蒙　古	2.15	1.89	1.73	1.71	1.62	
巴基斯坦	1.32	1.16	1.12	1.09	1.06	
菲律宾	1.21	0.77	0.75	0.72	0.72	
新加坡	0.90	0.69	0.64	0.62	0.63	
斯里兰卡	0.80	0.57	0.55	0.48	0.48	
泰　国	1.25	1.30	1.29	1.35	1.33	
越　南	1.40	1.51	1.37	1.30		
埃　及	0.79	0.87	0.91	0.85	0.82	
尼日利亚	2.29	1.49	1.51	1.42	1.34	
南　非	2.50	2.31	2.15	2.11	2.18	
加拿大	2.20	1.91	1.85	1.83	1.83	1.76
墨西哥	0.94	0.95	0.97	0.96	0.91	0.88
美　国	1.75	1.45	1.36	1.35	1.34	1.28
巴　西	0.94	0.93	0.93	0.94	0.97	
委内瑞拉	1.45	1.51	1.38	1.28		
捷　克	1.88	1.49	1.42	1.41	1.34	1.26
法　国	1.19	1.09	1.03	1.03	0.98	0.98
德　国	1.11	0.99	0.91	0.92	0.87	0.87
意大利	0.82	0.81	0.77	0.75	0.71	0.72
荷　兰	1.14	1.10	1.01	1.02	0.95	0.91
波　兰	1.58	1.21	1.11	1.09	1.02	0.98
俄罗斯	3.01	2.09	2.05	1.99	1.92	
西班牙	1.00	0.84	0.86	0.82	0.79	0.80
土耳其	0.87	0.82	0.78	0.71	0.70	0.71
乌克兰	5.67	3.69	3.23	3.06	2.98	
英　国	1.14	0.89	0.82	0.80	0.73	0.71
澳大利亚	1.60	1.40	1.30	1.27	1.22	1.25
新西兰	1.60	1.32	1.31	1.29	1.32	1.26

注：①国内生产总值按2011年不变价购买力平价法计算。

资料来源：世界银行WDI数据库。

中国主要经济指标和主要工农业产品产量居世界位次

指　　标	1978年	1990年	2000年	2010年	2015年	2016年	2017年
国内生产总值	**11**	**11**	**6**	**2**	**2**	**2**	**2**
人均国民总收入①	**175(188)**	**178(200)**	**141(207)**	**120(215)**	**97(217)**	**95(217)**	**71(190)**
货物进出口额	**29**	**16**	**8**	**2**	**1**	**2**	**1**
外汇储备	**38**	**10**	**2**	**1**	**1**	**1**	**1**
主要工业产品产量							
粗　钢	5	4	1	1	1	1	1
煤	3	1	1	1	1	1	1
原　油	8	5	5	4	4	5	5
发电量	7	3	2	1	1	1	1
水　泥	4	1	1	1	1	1	1
化　肥	3	3	1	1	1	1	1
棉　布	1	1	2	1	1	1	1
主要农业产品产量							
谷　物	2	1	1	1	1	1	1
肉　类②	3	2	1	1	1	1	1
籽　棉	2	1	1	1	1	1	2
大　豆	3	3	4	4	4	5	4
花　生	2	2	1	1	1	1	1
油菜籽	2	1	1	1	2	2	2
甘　蔗	10	4	3	3	3	3	3
茶　叶	2	2	2	1	1	1	1
水　果	6	1	1	1	1	1	1

注：①括号中为参加排序的国家和地区数。②1990年以前为猪、牛、羊肉产量的位次。
资料来源：联合国粮农组织数据库、联合国《统计月报》数据库及世界银行数据库。

附录一

主要统计指标解释

法人单位 指有权拥有资产、承担负债，并独立从事社会经济活动（或与其他单位进行交易）的组织。法人单位应同时具备以下条件:

（一）依法成立，有自己的名称、组织机构和场所，能够独立承担民事责任;

（二）独立拥有（或授权使用）资产或者经费，承担负债，有权与其他单位签订合同;

（三）具有包括资产负债表在内的账户，或者能够根据需要编制账户。

法人单位包括五种类型: 企业法人、事业单位法人、机关法人、社会团体和其他成员组织法人、其他法人。

“三新”经济增加值 指常住单位在一定时期内从事“三新”经济生产活动的最终成果，是常住单位进行“三新”经济生产活动的增加值之和。“三新”经济增加值的核算范围根据国家统计局制定的《新产业新业态新商业模式统计分类》确定。

工业战略性新兴产业 包括节能环保产业，新一代信息技术产业，生物产业，高端装备制造产业，新能源产业，新材料产业，新能源汽车产业等七大产业中的工业相关行业。

高技术制造业 包括医药制造业，航空、航天器及设备制造业，电子及通信设备制造业，计算机及办公设备制造业，医疗仪器设备及仪器仪表制造业，信息化学品制造业。

经济发展新动能指数 是利用新产业、新业态、新商业模式调查基础数据，采用线性加权的综合评价方法构建而成的复合指数，用来反映经济新动能发展的趋势和进程。

三次产业 指根据社会生产活动历史发展的顺序对产业结构的划分。我国第一产业是指农、林、牧、渔业（不含农、林、牧、渔服务业）；第二产业是指采矿业（不含开采辅助活动），制造业（不含金属制品、机械和设备修理业），电力、热力、燃气及水生产和供应业，建筑业；第三产业即服务业，是指除第一、二产业以外的其他行业。第三产业包括：批发和零售业，交通运输、仓储和邮政业，住宿和餐饮业，信息传输、软件和信息技术服务业，金融业，房地产业，租赁和商务服务业，科学研究和技术服务业，水利、环境和公共设施管理业，居民服务、修理和其他服务业，教育，卫生和社会工作，文化、体育和娱乐业，公共管理、社会保障和社会组织，国际组织，以及农、林、牧、渔业中的农、林、牧、渔服务业，采矿业中的开采辅助活动，制造业中的金属制品、机械和设备修理业。

国内生产总值(GDP) 指一个国家所有常住单位在一定时期内生产活动的最终成果。国内生产总值有三种表现形态，即价值形态、收入形态和产品形态。从价值形态看，它是所有常住单位在一定时期内生产的全部货物和服务价值与同期中间投入的全部非固定资产货物和服务价值的差额，即所有常住单位的增加值之和；从收入形态看，它是所有常住单位在一定时期内创造的各项收入之和，包括劳动者报酬、生产税净额、固定资产折旧和营业盈余；从产品形态看，它是所有常住单位在一定时期内最终使用的货物和服务价值与货物和服务净出口价值之和。在实际核算中，国内生产总值有三种计算方法，即生产法、收入法和支出法。三种方法分别从不同的方面反映国内生产总值及其构成。

对于一个地区来说，称为地区生产总值或地区 GDP。

当年价格 也称现行价格，指报告期内的实际市场价格。按现行价格计算的各种综合指标可以反映当年国民经济发展水平及比例关系，但因其变化受实物数量增减和价格升降因素的影响，在不同时期之间缺乏可比性。

可比价格 指计算各种总量指标所采用的扣除了价格变动因素的价格，可进行不同时期总量指标的对比。按可比价格计算总量指标有两种方法：一种是直接用产品产量乘某一年的不变价格计算；另一种是用价格指数对按现价计算的总量指标进行缩减。

人口数 指一定时点、一定地区范围内有生命的个人总和。年度统计的年末人口数指每年 12 月 31 日 24 时的人口数。年度统计的全国人口总数未包括香港、澳门特别行政区和台湾省以及海外华侨人数。

人口自然增长率 指在一定时期内(通常为一年)人口自然增加数(出生人数减死亡人数)与该时期内平均人数(或期中人数)之比，用千分率表示。计算公式为:

$$\text{人口自然增长率} = \frac{\text{本年出生人数} - \text{本年死亡人数}}{\text{年平均人数}} \times 1000‰$$

$$= \text{人口出生率} - \text{人口死亡率}$$

城镇调查失业率 指城镇失业人口占城镇就业人口与失业人口之和的百分比，根据全国月度劳动力调查数据计算。

城镇登记失业人员 指有非农业户口，在一定的劳动年龄内(16 周岁至退休年龄)，有劳动能力，无业而要求就业，并在当地劳动保障部门进行失业登记的人员。

城镇登记失业率 城镇登记失业人员与城镇单位就业人员(扣除使用的农村劳动力、聘用的离退休人员、港澳台及外方人员)、城镇单位中的不在岗职工、城镇私营业主、个体户主、城镇私营企业和个体就业人员、城镇登记失业人员之和的比。

全社会固定资产投资额 是以货币形式表现的在一定时期内全社会建造和购置固定资产的工作量以及与此有关的费用的总称。全社会固定资产投资按登记注册类型可分为国有、集体、联营、股份制、私营和个体、港澳台商、外商、其他等。

房地产开发投资 指各种登记注册类型的房地产开发法人单位统一开发的住宅、厂房、仓库、饭店、宾馆、度假村、写字楼、办公楼等房屋建筑物，配套的服务设施，土地开发工程(如道路、给水、排水、供电、供热、通讯、平整场地等基础设施工程)和土地购置的投资；不包括单纯的土地开发和交易活动。

货物进出口总额 指实际进出我国关境的货物总金额。包括对外贸易实际进出口货物，来料加工装配进出口货物，国家间、联合国及国际组织无偿援助物资和赠送品，华侨、港澳台同胞和外籍华人捐赠品，租赁期满归承租人所有的租赁货物，进料加工进出口货物，边境地方贸易及边境地区小额贸易进出口货物，中外合资企业、中外合作经营企业、外商独资经营企业进出口货物和公用物品，到、离岸价格在规定限额以上的进出口货样和广告品(无商业价值、无使用价值和免费提供出口的除外)，从保税仓库提取在中国境内销售的进口货物，以及其他进出口货物。我国规定出口货物按离岸价格统计，进口货物按到岸价格统计。

外商直接投资 指外国投资者在我国境内通过设立外商投资企业、合伙企业及设立外国公司分支机构等方式进行投资。外国投资者可以用现金、实物、无形资产、股权等投资，还可以用从外商投资企业获得的利润进行再投资。

一般公共预算收入 指国家财政参与社会产品分配所取得的收入，是实现国家职能的财力保证。主要包括：（1）各项税收：包括国内增值税、国内消费税、进口货物增值税和消费税、出口货物退增值税和消费税、企业所得税、个人所得税、资源税、城市维护建设税、房产税、印花税、城镇土地使用税、土地增值税、车船税、船舶吨税、车辆购置税、关税、耕地占用税、契税、烟叶税等。（2）非税收入：包括专项收入、行政事业性收费、罚没收入、国有资本经营收入、国有资源（资产）有偿使用收入和其他收入。财政收入按现行分税制财政体制划分为中央本级收入和地方本级收入。

一般公共预算支出 指国家财政将筹集起来的资金进行分配使用，以满足经济建设和各项事业的需要。主要包括：一般公共服务、外交、国防、公共安全、教育、科学技术、文化体育与传媒、社会保障和就业、医疗卫生与计划生育、节能环保、城乡社区、农林水、交通运输、资源勘探信息等、商业服务业等、金融、援助其他地区、国土海洋气象等、住房保障、粮油物资储备、政府债务付息等方面的支出。财政支出根据政府在经济和社会活动中的不同职权，划分为中央财政支出和地方财政支出。

货币供应量 指某一时点一国流通中的货币量。货币供应量可分为三个层次：

M0：流通中的货币

M1：即狭义货币，M0＋单位活期存款

M2：即广义货币，M1＋准货币（单位定期存款＋个人存款＋其他存款）

存款 指企业、机关、团体或居民把货币资金存入银行或其他信贷机构保管，可随时或按约定时间支取款项，并取得一定利息的一种信用活动形式。根据存款对象或性质的不同可划分为住户存款、非金融企业存款、政府存款、非银行业金融机构存款等科目。它是银行信贷资金的主要来源。

贷款 指银行或其他信贷机构根据资金必须归还的原则，按一定利率，为企业、个人等提供资金的一种信用活动形式。我国银行贷款分为短期贷款、中长期贷款、融资租赁、票据融资、各项垫款、境外贷款等。

上市公司 指向社会公开发行股票且股票在交易所上市的公司。

股票市价总值 指上市股票在某一时点按市价与发行数量计算的总金额。

价格指数 指从生产者、购买者和市场的角度，分别反映不同时期货物和服务商品价格总水平变动趋势幅度的相对数。目前编制的价格指数主要有居民消费价格指数、商品零售价格指数、工业生产者出厂价格指数、工业生产者购进价格指数、固定资产投资价格指数、农产品生产价格指数等。

居民可支配收入 指居民可用于最终消费支出和储蓄的总和，即居民可用于自由支配的收入。既包括现金收入，也包括实物收入。按照收入的来源，可支配收入包含四项，分别为：工资性收入、经营性净收入、转移性净收入和财产性净收入。

居民消费支出 指居民用于满足家庭日常生活消费需要的全部支出，既包括现金消费支出，也包括实物消费支出。消费支出可划分为食品烟酒、衣着、居住、生活用品及服务、交通和通信、教育文化和娱乐、医疗保健以及其他用品及服务八大类。

农作物播种面积 指农业生产经营者应在日历年度内收获农作物在全部土地（耕地或非耕地）上的播种或移植面积。凡是本年内收获的农作物，无论是本年还是上年播种，都算为播种面积，但不包括本年播种，下年收获的农作物面积。

建筑业总产值 是以货币形式表现的建筑业企业在一定时期内生产的建筑业产品和提供服务的总和。建筑业总产值包括：

1. 建筑工程产值：指列入建筑工程预算内的各种工程价值。

2. 安装工程产值：指设备安装工程价值，不包括被安装设备本身价值。

3. 其他产值：建筑业总产值中除建筑工程、安装工程以外的产值。包括房屋构筑物修理产值、非标准设备制造产值、总包企业向分包企业收取的管理费以及不能明确划分的施工活动所完成的产值。

劳务分包企业建筑业总产值指劳务分包企业与总承包企业或专业承包企业签定劳务分包合同后，从事建筑安装工程取得的所有劳务收入。

货(客)运量 指在一定时期内，各种运输工具实际运送的货物重量(旅客数量)。货运按吨计算，客运按人计算。货物不论运输距离长短、货物类别，均按实际重量统计。旅客不论行程远近或票价多少，均按一人一次客运量统计；半价票、小孩票也按一人统计。

社会消费品零售总额 指企业（单位、个体户）通过交易直接售给个人、社会集团非生产、非经营用的实物商品金额，以及提供餐饮服务所取得的收入金额。个人包括城乡居民和入境人员，社会集团包括机关、社会团体、部队、学校、企事业单位、居委会或村委会等。

国际旅游收入 指入境游客在中国(大陆)境内旅行、游览过程中用于交通、参观游览、住宿、餐饮、购物、娱乐等全部花费。

小学学龄儿童净入学率 指调查范围内已入小学学习的学龄儿童占校内外学龄儿童总数的比重。计算公式为：

$$\begin{array}{c}\text{小学学龄儿童}\\\text{净入学率}\end{array}=\frac{\text{已入学的小学学龄儿童数}}{\text{校内外小学学龄儿童总数}}\times 100\%$$

研究与试验发展(R&D) 指在科学技术领域，为增加知识总量，以及运用这些知识去创造新的应用进行的系统的创造性的活动，包括基础研究、应用研究、试验发展三类活动。

一般工业固体废物综合利用量 指报告期内企业通过回收、加工、循环、交换等方式，从固体废物中提取或者使其转化为可以利用的资源、能源和其他原材料的固体废物量(包括当年利用的往年工业固体废物累计贮存量)。如用做农业肥料、生产建筑材料、筑路等。

一般工业固体废物综合利用率 指一般工业固体废物综合利用量占一般工业固体废物产生量与综合利用往年贮存量之和的百分比。计算公式为:

$$一般工业固体废物综合利用率=\frac{一般工业固体废物综合利用量}{一般工业固体废物产生量+综合利用往年贮存量}\times 100\%$$

附录二

香港特别行政区主要统计指标解释

年中人口 在1996年前是以“广义时点”方法编制，数字包括在统计时点身在香港特别行政区的永久性居民、非永久性居民和旅客，亦包括暂时离港前往中国内地及澳门特别行政区的香港特别行政区永久性居民。自2000年8月起，“居住人口”方法已取代“广义时点”方法用以编制香港特别行政区的人口数字。追溯至1996年的修订人口数字已经编制。利用“居住人口”方法所编制的人口估计，称“居港人口”。“居港人口”包括“常住居民”和“流动居民”。

“常住居民”指两类人士：（一）在统计时点之前的6个月内，在港逗留最少3个月，又或在统计时点之后的6个月内，在港逗留最少3个月的香港特别行政区永久性居民，不论在统计时点他们是否身在香港特别行政区；及（二）在统计时点身在香港特别行政区的香港非永久性居民。对于不是「常住居民」的香港特别行政区永久性居民，如他们在统计时点之前的6个月内，在港逗留最少1个月但少于3个月，又或在统计时点之后的6个月内，在港逗留最少1个月但少于3个月，不论在统计时点他们是否身在香港特别行政区，会被界定为「流动居民」。根据「居住人口」的编制方法，旅客并不包括在香港特别行政区人口内。

粗出生率 是指某一年内的活产婴儿数目相对年中每千名人口的比率。

粗死亡率 是指某一年内的死亡人数相对年中每千名人口的比率。

劳动人口 是指15岁及以上陆上非住院人口，并符合就业人口或失业人口的定义。

劳动人口参与率 是指劳动人口占所有15岁及以上陆上非住院人口的比例。

失业率 是指失业人口在劳动人口中所占的比例。失业人口包括所有在统计前7天内并无职位，且并无为赚取薪酬或利润而工作，而随时可工作，并在统计前30天内有找寻工作的15岁及以上人士。失业人口亦包括那些并无职位，有找寻工作，但由于暂时生病而不能工作的人士；及并无职位，可随时工作，但由于下列理由而没有找寻工作的人士：（I）已为于稍后时间担当的新工作或开展的业务作出安排；或（II）正期待返回原来的工作岗位；或（III）相信没有工作可做（第III类为“因灰心而不求职的人士”）。

本地生产总值 是指香港特别行政区的所有居民生产单位，在一个指定的期间内（一般是1年或1季），未扣除固定资本消耗的生产总值。由2009年的统计期开始，按经济活动划分的本地生产总值统计数字是按「香港标准行业分类 2.0 版」编制，其数列已作出后向估计至2000年。

本地居民总收入 是指香港特别行政区的居民，在其经济领域内或外从事各项经济活动而赚取的收入，但不包括非本地居民在香港特别行政区经济领域内从事经济活动的收入。

国际收支平衡 是一项统计报表，有系统地撮录在一个指定期间内（一般是1年或1季）某经济体与世界各地之间（即居民与非居民之间）进行的经济交易。完整的国际收支平衡表包括两大账户：(a) 经常账户；及 (b) 资本及金融账户。

国际投资头寸 是显示一个经济体在某特定时点的对外金融资产及负债存量的资产负债表。对外金融资产及负债的差额即为该经济体的国际投资头寸净值，代表其对世界各地的净申索或净负债。

居民消费物价指数 有四个数列，以反映消费价格变动对不同开支范围的住户的影响。甲类、乙类及丙类消费物价指数分别根据较低、中等及较高开支范围的住户开支模式编制而成。而综合消费物价指数是根据上述住户的整体开支模式而编制，反映消费价格转变对全体住户的影响。

指　　数	约占住户的百分比	住户于 2014 年 10 月至 2015 年 9 月期间的每月平均住户开支
综合消费物价指数	90%	$5,500–$89,999
甲类消费物价指数	50%	$5,500–$24,499
乙类消费物价指数	30%	$24,500–$44,499
丙类消费物价指数	10%	$44,500–$89,999

按教育程度划分的学生人数 数字只包括就读为期一年或以上长期课程的全日制及兼读制的学生人数。数字并不包括就读由专上教育以下程度的学校提供的成人教育／补习／职业课程的学生人数。

综合社会保障援助计划 其目的是向有需要的个人或家庭提供现金援助，使他们的收入达到一定水平，以应付生活上基本及特别需要。申请人无须供款，但必须接受经济状况调查。

公共福利金计划 包括高龄津贴、伤残津贴、广东计划及长者生活津贴。高龄津贴及伤残津贴分别是为年龄在70岁或以上或严重残疾的香港居民，每月提供现金津贴，以应付因年老或严重残疾而引致的特别需要。至于广东计划，是向符合申请资格并选择到广东省养老的长者继续提供现金津贴。而长者生活津贴，旨在为年龄在65岁或以上有经济需要的香港居民，每月提供特别津贴，以补助他们的生活开支。除长者生活津贴及65–69岁的广东计划申请人外，在本计划下发放的津贴均无须申请人接受经济状况调查。公共福利金计划的一宗个案指一位受助人士。

附录三

澳门特别行政区主要统计指标解释

本地生产总值 反映每年在澳门特区生产的货物和提供各种服务的总量。本摘要中的本地生产总值用支出法及生产法估算，支出法等于私人消费支出、政府最终消费支出、固定资本形成总额、库存变化和货物及服务出口净值（出口减进口）的总和。而生产法等于各经济行业的增加值总额的总和，再加上相关税项。这种方法可以评估澳门特区的产业结构。

出生率 参考期内新生婴儿数目与年中人口之千分比。

死亡率 参考期内死亡人数与年中人口之千分比。

劳动人口 在参考期间内可参与生产商品或提供服务的年龄在 16 岁及以上人士的总数。包括就业人口及失业人口。

就业人口 在参考期间内为赚取报酬、利润或家庭收入而工作最少 1 小时的年龄在 16 岁及以上人士。包括没有上班但与雇主保持正式工作联系的雇员，以及某些原因而暂时没有上班的公司东主或股东。

劳动力参与率 劳动人口占年龄在 16 岁及以上人士的百分比。

失业率 失业人口占劳动人口的百分比。

就业不足率 就业不足人口占劳动人口的百分比。

贸易条件指数 澳门称为贸易价格比率指数。即货物出口单位价格指数与货物进口单位价格指数之比率。

访澳旅客 指任何非以澳门特区为常居地的人士，其在澳门的逗留时间少于一年，旅客之旅游目的并非在澳门特区参与任何有偿活动。

酒店入住率 入住客房数量与可供应客房数量之百分比。

进口 将任何来自外地的货物运入澳门特区，但属以再进口及转运方式运入者除外。

出口 将任何货物运离澳门特区，但属以暂时出口及转运方式运离者除外。

本地产品出口 将原产地为澳门特区的任何货物运离澳门特区。

转口 澳门称为再出口。将任何先前进口入澳门特区的货物，不经加工运离澳门特区，或虽经加工，但尚不足以取得以澳门特区作为原产地资格的货物运离澳门特区。

楼宇单位 包括住宅、商铺、办公室、工业、车位、酒店及其他单位。

楼宇总建筑面积 所有楼层楼面面积之总和。楼面面积从外墙起量度，包括大堂、楼梯、升降机所占面积以及所有公用地方面积。

广义货币供应量 M_2 指狭义货币供应量 M_1 加上准货币负债。准货币负债指储蓄存款、通知存款、定期存款、其他存款和存款证明书。

消费价格指数　反映澳门特区住户于购买一篮子之指定商品或服务时，在不同时间该等商品或服务之价格变动。

小学教育　为期 6 年，完成幼儿教育或在报名当年的 12 月 31 日年满 6 岁的儿童可报读小学教育第一年。就读小学的最高年龄为 15 岁。

中学教育　由两个阶段组成：初中教育及高中教育。

1)初中教育　为期 3 年，合格完成小学教育者可以入读。就读初中最大年龄为 18 岁，但在特别情况下，经教育机构决定，可以逾越此年限。

2)高中教育　为期 3 年，合格完成初中教育者可以入读。就读高中最大年龄为 21 岁，但在特别情况下，经教育机构决定，可以逾越此年限。

高等教育　由大学、理工学院及相等之学院开办之学位或非学位课程。

附录四

台湾省主要统计指标解释

户籍登记人口数 是指具有户籍登记的年底人口总数。

劳动力人口 是指资料标准周内年满 15 岁可以工作的民间人口，包括就业者及失业者，并有年龄及教育程度等分类资料。

劳动参与率 是指劳动力占 15 岁以上民间人口的比率，并有年龄、教育程度与婚姻状况等分类资料。

失业率 是指失业者占劳动力的比率，并有年龄、教育程度、婚姻状况及县市别分类资料。

本地生产总值 是指台湾省的本省居民与非本省常住居民，在一个指定期间内（通常为一年），在台湾省从事各种经济活动所产出的附加价值的合计。

本地居民总收入 是指台湾省常住居民（而非指具有台湾省省籍的居民）从事所有生产活动所创造产生的总附加价值。

居民储蓄总额 是指台湾省各经济部门在一定期间内的储蓄总额。

居民储蓄率 是指居民储蓄总额与本地居民总收入的比率。

逾期放款比率 是指逾期放款占总放款的比率。

存款 是指银行收受个人、公营和民营事业、政府或同业之存入款额，是银行的负债和资金的主要来源。

放款 是指银行与顾客约定一定时间，到期一次收回本息，或在约定时间内，分期收回本息的贷款及贴现，是银行的债权和资金运用的主要方式。

投资 是指银行运用资金生利的一种方式，也即从事以生利为目的的有价证券的经营。